1 MONTH OF FREE READING

at

www.ForgottenBooks.com

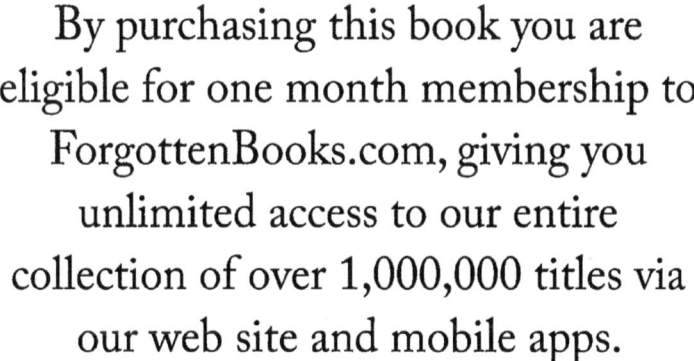

By purchasing this book you are eligible for one month membership to ForgottenBooks.com, giving you unlimited access to our entire collection of over 1,000,000 titles via our web site and mobile apps.

To claim your free month visit:

www.forgottenbooks.com/free1039717

ISBN 978-0-364-58200-8
PIBN 11039717

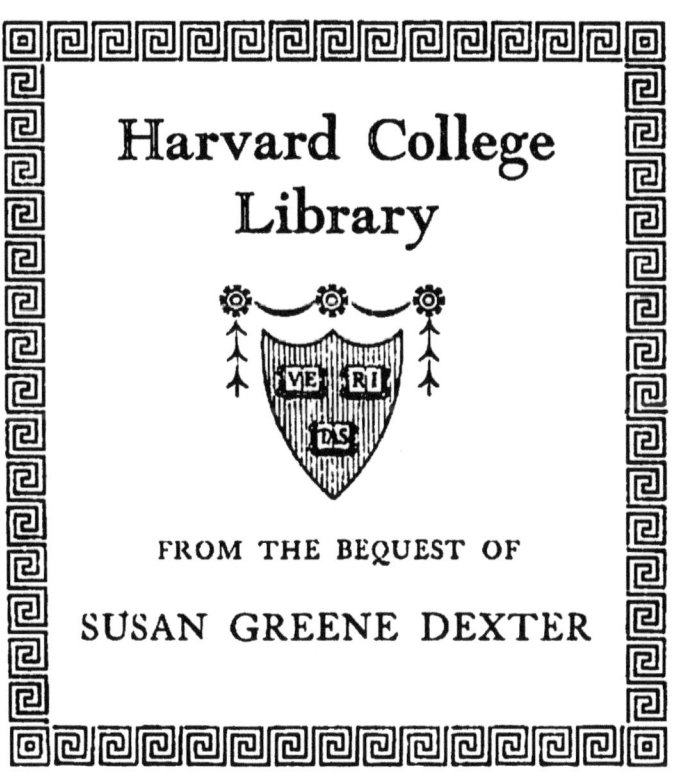

Tileman vom Wege.

Roman

von

Ernst Wichert.

Dritter Band.

Dritte Auflage.

Dresden.
Verlag von Carl Reißner.
1906.

Erstes Kapitel.

Die Marienburg in Pfand.

Vor dem Haupttor des alten Schlosses der Marien=
burg hielten zwei böhmische Söldner die Wache. Der
eine hatte sich an den Prellstein des äußeren Torbogens
gelehnt und den Spieß in den Arm genommen, der
andere stand vor ihm mit gespreizten Beinen, auf die
Hellebarde gestützt. Es waren Kerle mit verwetterten,
vielfach von Narben durchfurchten Gesichtern, zotteligen
Bärten und knochigen von der Sonne gebräunten Fäusten.
Wams und Lederhose zeigten sich geflickt und wieder zer=
rissen, aber Helmkappe und Brünne waren blank geputzt,
und die breiten eisernen Spitzen an den Spießen haar=
scharf ausgeschliffen.

Sie waren in einer Art schläfriger Unterhaltung be=
griffen, indem der eine und der andere von Zeit zu Zeit
ein paar Worte hinwarf, die ebenso gut auch ungesprochen
hätten bleiben können, da sie ihnen durchaus nichts Neues
brachten. Sie wurden aber doch aufgefangen, belacht,
begähnt oder in gleich nichtssagender Weise erwidert.
Das Wachestehen war so langweilig und doch nun schon
seit Jahr und Tag fast der einzige Dienst, der von den
Hauptleuten gefordert wurde.

Der an den Stein Lehnende betrachtete seinen Schuh,
aus dessen Spitze sich die große Zehe herausbohrte. Mit

bem Schaft des Spießes darauf deutend, sagte er grinsend: „Da —! der möcht' auch ausgedient haben. Aber es fehlt der Ersatz.“

„Der Schuster kann ihm noch helfen,“ meinte der andere.

„Pah! er tut's nicht umsonst.“

„Laß' antreiben bis zum großen Zahltag. Es läßt jeder antreiben bis dahin.“

„Bis zum Zahltag! Ja, wann kommt der? Wir warten schon längst darauf.“

„Na . . . einmal muß er doch kommen. Wir haben Schloß Marienburg und die anderen Schlösser in Pfand.“

„Steine — Steine! Es läßt sich kein roter Batzen herausschlagen.“

„So nicht. Aber sie sind dem Orden doch viel wert.“

„Das glaub' ich. Wär' er nur nicht arm wie eine Kirchenmaus. Womit will er sie einlösen? Der Soldrückstand wächst alle Tage.“

„Wir müssen unsern Hauptleuten vertrauen — die haben mehr zu fordern wie wir. Sie ziehen nicht ab, ehe sie befriedigt sind.“

„Indessen reißt die Sohle ganz vom Schuh und wir könncu barfuß herumlaufen. Haben wir darum unsere gesunden Glieder zerhauen lassen?“

„Denen auf der anderen Seite geht's nicht viel besser. Das Geld ist überall verdammt knapp in der Welt.“

„Wer's nicht hat, soll das Kriegführen bleiben lassen, denk' ich.“

„Leben wir nicht davon, daß es hier und dort Unfrieden gibt?“

„Erbärmlich genug — auf Pfand!“

„Wer ein Pfand hat, kann's verkaufen, wenn er nicht zur Zeit befriedigt wird. Das ist Rechtens überall.“

„Aber wer kaufen will, muß wieder Geld haben.“

„Es gibt schon Leute . . . Die Danziger und die Thorner haben immer Geld."

„Die! Sie bezahlen ihre eigenen Söldner nicht."

„Aber für die Ordensschlösser werden sie Geld haben. Und der König von Polen . . . Man muß abwarten, Brüderchen."

Der andere erhob sich seufzend. „Man muß ab= warten — da bleibt nichts übrig. Es steckt schon zu viel darin. Man muß abwarten."

Er zog die große Zehe nach Möglichkeit ein und ging eine Weile mit geschultertem Spieß auf dem Stein= pflaster vor dem Tor hin und her, bis er sich auf den anderen Prellstein niederließ, während sein Kumpan um den Spieß herum langsam eine Drehung machte und eine Melodie pfiff. Das Gespräch über den Soldrückstand konnte dann wieder beginnen; es war das einzige, das sich nicht erschöpfte.

Auf dem Schloßhof zeigte sich ein munteres Treiben. In den Ritterzellen der Schloßflügel — nur wenige waren ihren bisherigen Inhabern verblieben — hatten sich die böhmischen und deutschen Söldner einquartiert. Die Vorburg mit ihren vielen Wirtschaftsgebäuden hatte bei weitem nicht ausgereicht, die Scharen zu fassen, die von den Hauptleuten in ihren Pfandbesitz eingelegt wurden; es war ihnen auch gerade darauf angekommen, das so= genannte „rechte" Schloß, die eigentliche Veste, in ihrer Gewalt zu haben. In den unteren Kreuzgängen waren Tische und Bänke aufgeschlagen. Zu den Türen da= hinter ging's hinein und hinaus wie in einem Bienen= stock. Kleinere Tische standen auch auf dem Pflaster, bis fast zur steinernen Einfassung des Brunnens vorgeschoben. Daran saßen in hellerem Licht die Rottenführer und älteren Landsknechte in ihrer bunten Kleidung, würfelten und tranken aus großen Maßkrügen Marienburger Bier von des Ordens Kellern. An einem der Granitpfeiler war

1*

ein großes Faß unter dem Gewölbe aufgelegt und wurde
von einigen bunt gepußten, zigeunerhaft aussehenden
Weibern bedient, mit denen jeder Zoten trieb, der einen
neugefüllten Krug abholte. Andere Weiber hatten am
Brunnen die große Holzbütte mit Wasser gefüllt und be=
sorgten darin die Wäsche. Auch Kinder lungerten herum.
In den oberen Galerien waren zwischen den Säulen, die
das zierliche Gewölbe trugen, Leinen geschoren und mit
allerhand zerrissenen und geflickten Kleidungsstücken be=
hängt. Kerle mit braunen Gesichtern und langen Schnauz=
bärten, wie die am Tor Wachestehenden, lehnten sich über
die Brüstung; einige klopften auch mit langen Weiden=
stöcken den Staub und die Motten aus den Mänteln und
zwischengehängten Schlafdecken, ohne sich dabei besonders
anzustrengen. Wo die Türen offen standen, sah man in
schmale Schlafräume mit keinen, tief in die dicke Mauer
eingeschnittenen Luftlöchern. An den Langwänden standen
die einfachen Bettstellen, so viel irgend Raum hatten, und
in den Ecken lehnten die Spieße, während die anderen
Armaturstücke auf hölzernen Regalen über jedem Bette
untergebracht waren. In einer Eckzelle arbeiteten Hand=
werker, Schuster und Schneider, die aus der Stadt heran=
gezogen sein mochten.

Kein Zweifel, die Söldner waren hier die Herren.
Wo sonst die feierliche Stille des Klosters geherrscht hatte,
füllten sie jetzt mit ihrem wüsten Lärm Haus und Hof.
Nur das Hospital und eine keine Reihe von Zellen
neben demselben war von der Einquartierung verschont
geblieben und die Marienkirche dem ritterlichen Gottes=
dienst vorbehalten. Dort tönte das Glöcklein über dem
Altar zu den bestimmten Zeiten, die das Ordensstatut
vorschrieb, aber niemand von den wüsten Gesellen achtete
darauf.

Nun schritt vom Hochmeisterbau her eine hohe Ge=
stalt in weißem Mantel über die Brücke und trat in das

schräge eingebaute Tor des rechten Schlosses ein. Es war der Spittler Heinrich Reuß von Plauen, den Wachen wohlbekannt, die ihn denn auch in ehrerbietiger Haltung, die Spieße fortstreckend, vorüberließen. Er trug das große Ritterschwert mit aufgewickeltem Ledergurt im Arm und hatte mit der anderen Hand den Mantel über der Brust zusammengenommen, um besser ausschreiten zu können. Auf dem Hof kümmerte man sich um ihn wenig; kaum daß einige von den Rottenführern ihre Schemel zur Seite rückten, ihm den Weg frei zu machen. Er selbst blickte nicht nach rechts und links, sondern ging mit ernstem Gesicht, den Kopf ein wenig gesenkt, auf die Tür zu, die nach dem Kapitelsaal führte. Er öffnete sie und trat ein, durch die hütenden Hellebardiere nicht gehindert.

Hier in dem prächtig hochgewölbten Gemach, das so oft des deutschen Ordens Blüte versammelt gesehen, in dem seine Hochmeister gewählt und von den General-kapiteln Beschlüsse über Landesgesetze, über Krieg und Frieden gefaßt waren, hatten die böhmischen Hauptleute sich aller Proteste ungeachtet häuslich niedergelassen. Diesen lustigen Saal betrachteten sie als den am besten geeigneten Ort zu geselligem Verkehr, aber auch zu Ver-handlungen mit den Anführern der außen liegenden Trupps, welche Verhaltungsmaßregeln einzuholen kamen, mit den Sendeboten der kleinen Städte und des Land-adels der besetzten Gebiete, aus denen über harten und ungerechten Druck Klage geführt wurde, und gelegentlich auch mit den Ordensrittern, die der Hochmeister schickte, um Beschwerden über Ausschreitungen der Söldner an-zubringen oder um Erleichterung zu bitten. Sie hatten aus den Prachtgemächern des Mittelschlosses Tische und Sessel hineinbringen lassen und vergnügten sich beim Würfelbecher oder Kartenspiel, hetzten wohl auch zur Kurz-weil ihre Hunde gegen einander und schlugen sich, wenn's beim übermäßigen Trinken Händel gab, die Köpfe blutig, um sich nach einer Stunde wieder zu vertragen. Als Plauen eintrat, saßen drei von ihnen, Ulrich Czerwonka, Nickel von Wolfsdorf und Richard von Kastrenzky bei einer Kanne Wein zusammen, die Karten in der Hand. Ein vierter, Jon von Wichnansky, saß rittlings auf einem Schemel, die Lehne gegen den Tisch gekehrt und die Arme über derselben verschränkt, sah zu und glossierte mit derben Scherzen das Spiel. In einem der hohen Wand-stühle auf der Schmalseite, der bei den Kapitelver-sammlungen für den Hochmeister bestimmt war, hatte sich Friedmann Panzer lang ausgestreckt und schlief, des edlen Rheinweins schon allzu voll, den Schlaf des Gerechten. Seine große Dogge hatte nicht weit von seinen Füßen auf dem Teppich da, wo die Sonne durch das hohe Fenster schien, ein warmes Plätzchen gefunden.

Die festen Schritte hinter sich machten Ulrich Czer-wonka aufmerksam. Er wandte die linke Schulter und das Gesicht zurück, was Kastrenzky sofort benutzte ihm in die Karten zu blicken. Es war ein häßliches, spitz-bübisches Gesicht, das an einen Fuchs und Affen zugleich erinnerte. Die niedrige Stirn erschien noch niedriger, weil das dünne, schwarze Haar glatt bis fast zu den hoch-aufgeworfenen Augenbrauen hinabhing, die sich in der Mitte borstig spitzten. Zwischen ihnen war der Nasen-rücken schmal, sodaß die kleinen grauen Augen dicht an einander standen. Die Lider schienen nicht völlig ge-hoben werden zu können und bildeten beständig ein Schirm-dach, unter dem sich die listigen und boshaften Blicke versteckten. Die Nase selbst setzte knollenartig an und hatte gegen die Spitze hin eine kupferartige Farbe. Da-runter hing wie angeklebt ein spärlicher Bart zu beiden Seiten des schmallippigen Mundes über das kurze und zugleich spitzige Kinn hin. Die Miene des Übermuts verriet, daß Czerwonka überlegte, ob er den Ankommen-den besonderer Beachtung würdigen, oder sich wieder dem

Kartenspiel zuwenden sollte, ohne auch nur seinen Gruß abzuwarten, und eine unwillig zuckende Bewegung der rechten Hand, in welcher er die bunten Blättchen hielt, zeigte, daß er gute Lust hatte, sich die Störung nicht gefallen zu lassen; aber die würdevolle Haltung und das ernste Auge des Spittlers schienen seinen Gedanken schnell eine andere Wendung zu geben. Er legte die Karten verkehrt auf den Tisch, stand auf und ging ihm einen Schritt entgegen.

Auch die anderen Herren erhoben sich nun zur Begrüßung.

Keinem sonst im weißen Mantel mit dem schwarzen Kreuz hätten sie solche Ehre erwiesen. Der Sieger von Konitz erfreute sich in ihren Augen einer besonderen Schätzung.

Der Spittler war es gewesen, der damals in den Tagen der höchsten Not des Ordens, als die Bündischen im ersten Ansturm fast alle seine Schlösser genommen hatten und der junge König von Polen mit einem Heer von vierzigtausend Mann heraneilte, das ihm angetragene Land in Besitz zu nehmen, die unter den Mauern von Konitz entbrannte Schlacht zwischen ihm und den von Herzog Rudolf von Sagan und Bernhard von Zinnenberg geführten Söldnern des Ordens durch einen kühnen Ausfall mit einer tapferen Schar von Deutschen überraschend gewendet hatte. Die Polen wurden in die Flucht geschlagen und waren nicht mehr zum Stehen zu bringen; der König selbst kam in Lebensgefahr; dreitausend Polen, darunter hundertundsechsunddreißig Woywoden, Hauptleute, Ritter und Edle wurden erschlagen, viele von den Vornehmsten gefangen genommen. Das königliche Siegel, die Reichsfahne, alles Geschütz, viertausend mit Kriegsrüstung und Lebensmitteln reich beladene Wagen, des Königs Kriegszelt nebst allen Kleinodien und Schätzen an Gold und Silber, Tafelgeschirr und Waffen fiel den

Siegern in die Hände. Das polnische Heer war voll=
ständig aufgelöst, in Trümmern, die sich nicht mehr ver=
einigen konnten, über die Grenze zurückgeworfen. Diese
eine gewonnene Schlacht hatte schnell die Lage des Ordens
verändert, sein schon so tief gesunkenes Glück wieder zum
Steigen gebracht. Viele von den abtrünnigen Untertanen
waren verträglich zu ihrer Pflicht zurückgekehrt, viele
Schlösser wieder eingenommen und mit Soldtruppen des
Ordens besetzt, alle Besorgnisse für die Marienburg zunächst
beseitigt. Dorthin wurden die gefangenen Polen gebracht.
Der Aufstand breitete sich nicht weiter nach Nordosten aus.
Kneiphof=Königsberg, das mit den Danzigern gemeinsame
Sache machte, wurde nach tapferer Gegenwehr unterworfen.
Das halbe Land, freilich der ärmere Teil, kam wieder unter
des Ordens Herrschaft. Die Kämpfe der nächsten Jahre
mit ihren wechselvollen Erfolgen hatten an diesem Besitz=
stande wenig zu verschieben vermocht. Viel war ver=
loren worden, aber das Zurückgewonnene mutig und zäh
behauptet.

Diese Tat war dem Spittler nicht vergessen. Beim
Orden nicht, wo er seitdem als der Retter aus tiefster
Not und als die Leuchte in aller Finsternis galt, und
nicht bei den Söldnern, die solche Mannhaftigkeit zu
schätzen wußten und unter seiner Führerschaft wohl auch
noch weitere Siege zu erfechten hoffen konnten. So ver=
ächtlich sie die Kreuzherren behandelten, die ihrer Ritter=
pflicht uneingedenk blieben, der tapfere Mann, der sich
auf dem Schlachtfelde bewährt hatte, verlor sein persön=
liches Ansehen auch dann nicht, als der Orden in seiner
Geldnot sich ganz von den Soldhauptleuten abhängig
machen und ihrer Gnade unterwerfen mußte.

„Was bringt Ihr uns, edler Herr?" fragte Czer=
wonka, listig mit den kleinen Augen blinzelnd. „Es muß
einen Grund haben, daß Ihr Euch zu uns bemüht.
Nehmt Platz und laßt Euch aus unserer Kanne einen

Becher einschenken. Habt Ihr gute Nachrichten aus dem
Reich, die auch uns erfreulich sein können? Bedenken
die deutschen Fürsten endlich ihre Schuldigkeit und wollen
sie den Orden aus der Pfandschaft lösen?"

Plauen schüttelte langsam das schwere Haupt, das
sich nicht schien aufrichten zu können. Den Becher schob
er zurück. „Es sind ernste Dinge, die ich zu verhandeln
komme," antwortete er, „und sie gehören nicht an den
Schenk= und Kartentisch. So es Euch gefällt, edler Herr,
gebt mir an anderer Stelle Gehör."

Czerwonka kniff die Lippen zusammen und sah mit
einem Seitenblick die Genossen fragend an. Die Hoffnung,
daß der Spittler irgend eine günstige Botschaft bringen
werde, war stark herabgemindert. Wahrscheinlich wieder
die alten Klagen und Bitten! Nickel von Wolfsdorf ver=
stand ihn und nahm dreist für ihn das Wort. „Was
kommt's auf die Stelle an? Habt Ihr uns etwas
Freundliches zu sagen, so vernehmen wir's so gern hier
als anderswo und haben gleich die Becher zur Hand, sie
auf eures Ordens Wohl klingen zu lassen. Mögt Ihr
aber die Karten nicht leiden, die lassen sich leicht bei
Seite legen."

„Nachdem dieses Spiel beendet," setzte Kastrenzky
hinzu, „da liegt mein Schellendaus, das will ich nicht
umsonst aufgeworfen haben."

Wichnansky lachte unbändig. „Gebt die Partie ver=
loren, Ulrich," wendete er sich an Czerwonka, „er kennt
Eure Karten Blatt für Blatt — ich kann's beschwören."

„Dann hat er um die Ecke gesehen," sagte Czerwonka.
„Werfen wir das Spiel. Ich will mir zu Ehren des
Herrn Spittlers ein's antreiben lassen." Es schien ihm
lieb zu sein, so auf gute Art das Ärgernis beseitigen zu
können. „Und nun setzt Euch zu uns — Ihr trefft uns
gerade alle beisammen. Der Friedmann Panzer . . ."
Er sah sich nach ihm um, hob sein Schwert ein wenig

aus dem Gurt und schlug mit dem Kreuzgriff auf den Tisch. „He, Friedmann! Wacht auf, wenn's Euch gefällig ist. Wir haben hohen Besuch."

Panzer schnarchte noch einmal kräftig zu, sperrte dann die Augen auf und erhob sich in seinem Sitz. „Ich höre zu — ich höre zu," versicherte er schlaftrunken. „Wann bekommen wir unser Geld?"

„Ja, wann bekommen wir unser Geld?" rief Wichnansky. „Das ist die Hauptsache."

Plauen setzte sich seufzend. „Wenn es an uns läge, wie es nicht an uns liegt," sagte er, „wir befriedigten euch lieber heut' als morgen. Aber die Summe, die wir euch und den Hauptleuten der deutschen Söldner schulden, ist leider schon ins Ungeheuerliche gewachsen. Wir können euch auch diesmal den Termin nicht halten und bitten um weiteren Aufschub."

„Was — was — was?" riefen die Herren auffahrend. „Aufschub — wieder Aufschub? Die alte Schuld ist längst fällig und die neue nicht beglichen. Wir wollen von keinem Aufschub weiter wissen." Friedmann Panzer war aufgesprungen und an den Tisch getreten. „Zum Teufel mit der Lammesgeduld! Ihr höhnt uns! Wir wollen nnser Geld, oder . . ."

„Hört mich freundlich an," fiel Plauen in den Lärm ein. „Wir sind wahrlich nicht untätig gewesen. Aber ihr wißt am besten, wie es im Lande steht. Was uns davon geblieben ist, liegt zum größten Teil verwüstet. Unsere Vorwerke habt ihr in Händen. Die kleinen Städte und die Bauern sind ausgesogen, die Gutsherrschaften haben kaum so viel, ihre Untertanen und ihr Vieh durchzubringen. Vergeblich schreiben wir Schoß aus, der Landkasten bleibt leer. Es ist nicht böser Wille: Niemand hat, wovon er geben soll. Unser Gold und Silber ist längst in die Münze gewandert; wir sind euch gerecht geworden, so lange wir's vermochten. Nun seht uns're Armut an und nehmt billig Rücksicht."

Auf den Gesichtern der Hauptleute spiegelte sich der Ingrimm über diese doch kaum unerwartete Eröffnung. Ulrich Czerwonka hob übermütig das Kinn, senkte die Augenlider und sagte in wegwerfendem Ton: „Was wollt ihr Ordensherren? Ich denke, wir haben schon zu viel billige Rücksicht genommen. Deshalb ist eure Schuld durch die Jahre so angewachsen, daß sie euch jetzt schier unerschwinglich gilt. Meint ihr uns auch ferner mit Versprechungen füttern zu können? Davon werden unsere Leute nicht satt. Vergeßt nicht, daß wir nur der Söldner Hauptleute sind und selbst die schwersten Verpflichtungen zu erfüllen haben. Wir empfangen nichts von euch, das wir nicht wieder weggeben müssen. Unsere Leute fordern ihren verdienten Lohn und werden meutern, wenn sie nicht endlich befriedigt werden. Wenn sie ihn sich mit Gewalt nehmen, mögen Lande und Städte zusehen, wie's ihnen bekommt. Wir haben nur so lange Macht über sie, als sie uns Vertrauen schenken, daß wir ihnen zu dem ihrigen verhelfen werden. Zum Teufel! Ihr habt uns gesagt, daß ihr im Reich Freunde habt, die euch lösen werden. Und nun wollt ihr uns den Termin nicht halten? Wo sind eure Bürgen?"

Plauen zuckte die Achseln. „Wir geben noch nicht die Hoffnung auf, durch des Papstes und Kaisers gnädige Unterstützung wieder so weit zu Kräften zu kommen, daß wir unsere Gläubiger voll befriedigen können," sagte er, sich stolz aufrichtend. „Sie werden den deutschen Orden nicht im Stich lassen, den sie mit Privilegien ausstatteten und der Jahrhunderte hindurch des Reiches und der Kirche treue Vorhut hier im Norden war. Zur Zeit sind sie aber selbst in mancherlei Bedrängnis und vertrösten uns auf die Zukunft. Wir haben es auch wahrlich an Mahnungen bei den deutschen Kurfürsten und Fürsten nicht fehlen laffen und viel guten Willen, aber freilich wenig hilfreiche Tat verfpürt, denn überall ift Not und Elend durch der Huffiten Verwüftung und der Raubritter Plage. Doch daß fie uns allefamt ernftlich raten, feft zu bleiben und unfer Recht zu behaupten, auch verfprechen, unfere Sache auf dem Reichstage vorzubringen und zu verfechten! So dauert's wohl noch eine Weile, bis wir zum Ziel gelangen, da diefe Wege fchwierig find, aber wir hoffen auch darin auf Gottes und der Jungfrau Maria Beiftand. Habt deshalb noch weiter ein Einfehen und gebt uns neue Stundung."

„Pah —!" riefen fie wie aus einem Munde. Wolfs=dorf fchlug fo heftig mit der Fanft auf den Tifch, daß fein Becher ins Schwanken kam und das edle Naß über die Platte ausfchüttete. „Das find faule Fifche," fchrie er den Spittler an. „Eines Juden hebräifche Verfchrei=bung gilt mir mehr, als aller Kurfürften und Fürften luftige Worte. Auf Gottes und der Jungfrau Maria Beiftand habt ihr alle die Zeit vergeblich gehofft. Sie mögen euch gnädig in den Himmel helfen, aber in euren Schlöffern halten fie euch nicht."

Diefer wilde Spott erregte bei den Andern ein lautes Gelächter. Nur Czerwonka demühte fich, nicht alle Würde zu verlieren. „Geld — Geld — Geld," fagte er, feinen Bart zupfend, „hier ift's nur um's Geld. Löhnt uns ab und ihr feid frei. Seht dann weiter zu, wie ihr euch mit Hilfe eurer irdifchen und himmlifchen Freundfchaft eurer Haut wehrt. Ihr habt uns ins Land gerufen und wir find darin. Wollt ihr uns hinaus haben, fo haltet uns Wort. Auf fo allgemeine Reden geben wir nichts mehr, und ins Ungewiffe laffen wir uns nicht vertröften. Leiftet wenigftens eine angemeffene Abfchlagszahlung, da=mit wir unfere Leute beruhigen."

„Es ift unmöglich," antwortete Plauen, „in diefer nahen Zeit unmöglich."

„Unmöglich — unmöglich —?" schrieen sie durch einander. „So gesteht ein, daß ihr überhaupt nicht zahlen könnt — daß euer Orden bankerott ist!"

„Und welchen neuen Termin wollt ihr euch setzen?" fragte Czerwonka höhnisch. „Man muß doch auch das hören."

„Gebt uns noch ein Jahr Frist," entgegnete der Spittler. „In einem Jahr . . ."

Man ließ ihn nicht aussprechen. Wichnansky pfiff durch die Zähne und Friedmann Panzer drehte sich wie besessen mehrmals lachend um sich selbst. „Und in diesem Jahr sollen wir wieder von der Luft leben," spottete Wolfsdorf. „Da fahren wir noch besser, wenn wir die Hälfte unserer Forderung streichen. Legt mir die andere Hälfte bar auf den Tisch, und ich will über das Ganze quittieren!"

Der Spittler mochte diesen Sturm vorhergesehen haben; er ließ sich nicht aus der Ruhe bringen. War's doch nicht das erste Mal, daß er mit diesen wüsten Gesellen verhandelte, und mußte er doch ihren Unwillen für nicht grundlos erachten. „Ich bin nicht gekommen, euch etwas abzudingen," sagte er. „Euer eigener Nutzen ist's aber nicht, wenn ihr uns so hart bedrängt. Helft uns lieber, euch in kürzerer Zeit gerecht zu werden, so wollen wir euch dafür noch dankbarer sein als für den längsten Ausstand."

„Wie das?" fragte Czerwonka überrascht aufblickend.

„Wir führen Krieg mit unserm Nachbar Polen zur Unterwerfung unserer abtrünnigen Untertanen," fuhr Plauen fort, und seine Augen blitzten heller auf. „Dazu haben wir euch geworben. Was tatet ihr aber bisher, euren Lohn zu verdienen? Ihr wolltet den Stier nicht bei den Hörnern fassen, sondern gingt um ihn herum und gabt ihm höchstens einen Schlag von hinten. Ihr lagt in den Schlössern fest, die ihr euch als Pfand gesichert habt, und ließet eure Soldforderungen ins Ungemessene

anwachsen, versäumtet aber im Felde eure Pflicht. Ihr
verwüstetet das eigene Land, nahmt dem Feinde aber
keine Handbreit ab. Ja, seht mich nur mit zornigen
Blicken an, greift nur ans Schwert — ich beleidige euch
nicht; was ich sage, ist die Wahrheit. So weit waren wir
nach der Konitzer Schlacht — ihr habt uns nicht souder=
lich weiter gebracht. Ich rühme mich des Sieges nicht,
aber er gibt mir das Recht, euch Lässigkeit vorzuwerfen.
Der Feind ist nur stark, weil ihr euch hütet an ihn zu
kommen. Folgt mir, und ich will euch noch einmal zum
Siege führen!"

Die Hauptleute waren still geworden; ihren ver=
legenen Mienen war's anzumerken, daß sie sich getroffen
fühlten. Jeder schien vom anderen zu erwarten, daß er
auf diesen Schimpf antworten sollte. Endlich nahm
Czerwonka das Wort. „Ich hoffe," sagte er, „daß es
nicht eure Meinung ist, uns der Feigheit zu bezüchtigen.
Jeder Arbeiter ist seines Lohnes wert, auch der Söldner,
der für eine fremde Sache Blut und Leben daransetzt.
Zahlt ihm den bedungenen Lohn und er wird für euch
kämpfen. Was ihr ihm schuldig bleibt, bleibt er euch
schuldig. Der ist ein schlechter Hauptmann, der seine
Leute in den Tod treibt, ohne sie gelöhnt zu haben. Legt
uns das Geld auf den Tisch, und wir wollen morgen
frohen Mutes unsere Fähnlein im Winde wehen lassen.
Für nichts ist nichts."

Der Spittler ließ sich aber so nicht abtrumpfen.
„Wir haben die böhmischen Söldner in der Hoffnung an=
geworben," entgegnete er, „daß es ihrer Tapferkeit schnell
gelingen sollte, uns das Kulmerland und Pommerellen
zurückzuerobern. Die Polen waren bei Konitz aufs Haupt
geschlagen; es mußte längere Zeit darüber vergehen, bis
sie wieder ein Heer aufstellten und an die Grenze brachten.
Inzwischen konnten die Städte Thorn, Danzig und Elbing
im Sturm genommen und gebändigt werden. Unsere Gegner

waren selbst noch nicht stark gerüstet, eifersüchtig gegen einander und ihren Söldnern bereits verschuldet, da Lande und Städte sich gegenseitig die schwerere Last aufzubürden trachteten und am liebsten Polen verpflichtet hätten. Da solltet ihr zugegriffen haben. Die großen Städte sind reich. Wären sie niedergeworfen worden, ihr hättet euren rückständigen Sold rasch auf Heller und Pfennig gezahlt erhalten und uns von aller Verpflichtung befreit. Die Städte hätten ihre Verräterei gebüßt und wären doch nicht verarmt. Polen brauchten wir nicht mehr zu fürchten, da sich Kaiser und Papst zu Gunsten des siegreichen Ordens wohl kräftig ins Mittel gelegt hätten. All' das ist durch eure Saumseligkeit und krämerhafte Bedenklichkeit versäumt. Ihr selbst tragt die Schuld, daß wir euch die Termine nicht halten können, die wir doch in der ge= rechten Erwartung setzten, daß der besiegte Gegner die Kriegskosten werde zu zahlen haben, wie das in der ganzen Welt nicht anders ist. Beklagt euch deshalb nicht über uns, sondern rüttelt euch auf aus eurer Schlaffheit, führt eure Leute ins Feld und gewinnt durch einen Sieg über unsere Feinde, was wir euch wahrlich sehr unlustig und nur in äußerster Not vorenthalten. Die Ritter vom deutschen Orden, so viele noch das Schwert ziehen können, werden bei solcher Waffentat nicht fehlen und Lande und Städte der treuen Gebiete auf des Herrn Hochmeisters Ruf wohl noch einmal eine tüchtige Mannschaft stellen, sich selbst aus dieser schier unerträglichen Lage zu be= freien. Steht uns bei, wie es eure Pflicht ist, und wir wollen das Letzte daran wagen, euch gerecht zu werden."

Die Hauptleute hatten sich während dieser Schelt= rede still verhalten oder doch ihren Unwillen nur durch grunzende Laute zu erkennen gegeben. Nun er schwieg und mit seinen ernsten, traurigen Augen im Kreise um= schaute, sprang Nickel von Wolfsdorf auf, schlug auf den Tisch und rief: „Ihr habt jetzt gar leicht klug reden,

Herr Spittler, damit lockt Ihr aber nicht den Hund vom Ofen. Was so oder so hätt' geschehen müssen und nicht geschehen ist, kümmert uns heut' wenig; die Zeit schreitet nicht rückwärts. Hätt' euer Orden viele so tapfere Männer gehabt, wie Ihr einer seid, die Dinge wären so nicht verlaufen. Nun aber sollten wir die ganze Blutarbeit verrichten und uns nicht nur unsern Sold erkämpfen, sondern euch auch noch die Kassen füllen. Dazu reicht unser Häuflein nicht aus. Dankt's uns, daß wir euch noch so viel Besitz erhalten haben!"

„Was davon wertvoll, ist in euren Händen," antwortete Plauen düster.

„Ja, es ist in unsern Händen," schrie Kastrenzky, „und mag allenfalls heut' noch unsere Forderung decken. Wir wollen sie nicht wachsen lassen, bis wir das Pfand unter dem Preise losschlagen müssen."

„Dem König von Polen sticht die Marienburg schon längst in die Augen," setzte Wichnansky lachend hinzu.

„Und die Thorner und Danziger werden ihm das Geld zum Kauf schon aufbringen, wenn er ihnen sonst willfährig ist," platzte Friedmann Panzer heraus.

Plauen erblaßte sichtlich. Er drückte das Schwert fester in den Arm und schob den Fuß zurück, als ob er sich erheben wollte. „Ihr denkt ernstlich daran, die Marienburg unseren Feinden zu verkaufen —?" sagte er mit bebender Stimme. „Das ist Verräterei!"

„Nennt's nicht so, edler Herr," entgegnete Ulrich Czerwonka. „Wir haben die Marienburg mit andern Schlössern in Pfand auf sichere Verschreibung. Es steht darin nichts davon, an wen wir nach dem Verfalltage sollen verkaufen dürfen und an wen nicht. Hätten uns auch auf solchen Vorbehalt nimmer eingelassen. Denn für wen haben die Schlösser einen Preis, als für die Bündischen und ihren obersten Hauptmann, den König von Polen?"

„Ja — ja — ja — so ist es!" riefen die Andern. „Wir verkaufen, an wen wir wollen."

Der Spittler stand auf und setzte den Fuß dröhnend auf den Steinboden. „Das ist Verräterei! Ihr habt uns geschworen, gegen den Bund und den König von Polen zu kämpfen, und dafür das Pfand erhalten. Gebt ihr's in des Feindes Hand, so mißbraucht ihr euer Recht zu schnödestem Verrat. Auch ohne Vorbehalt war der Feind ausgenommen."

„Das leugnen wir," antwortete Czerwonka, sich auf seinem Sessel zurücklehnend. „Haltet ihr uns nicht Wort, so sind wir unseres Eides ledig und machen uns bezahlt, wie wir können. Was geht uns des Weiteren euer Orden an? Wir sind Söldner und dienen dem, der uns löhnt. Ob ihr Recht oder Unrecht gegen eure Untertanen habt, fragen wir nicht, und ob dem Lande Preußen der Hochmeister deutschen Ordens oder der König von Polen ein besserer Regent ist, ebenso wenig. Löst eure Schlösser aus, und wir ziehen ab, oder wollen uns euch von neuem treu verdingen, wenn ihr uns nochmals durch Pfand sichert. Wenn nicht — so wißt ihr Herren jetzt, woran ihr seid."

„Ich protestiere dagegen namens des Herrn Hochmeisters und des ganzen deutschen Ordens," rief Plauen, die Hand erhebend, „ich protestiere dagegen im Namen von Kaiser und Reich — ich protestiere dagegen namens der gesamten Christenheit!"

„Laßt's doch der Sicherheit wegen von einem Notarius aufschreiben und besiegeln," spottete Wichnansky. „Gebt Karten," wendete er sich an Czerwonka, „wir verschwenden wahrlich die edle Zeit."

„Das verzeih' euch Gott!" sagte der Spittler zornig und kehrte ihm den Rücken zu. „Nein — nein — nein! solcher Teufelei seid ihr nicht fähig. Und wenn doch, so vergesset nicht, daß euch das Pfand mit Anderen ver=

schrieben ift. Ihr könnt nichts ohne ihre Zustimmung und die erhaltet ihr Böhmischen nimmer!"

„Ihr sprecht von den Hauptleuten der deutschen Söldner," bemerkte Czerwonka über die Achsel hin. „Wir werden uns mit ihnen abfinden. Übrigens scheidet nicht im Zorn, edler Herr, Ihr macht eure Sache dadurch nicht besser. Haben wir schon das Recht, so ist's doch unsere Neigung keineswegs, mit des Ordens Feinden einen Handel einzugehen. Lieber werden wir mit euch einig und meiden das Geschrei. Weist uns nach, daß ihr in der und der kurzen Zeit grundhafte Aussicht habt, das Geld zu erhalten, und der Termin soll nicht unverbrüchlich der letzte sein."

Der Spittler würdigte ihn weiter keiner Antwort, sondern verließ mit einem Gruß der Haub den Kapitelsaal. Er meinte bemerkt zu haben, daß die Drohung mit dem Widerspruch der übrigen Pfandinhaber doch einigen Eindruck gemacht. Czerwonka hatte schließlich mildere Satten aufgezogen, und seine Kumpane waren nicht mehr so übermütig laut gewesen. Die Bedingung freilich, die für eine Fristverlängerung gestellt wurde, konnte nicht erfüllt werden. Alle Hilfsquellen waren erschöpft; nur das Kriegsglück vermochte noch eine günstige Wendung herzustellen. Es kam alles darauf an Zeit zu gewinnen und für den Augenblick wenigstens die drohendste Gefahr abzuwenden.

Er kehrte daher nicht sogleich nach dem Hochmeisterhause zurück, sondern wendete sich dem anderen Flügel des alten Schlosses zu, in dem er die Wohnung des Grafen Adolf von Gleichen wußte, der einen großen Teil der deutschen Söldner befehligte. Er war ihm seit alter Zeit befreundet und des Ordens Sache von Herzen zugetan. Nicht schnell genug meinte Plauen ihn über das verständigen zu können, was von Seiten der Böhmen drohte.

Er faud bei ihm Georg von Schliwen, einen anderen
Hauptmann, auf den ebenfalls Verlaß war. Diesen beiden
teilte er tief empört mit, was er soeben vernommen
hatte, und beschwor sie bei Gott und allen Heiligen, eine
solche Schandtat zu hintertreiben. „Ihr seid selbst deutsche
Herren," stellte er ihnen beweglich vor, „wenn ihr auch
nicht den Ordensmantel tragt. Eure Söhne und Enkel
können gar leicht zur Ehre Gottes das Kreuz nehmen.
Es wär' euch eine ewige Schmach, wenn ihr eine Mit=
schuld an der Übergabe der Marienburg zu verantworten
hättet. Die Marienburg ist des deutschen Ordens Haupt=
haus. Noch nie ist sie von einem Feinde eingenommen
worden. An ihren Wauern sind bisher alle Heereswogen
der Polen, Littauer und Tataren zerschellt, so mächtig
und gewaltig sie auch brandeten. So lange der Orden
die Marienburg hält, bleibt er Herr im Lande Preußen;
von hier aus allein kann er seinen verlorenen Besitz zurück=
erobern. Eure eigene Hoffnung der Befriedigung knüpft
sich daran. Jetzt sind wir in Not; aber wir können
wohl wieder, wie so oft schon seit zweihundert Jahren,
aus tiefstem Fall auf des Glückes Rad obenauf kommen.
Dann soll euch vergolten werden!"

Der Graf von Gleichen, ein schon älterer Herr mit
lang auf die Brust hinabfallendem zweizipfeligem Bart
und hoher kahler Stirn reichte ihm die Hand und sagte
mit warmer Betonung: „Auf mich mögt Ihr Euch ver=
lassen, Freund Plauen, so viel ich mich auf mich selbst
verlassen darf. Den Polen und den bübischen Verrätern,
die dem Orden den Eid gebrochen, übergebe ich die
Marienburg nicht. Ich hoffe, Georg von Schliwen ist
nicht anderen Sinnes. Und auch für die andern, Georg
Löbel und Merten Frodener, die mit ihren Leuten in der
Vorburg Quartier haben, möcht' ich wohl gutstehen. Frei=
lich sind wir die schwächeren an Zahl der Haufen und
haben auch im Kriege mehr gelitten, sodaß die meisten

2*

Rotten nicht mehr vollzählig. Und wenn die Mann=
schaften schwierig werden —"

„Ja," fiel Schiltwen, ein kleiner untersetzter Herr mit
breitem gutmütigem Gesicht bedenklich ein, „wir haben
nicht Leibeigene unter uns, sondern geworbene Leute, die
auf ihrem Vertrag bestehen und in wichtigen Fällen mit
Ja und Nein mitstimmen. Könnte euer Treßler uns nur
ein Weniges auf den Tisch schütten, daß wir sie beruhigen.
Wegen meiner eigenen Forderung will ich ebenfalls eine
Landabfindung annehmen, so wenig sie auch im Augen=
blick wert sein mag."

„Helft uns die Marienburg erhalten," bat der Spittler
„und es werden sich hoffentlich auch dazu Wege finden
lassen. Ich kenne die deutschen Söldner; sie sind den
böhmischen nicht gewogen und halten auf die Ehre ihrer
Fahne. Sie werden mit jenen nicht gemeinsame Sache
machen und ihre Führer verlassen. Sprecht ihnen zum
Guten, liebe Herren."

Das sagten die Hauptleute mit Wort und Hand=
schlag zu.

Hier wenigstens hatte Plauen noch treue Freunde
gefunden, und sein Herz war darüber froh. Wie weit
aber ihre Macht reichte, blieb leider eine offene Frage.

Zweites Kapitel.

Geheime Pläne.

Herr Ludwig von Erlichshausen residierte noch in der Marienburg, aber längst schon hätte es seinen eigenen Wünschen mehr entsprochen, sich eine andere, wenn auch viel weniger glänzende Wohnstätte zu suchen. Nun mußte er als des Ordens Haupt ausharren, um seinen Gliedern nichts zu vergeben, und selbst die Beweglichkeit, mit der sonst die Hochmeister auf häufigen Reisen durch das Land ihres Amtes zu walten pflegten, war ihm genommen, jeder selbst kurz vorübergehende Ortswechsel sollte vermieden werden. Die Großgebietiger fürchteten, die Soldhauptleute könnten ihm einmal bei der Rückkehr das Tor verschlossen halten. Es war ein Leichtes ihn nicht einzulassen, aber zehnmal würden die Gewalthaber sich's überlegen, rechneten sie, ihn zum Weggang zu nötigen. Man war noch im Besitz des mittleren Schlosses, und wollte ihn festhalten bis aufs Letzte.

Welche Tage der Qual! Und sie summten sich jetzt schon zu Jahren. Wie bald war der Jubel über des Kaisers günstige Entscheidung auch in der Marienburg verklungen! Der Hochmeister selbst hatte nie das Angstgefühl los werden können, daß des Ordens Triumph seine schwerste Niederlage bedeutete. Die vielen Sorgen und Demütigungen hatten seine Gemütsart ganz verändert.

Wer ihn vor zwanzig Jahren gekannt hatte in der strotzenden Fülle seiner Lebenskraft und Lebensfreudigkeit, mußte über diesen jähen körperlichen und geistigen Verfall erschrecken. Sein Bart war weiß geworden, sein Auge matt, seine Wange bleich; er ging gebeugt, wie niedergezogen zum Erdboden, und saß zusammengesunken im Lehnstuhl, aufschreckend bei jedem Geräusch und am liebsten die Hände faltend, als könnten nur noch Gebete, nicht mehr Taten nützen. Er war melancholisch und ein Schwarzseher. Immer das Schlimmste erwartete er zu hören und mit Mißtrauen betrachtete er den, der ihm einmal eine gute Nachricht brachte oder einen freundlichen Erfolg in Aussicht stellte. Täuschungen — Täuschungen! Wartet bis morgen, dann zieht wieder das finstere Gewölf herauf und verdeckt jede Aussicht!

Mitunter durchwandelte er unruhig, wie ein von schweren Träumen Aufgestörter, die großen Prachtzimmer der Hochmeisterwohnung mit gesenktem Kopf und schleppendem Schritt. Er blieb vor den schlanken Granitpfeilern stehen und schien sich zu wundern, daß sie noch das hochaufstrebende Gewölbe trügen; er trat in die Fensternische und schien abwarten zu wollen, bis der Strom aufhören werde zu fließen; er blickte zu den alten Bildwerken aus der Heiligengeschichte auf, mit denen die Bogenausschnitte der Wände geschmückt waren, als wollte er den Märtyrer aussuchen, der mehr gelitten als er. Immer quälte ihn die Erinnerung, daß vor ihm in diesen Räumen so viele mächtigere und glücklichere Herrscher Hof gehalten und den Orden zu Ruhm und Ansehen in der ganzen Christenheit gebracht — Siegfried von Feuchtwangen, der den Hochmeistersitz von Venedig nach der Nogat verlegt und dieses glänzende Haus gebaut; Karl Beffart von Trier, der Pommerellen an den Orden brachte und mit starker Hand gegen die weltliche und kirchliche Macht behauptete, dasselbe Pommerellen, das jetzt verloren war; Winrich

von Kniprode, deſſen Klugheit und Tapferkeit dem Lande
ein dreißigjähriges Wohlſein bereitete und den deutſchen
Orden den mächtigſten Fürſten an Einfluß gleichſtellte;
Konrad von Wallenrod, der an ſeinem Ehrentiſch die
Blume der Ritterſchaft begrüßen durfte; die beiden
Jungingen, Konrad, der die Seeräuber niederwarf und
die Neumark dem Orden erwarb, und der ritterliche Ulrich,
den auf dem Schlachtfelde zu Tannenberg eines Polen
Lanze das edle Herz durchbohrte, das den Schmerz über
des Ordens Niederlage nicht zu überwinden vermocht ...
Sie alle ſtanden ihm vor Augen und noch viele mehr,
bis auf ſeinen Vetter Konrad, der weiſe waltete und den
Frieden bewahrte. Selbſt jenen Werner von Orſeln konnte
er beneiden, den nach kurzer kräftiger Regierung eines
Meuchelmörders Stahl zum Tode traf, und Heinrich von
Plauen, der Undank erntete und als ein Gefangener auf
der einſamen Burg Lochſtätt endete, deſſen ruhmreiche
Taten ihm aber die Unſterblichkeit ſicherten. Welche
Bilder der Vergangenheit! Welches Aufwärtsſtreben!
Welche gewaltige Anſtrengung in der Verteidigung des
Erworbenen! Und nun hinab — hinab — unaufhaltſam
hinab! In die Ordenschronik ſollte eingeſchrieben werden:
unter Ludwig von Erlichshauſen verlor der deutſche Orden
das Kulmerland und Pommerellen — die Marienburg —
vielleicht ...

Es war, um wahnſinnig zu werden! Konnte denn
nicht ein kühner Entſchluß, eine waghalſige Tat ...
Ah! da lärmten draußen die Söldner und forderten ihr
Geld. Ihm waren die Hände gebunden, die es nicht
auf den Tiſch zählen konnten. Elendes Geld! Damit
ſiegten die Krämer.

Daß ſie reich geworden waren, die von Danzig und
Thorn, wem dankten ſie's, als dem Orden, der ſie mit
dem Schwert ſchützte? Und nun ſtanden ſie mit ihren
Söldnerhaufen wenige Meilen entfernt und lauerten auf

die günstige Zeit, ein billiges Kaufgeschäft abzuschließen. Polen rüstete von neuem. Wie lange noch und wieder schwärmten die wilden Horden sengend, brennend, mordend, durch das unglückliche, schon so arg verwüstete Land. Das Schwert ziehen? Lächerlich! Was konnte der Einzelne gegen solche Übermacht? Ausharren — in Schimpf und Schande ausharren, das allein konnte das Unheil hinfristen. Aber mit welchem Herzen —? Und es wollte doch nicht brechen.

Der Deutschmeister, an den er sich oft genug in seiner Not mit bringenden Bitten um Unterstützung aus dem Reich gewandt, hatte ihm doch wenig Trost senden und noch weniger Hülfe schicken können. Er reiste an den Fürstenhöfen herum und hielt sich auch öfters längere Zeit in des Kaisers Nähe auf, ihn zum Kriege mit Polen zu reizen. Aber überall war schon des Ordens Armut bekannt und das Vertrauen gesunken, es könne ihm noch in Erwartung der Wiedererstattung geholfen werden. Die Zeiten waren vorbei, in denen wenigstens ein Gotteslohn mit der Ausrüstung einer Mannschaft zum Kampf gegen die Heiden zu verdienen war, oder der vom Hochmeister deutschen Ordens auf solchen Kriegsreisen erteilte Ritterschlag als eine besondere Ehre galt. So konnte der Deutschmeister nicht viel mehr tun, als seine eigenen Ballcyen leeren und alle irgend entbehrlichen Ordensritter nach Preußen senden. Es waren freilich nur wenige, die mit dem Schwert Dienste tun konnten, und auch die Zeiten kehrten nicht wieder, in denen ein tapferer Mann in starker Eisenrüstung auf gepanzertem Pferde eines ganzen Heerhaufens Wert hatte. Ein geschickter Hakenschütze schoß ihn herunter wie einen andern.

Unter diesen Rittern, die zur Ergänzung der Konvente oder mit Botschaften nach Preußen kamen, befand sich auch Boppo von Ostra. Er hatte das ausgelaufene Auge geheilt und durch sein keckes, rühriges Wesen bei dem neuen Deutschmeifter Herrn Ulrich von Lentersheim einigen Einfluß gewonnen. In seinem Auftrage war er auf gefahrvollen Straßen im Reich und im Auslande viel unterwegs gewesen, für den Orden zu werben, hatte auch auf seinen Rat eine Pilgerfahrt nach Rom unter= nommen, sich dem heiligen Vater zu Füßen geworfen und Vergebung aller seiner Sünden erhalten, deren sich eine stattliche Zahl angesummt haben mochte. Nun war er nach Preußen gesendet, um mit den Hauptleuten der deutschen Söldner, namentlich dem Grafen von Gleichen, wegen der geforderten Bürgschaften zu verhandeln und sie zum treuen Ausharren zu mahnen, auch sich dem Herrn Hochmeifter zur Verfügung zu stellen. Das traf mit seinen eigenen Wünschen ganz überein. Er kounte endlich seine Zeit gekommen glauben, sich bei ihm wieder herzuftellen und seine ehrgeizigen Pläne zur Reife zu bringen.

Er hatte sich Erlichshausen sehr demütig genähert und mit anscheinend aufrichtiger Rene seine Verzeihung erbeten, aber es war ihm doch nicht leicht geworden, dessen Abneigung zu überwinden. Freilich konnte der Hochmeifter jetzt in seiner schweren Bedrängnis nicht daran denken ihn gänzlich abzuweisen, und dazu riet nicht einmal der strenge Spittler; auch mußte er ihn in der Marien= burg bulden, wo er mit den Hauptleuten eifrigen Verkehr unterhielt, die er denn auch gelegentlich zu Verhandlungs= tagen mit den königlichen und Bundes=Kommissarien in Thorn, seiner ritterlichen Abzeichen entkleidet, begleitete; doch hielt er ihn am liebsten in einiger Entfernung und zeigte sich, wenn dies nicht möglich war, in Worten karg und in Mienen unankömmlich. Jedes andere Vergehen hätte er ihm sicher weniger nachgetragen. Aber Ostra erinnerte ihn immer an eigene Schuld. Mußte er doch an Ursula denken, wenn er ihn sah, und an Marcus Blume, und wie er durch seinen Einspruch dieser beiden

ihm so nahen Menschen Glück gestört hatte, und wie er
dann nicht einmal in der Lage gewesen war, für das
Mädchen nach seinem Vornehmen zu sorgen, sondern
Mutter und Kind in diesem Kriegssturm sich selbst hatte
überlassen müssen. Das fiel ihm allemal schwer auf sein
doch schon genug bekümmertes Herz.

Ostra aber gab sich den Anschein, nichts davon zu
merken, und setzte seine Bewerbungen um des gnädigen
Herrn Gunst fort. Nun war er vor Kurzem wieder
heimlich in Thorn gewesen, um Ulrich Czerwonka zu be=
obachten, der schon kein Hehl mehr daraus machte, daß
die Böhmen nach dem Verfalltage die Schlösser dem
König einräumen würden, wenn man sich über die Kauf=
summe einigen könne. Seine Forderung erschien vorläufig
noch den Gegnern unerschwinglich hoch; aber er hatte ein
minderes Gebot nicht mehr übermütig abgewiesen und
versprochen, die Genehmigung der Seinigen einzuholen.

So ließ denn Ostra nach der Rückkehr den Hoch=
meister wissen, er hätte ihm über wichtige Dinge Bericht
zu erstatten, die auf seine Entschließungen großen Ein=
fluß haben könnten. Erlichshausen wagte nicht ihn fort=
zuschicken, aber er wollte mit ihm wenigstens nicht Ver=
traulichkeiten austauschen und nahm deshalb den Spittler
in sein Gemach. War es doch auch seine Pflicht, einen
von seinen Räten in allen geschäftlichen Angelegenheiten
bei sich zu haben, und daran hielt er sich diesmal gern.

„Gnädigster Herr,“ begann Ostra, nachdem er auf
einen Wink näher getreten war, „ich komme aus der
Höhle des Löwen und kenne seine mörderischen Anschläge.
Graf Adolf von Gleichen und Herr Georg von Schliwen
hatten in Erfahrung gebracht, daß von den Böhmen
hinter ihrem Rücken wegen der Kaufsumme verhandelt
werde, und fürchteten, sie könnten sich Sondervorteile
ausbedingen wollen. Da sie nun gesonnen sind, treu

beim Orden zu bleiben, so lange sie's ohne eigene Ge= fährdung durchsetzen können —"

„So lange sie's ohne eigene Gefährdung durchsetzen können?" wiederholte der Spittler mit Schärfe.

„Sie behaupten, ein Mehreres nicht versprochen zu haben," antwortete Ostra, „und könnten wohl billiger= weise darüber hinaus nicht verpflichtet sein. Verlaßt Euch nicht unbedingt auf sie, gnädigster Herr. Sie werden nach Kräften Widerstand leisten, aber nicht über ihre Kräfte. Sobald sie erkennen sollten, daß sie Euch doch nicht mehr nützen können, sich selbst aber um ihren Anteil bringen, werden sie . . . Ich weiß nicht, was sie tun und lassen werden. So viel ist gewiß, daß ich auf ihre Bitten nach Thorn ging, wo sie mich schon früher an einige Leute gewiesen hatten, die dem Orden noch wohl= geneigt sind, und daß ich Ew. Gnaden Vorteil zu be= denken glaubte, wenn ich ihnen gefällig war."

Der Hochmeister nickte kaum merklich, ohne aufzu= sehen. Zugleich hob er ein wenig die Hand, die auf dem linken Knie ruhte, im Gelenk und bewegte die Finger nach rechts und links, als wollte er diese halbe Zu= stimmung wieder zurücknehmen.

„Ew. Gnaden sollen wissen," fuhr der Ritter fort, „daß der König gern jede Bedingung eingehen möchte, die ihn selbst nichts kostet, daß aber die Bündischen, und vornehmlich die großen Städte seiner Eile einen Hemm= schuh anlegen, da sie bedenken, zuletzt doch wieder allein vor den Riß stehen zu müssen. So haben sie Herrn Tileman vom Wege vorgeschickt, auf dessen Klugheit und Zähigkeit sie sich verlassen können —"

Erlichshausen zog den Fuß zurück wie in Befürchtung einer unangenehmen Berührung.

„Der hat den Böhmen viermalhunderttausend Mark geboten, worauf Czerwonka ihn ausgelacht, aber den Handel doch nicht abgebrochen, und sind schließlich stehen ge=

blieben bei viermalhundertsechsundbreißigtausend ungarischen
Gulden zu ein und einhalb preußischer Mark, zur Hälfte
vom König und zur Hälfte vom Bunde zu übernehmen."

„Wie wißt Ihr das," fragte Plauen, „da Ihr doch
schwerlich bei dieser Abmachung zugegen gewesen?"

Ostra lachte verschmitzt. „Herr Tileman vom Wege
ist genötigt gewesen, dem Thorner Rat Bericht zu er=
statten," sagte er, „und darin sitzen trotz aller Säuberung
noch immer ein paar geheime Anhänger des Ordens.
Und ebenso hat Herr Ulrich Czerwonka den anderen
Hauptleuten die Summe melden müssen, und sind durch
sie von jedem Haufen einige vertraulich zugezogen, ob
man auf solche Bedingung abschließen dürfe. So hat
die Heimlichkeit vor mir nicht lange Bestand gehabt; hab'
auch die Angaben dort und hier vergleichen können. Beide
Teile sind noch nicht einig, aber es kann wohl sein,
daß sie diesmal einig werden."

„Viermalhundertsechsundbreißigtausend Gulden —"
rief Erlichshausen, „eine ungeheure Summe!"

„Und doch ein Spottgeld für die Marienburg," setzte
der Spittler hinzu. „Unsere Schuld ist freilich viel größer,
und auch nicht den vierten Teil der Vergleichssumme
vermöchten wir jetzt aufzubringen."

„Gebt gleichwohl noch nicht jede Hoffnung auf,
gnädigster Herr," nahm Ostra, gegen den Hochmeister ge=
wendet, wieder das Wort. „Des Ordens Sache steht
drüben nicht so schlecht. Die Eidechsen allerdings, die
sich für ihren Verrat mit Woywodschaften und Kastelaneien
haben belohnen lassen, und die Räte in den großen
Städten, die der Kaufmannschaft allein das Regiment zu
sichern gedenken, halten zum König und sind entschlossen
mit ihm durch Dick und Dünn zu gehen. Aber sie sind
der Zahl nach doch nur ein kein Häuflein. In den Zünften
regt sich schon lange die Unzufriedenheit. Da sind wenige,
die sich nicht mit Seufzen erinnern, wie gut sie es unter

dem Orden gehabt und wie wenig sie ihm zu steuern pflichtig waren, während jetzt wegen der gewaltigen Kriegs= lasten die Teuerung überhand nimmt, und ist noch immer kein Ende solcher Drangsal abzusehen. So erbittert sind sie über die Herren, die des Ordens Schlösser gebrochen und diese Feindschaft angestiftet haben, daß sie schon öffentlich auf allen Straßen ihren Verdruß laut werden lassen und die Ratmannen beschimpfen, wenn sie sich zeigen. Vornehmlich die Handwerker und kleinen Leute aus der Neustadt äußern sich so wild, die doch nur ge= zwungen vom Orden gekommen ist und zu großem Ärger aller ihrer Bürger jede Selbständigkeit verloren hat. Es darf nur ein Funke hineinfallen und das Pulverfaß fliegt auf. Hier aber spielt der Rat mit einem Feuerbrand, der tausend Funken sprühen wird. Denn das Geld für die Schlösser kann nur durch einen neuen allgemeinen Schoß aufgebracht werden, und dazu müssen die Gemeinen ihre Zustimmung geben. Wie ich die Stimmung in Thorn kenne — und in Danzig soll sie noch erregter sein — wird eher ein Aufstand losbrechen, als daß man sich willig gibt. Wären die Leute aber noch zage, so lange sie sich selbst überlassen sind, so bedarf's doch nur der geringsten Aufmunterung Ew. Gnaden, um sie gesamt für den Orden in Harnisch zu bringen."

Erlichshausen schüttelte das schwere Haupt. „Wir haben schon einmal solche Hoffnung gehegt," sagte er mit matter Stimme, „und viel Unheil über unsere treuesten Anhänger gebracht, ohne doch für uns etwas erreichen zu können." Er wendete sich zu Plauen zurück, der hinter seinem Sessel stand, und sprach das Folgende mehr zu ihm, als zu Ostra, für den es doch bestimmt war. „Ich hatte gutes Zutrauen zu Georg von Korith, der mir er= zählte, er sei in Thorn gewesen und bei Niclas Helwig in der Kulmer Straße abgestiegen, wie meist die vom Lande, und hätt' ihn im Gespräch als einen Anhänger des Ordens befunden, der unter anderm auch gesagt, die Stadt Thorn würde wohl zum Hochmeister zurückkehren, wenn sie nicht dessen Rache fürchtete; es gehe das Gerede, daß er köpfen und morden würde, wenn er sie wieder bekomme. Auf dieses schrieb ich einen Brief an die Gemeine Thorn und ließ ihn Helwig durch den Komthur von Mewe zugehen. Den trug Helwig wohl acht Tage lang mit sich umher in großen Ängsten und beichtete zuletzt dem Lesemeister der Franziskaner in der Marienkirche sein Geheimnis. Der riet ihm, sich dem Pfarrer Andreas anzuvertrauen, der des Ordens sei, und sind durch diesen auch am Abend mehrere Bürger versammelt worden. Sie einigten sich, uns aufzufordern, mit Heeresmacht vor die Stadt zu kommen, die größere Liebe zu uns habe, als zum Könige. Man wolle dann den Rat gefangen nehmen und uns überantworten. Als aber das Ordensheer vor die Stadt rückte, fand es die Tore verschlossen — die Verschwörung war entdeckt, die Anstifter büßten sie mit dem Leben, Pfarrer Andreas wurde aus der Stadt vertrieben."

„Er ist aber noch im Lande," sagte Ostra, „und hält sich verborgen auf dem Herrensitz eines andern Mannes, den die Thorner auch ausgetrieben, ihres früheren Ratmanns Götze Rubit. Bei ihm hab' ich kürzlich übernachtet und auch einige von den Putten angetroffen, die dem Rat nichts Gutes gönnen, denn ein Werner von Putten war unter denen gewesen, die er auf dem Markte hatte hinrichten lassen."

„Auf Götze Rubit ist wenig Verlaß," nahm der Spittler das Wort. „Er hat den Mantel nach dem Winde gehängt und mit jedem Part falsches Spiel gespielt. Das ist leicht zu beweisen. Zuerst war er ein eifriger Anhänger des Bundes, hatte der Stadt viel Geld vorgestreckt und war vom Rat nach Straßburg geschickt, das Schloß für ihn zu halten. Da nun aber der Rat

Schwierigkeiten machte, ihn wegen seiner Auslagen zu befriedigen, knüpfte er mit unseren Söldnerhauptleuten Verhandlungen an, ihnen das Schloß zu übergeben. Was doch nicht geschehen konnte, da er scharf von der Bürgerschaft überwacht wurde, die zum König hielt. Die unsern mußten abziehen. Bald darauf wollte der König selbst Straßburg in seine Gewalt bringen und ließ Rubit das Geld anbieten, was er auch gern genommen hätte, obgleich er dem Bunde geschworen, keinen Polen einzulassen. Dahinter kam der Thorner Rat und schickte den Ratmann Johann Ziegenhals ab, ihn der Hauptmannschaft zu entsetzen. Das gelang auch mit großer Mühe und wurde Götze Rubit als Gefangener nach Thorn eingebracht, wo ihm der Prozeß gemacht werden sollte. Auf des Königs Bitte schenkten sie ihm dann aber das Leben und ließen ihn frei, doch daß er die Stadt verlassen mußte. So sehet Ihr, wie unzuverlässig er ist."

„Er hat mir's in wichtigen Punkten anders dargestellt," entgegnete Ostra. „Tileman vom Wege hab' ihn in die ganze Verlegenheit gebracht, da er ihm das Geld ohne sichere Verschreibung abgeschwindelt, so daß er lieber gewünscht, er hätte zu der Zeit die Sucht gehabt. Er sei immer dem Orden ergeben geblieben und hätte gern das Haus Straßburg an ihn zurückgebracht, was doch nicht möglich gewesen. Mit dem König hätt' er verhandelt, um Zeit zu gewinnen und jedenfalls den Thornern das Schloß zu entwinden. Von Ziegenhals bewältigt, sei er von dessen Trabanten, die ihn in seinem Gemach bewachen sollten, beschossen worden, habe ihm auch am Morgen einen Pfeil vorgezeigt. Sie hätten ihm offenbar wider alles Recht ans Leben gewollt. Um sein Geld sei er geprellt, vergesse das aber den Thornern nimmer. Die von Putten bestätigten, daß in der Stadt der Widerwille gegen den Rat groß sei, der sich nur durch des Königs Gnade zu bereichern trachte, die anderen

Bürger aber ausschließe. Die alten Geschlechter und die Handwerker seien auf des Ordens Seite und warteten nur sehnlichst auf den Tag, an dem sie losbrechen könnten. Gnädigster Herr, sehet nicht so sehr auf den Wann, als auf die Sache. Mag Rubit auch von Rachsucht getrieben sein, so wird er Euch doch gute Dienste leisten. Ich selbst aber will mich erbieten, für Euch zu handeln, wie ich mich großen Dankes gegen Euch schuldig weiß, und keine Gefahr scheuen, mich in die Stadt einzuschleichen und das Feuer zu schüren, damit ich Eure Gnade wieder= gewinne, die ich wahrlich zu schwerem Kummer eingebüßt."

Er beugte dabei das Knie und wollte den Saum des hochmeisterlichen Gewandes küssen. Erlichshausen aber reichte ihm die Hand zum Kusse, sagte, er wolle alles bedenken, und entließ ihn sehr gnädig, während der Spittler geärgert sich nach dem Fenster abwandte. Er konnte es Ostra nicht vergessen, daß er nur durch Erdorfs Ränke schmählichem Gefängnis entzogen war.

Als sich nun der Hochmeister mit ihm allein sah, fragte er unschlüssig: „Was dünket Euch nun von alledem, Bruder Plauen? Mir will scheinen, der Wann hat guten Willen uns zu dienen."

„Es mag sein," antwortete der Spittler, „wenn er sich selbst damit dient. Er ist jetzt gar verändert in seinem Wesen, kommt mir aber nicht vertrauenswürdiger vor, als da er des Landes verwiesen wurde wegen sehr unritterlicher Gewalttat."

„Er hat sich's eine Lehre sein lassen. Auch sind einige Jahre darüber vergangen, in denen er sich unter des Deutschmeisters Aufsicht wohl gebessert haben kann."

„Dieser Ostra war's, der den Währen Milotitz an= stiftete, hinter Brünn. die Bundesabgesandten gefangen zu nehmen, wovon unserem Orden viel Verdrießlichkeit erwachsen ist."

„Das geschah doch in bester Weinung, Bruder

Plauen, und waren damals unter den Gebietigern nicht
wenige, die wünschten, der Fang wäre geglückt und Baisen
nicht entkommen. Wie dem sei, der Ritter berichtet uns
von Thorn und Danzig, was doch nicht unbeachtet bleiben
sollte. Es stimmt mit andern Berichten überein. Wie
soll uns auch geholfen werden, da die Freunde uns ver=
lassen und verraten, als durch der Gegner Uneinigkeit?"

Der Spittler trat vor und ließ eine Weile das große
blaue Auge auf seinem bekümmerten Gesicht ruhen. „Es
ist leider so," sagte er, „wir haben von unsern böhmischen
Hauptleuten das Schlimmste zu erwarten, und Graf
Gleichen wird sie nicht hindern, so gut er uns gesinnt
ist. Es trifft auch zu, daß unsere Gegner in nicht viel
geringerer Not sind. Der König zögert, mit einem aus=
reichenden Heer wirksame Hilfe zu bringen, die polnischen
Herren möchten große Bente machen, aber wenig wagen,
die Städte haben sich in Schulden gestürzt und können
doch den Heißhunger nicht befriedigen, des Kaisers Acht
und des Papstes Bann sind nicht ganz stumpfe Waffen.
Die neue Steuer muß den Gemeinen unerträglich scheinen
und sie zum Aufstand gegen ihre Zwingherren treiben.
So hab' ich's selbst schon bedacht, ob wir die Lage der
Dinge zu einem Wagnis benutzen, das uns mit einem
Schlage obenauf bringen kann. Nicht durch unzuver=
lässige und ränkesüchtige Leute eine Verschwörung anzu=
zetteln, wäre mein Rat, die leicht mißlingt und uns ins
Geschrei bringt, sondern auf das erste Zeichen des Ent=
gegenkommens mit Offenheit für die Gemeinen Partei zu
ergreifen, sie als des Ordens niemals aufgegebene Unter=
tanen zu den Waffen zu rufen, und zugleich mit unserer
ganzen Mannschaft und den deutschen Söldnern, die heut'
noch willig sind, vor die Mauern der Stadt Thorn zu
rücken. Tun die innen dann, durch unser Heer er=
mutigt, ihre Pflicht, so werden wir Sieger sein, bevor
die Böhmen ihren Verrat ausgeführt haben, und nie=

mand darf uns selbst einer unehrlichen Tat beschuldigen.
Aber mit den Waffen in der Hand müssen wir Thorn
einnehmen, für das Recht unserer Bürger gegen ihre auf=
rührerischen Ratsherren eintretend, und so auch Danzig
unterwerfen. Dann nur werden wir die Macht gewinnen,
auch der böhmischen Söldner Herr zu werden."

„Und wenn der Handstreich mißlingt, nachdem wir
unsern Plan so offenkundig gemacht —?" gab Erlichs=
hausen zu bedenken. „Wenn die Gemeinen nicht für uns
aufstehen, weil unser Häuflein ihnen zu schwach dünkt,
da sie doch übersehen, was wir zu ihrem Beistand tun
können —? Wenn die Böhmen uns in den Rücken
fallen —? Sind die Gemeinen im Aufruhr, so haben
sie wohl selbst die Macht, den Rat zu überwinden, und
bleibt ihnen dann nichts übrig, als sich uns in die Arme
zu werfen. Mißglückt ihr Anschlag, so stehen wir, wie
wir standen, und haben nicht vergeblich das letzte Anker
über Bord geworfen."

„So treiben wir steuerlos weiter auf einer wilden
See," sagte der Spittler. „Schlägt das Wetter irgendwo
um, wir werden keinen Vorteil davon haben."

Der Hochmeister hatte den Ellenbogen aufgestützt und
ließ die Fingerspitzen über die blaugeäderten Schläfen
hin= und hergleiten, immer und immer wieder. Es war
dies ein Mittel, seine Kopfnerven ein wenig zu beruhigen;
jede Aufregung verursachte ihm einen wütenden Kopf=
schmerz. Der Spittler suchte ihn durch eindringliche Vor=
stellungen zu einem Entschluß zu ermutigen, versetzte ihn
aber nur in beängstigende Unruhe.

„Bruder Plauen," sagte er endlich, „ich kenne eure
Denkart genau, und möchte wohl in den meisten Fällen
im Voraus erraten können, worauf Ihr zielen werdet.
Ihr seid nicht nur im Orden, wie so viele von den
Brüdern, sondern Ihr seid ein lebendiges Stück von ihm,
und es kränkt Euch in tiefster Seele seine jetzige Er=

niedrigung. Da möchtet Ihr nun irgend etwas Helden=
mütiges unternehmen, ihn bei Euch selbst aufzurichten
und den Zeitgenossen noch einmal als ein hellaufleuchten=
des Gestirn erscheinen zu lassen — sei's auch im Ver=
löschen. Es soll etwas Großes geschehen — etwas weit
über unsere Kraft; und alles, was noch geschieht, soll ge=
schehen in diesem Geiste des Opfers, entweder ruhmvoll
unterzugehen oder eine Wendung des Geschickes zu er=
zwingen. Ihr steht mit solcher Gesinnung allein und
findet nicht einmal viele, die sie zu schätzen wissen, wie
ich. Lieber Getreuer, wenn ich die Hoffnung hätte, Ihr
würdet an meine Stelle gewählt, längst schon hätt' ich
mein drückendes Amt niedergelegt und eine Klosterzelle
aufgesucht. Aber die Zeit ist noch nicht reif, des Elends
noch nicht genug; ich kenne die Jammerseligkeit der
Menschen, von denen diese Dinge abhängen. Sie werden
Euch nicht wählen, denn sie ängstigen sich noch mehr vor
Euch, daß Ihr ihnen den Kampf auf Leben und Tod
zumuten möchtet, als vor dem Feinde, der sie doch
schonen könnte. Oder meint Ihr's anders?"

Plauen schwieg, düster vor sich hinsehend. Du selbst
ängstigst dich so vor mir, dachte er, und bist doch noch
der Edelsten einer. Aber wenn du wolltest . . . Das
ließ sich nicht aussprechen.

Es war, als ob der Hochmeister etwas von seinen
Gedanken erriet. „Wenn eine ritterliche Tat nützen
könnte —" fuhr er fort, das Haupt aufrichtend. „Bei
unsrer lieben Frauen! es fehlt mir nicht an persönlichem
Mut. Setzt mich auf ein Pferd, panzert mir Stirn
und Brust, legt mir die Lanze in den Arm und laßt mich
an der Spitze eines Häufleins von Tapferen einreiten
gegen den Feind. Ob ich dann auch gewissem Tod ent=
gegenginge und der erste wäre, der fiele — das wollt'
ich nicht achten. Aber so endete schon ein Hochmeister
vor mir, Ulrich von Jungingen, und der Welt Urteil

3*

hat über ihn den Stab gebrochen. So soll ein Hoch=
meister nicht enden, nur seinen Kummer und seine Ehre
bedenkend. Und wie anders die Zeit damals und heut'!
Was damals noch als Heldentum bewundert werden
konnte, würde heut' Narrheit scheinen. Glaubt mir, Bruder
Plauen, das ist mein größter Schmerz, daß der Hoch=
meister den Ritter vergessen muß!"

Er stand auf, drückte ihm die Haud und wandte sich
zur Seite ab, seine Bewegung zu verbergen. Die Augen
waren ihm feucht geworden. Der Spittler fühlte kein
Mitleid mit ihm; er hörte nur Worte von hohlem Klang.
Vergeblich war all' sein Mühen, dem Meister das Steuer=
ruder in die Hand zu drücken; er ließ das Wrack auf
den Wellen treiben, mochte es nun einen Nothafen finden
oder an der nächsten Klippe zerschellen.

Denselben Abend noch berief Erlichshausen den Ritter
von Ostra zu sich und blieb diesmal eine Stunde mit
ihm allein. Er gab ihm nichts Schriftliches, er erteilte
ihm nicht einmal mündlich eine bestimmte Weisung —
Ostra wußte doch, was von ihm erwartet wurde und ge=
wagt werden durfte. In der Nacht ließ er sein Pferd
satteln und ritt ins Kulmerland.

Drittes Kapitel.

Thorner Aufstand und Blutgericht.

Der Thorner Rat war noch nie in so schwerer Be=
drängnis gewesen.

Tileman vom Wege hatte gehofft, jetzt den furcht=
baren Krieg durch eine letzte Anstrengung zu Gunsten
des Bundes beenden zu können. Es war ihm gelungen,
mit Ulrich Czerwonka und den andern Hauptleuten der
böhmischen Söldner des Ordens über die Kaufsumme für
die Schlösser einig zu werden und billige Zahlungs=
termine festzusetzen; es war ihm gelungen, den König
und seine Räte zu bewegen, die Hälfte davon als pol=
nische Schuld zu übernehmen, und stolz hatte er den
Unterhändlern, die von des Königs großen Verwendungen
für Preußen sprachen, antworten dürfen, nicht er erweise
dem Lande eine Gnade, sondern das Land kaufe ihm
die Schlösser zum Geschenk; es war ihm gelungen, im
Landesrat und auf dem Tage zu Elbing die Verteilung
der Steuer auf die einzelnen Glieder des Bundes nach
heißen Streitigkeiten zu ordnen, wobei dann freilich die
einzige Stadt Thorn so viel aufzubringen übernahm,
als die gesammte Ritterschaft des Landes — wurde die
Marienburg dem Bunde übergeben und der Orden aus
dem Besitz der andern festen Schlösser gesetzt, die seine
Söldner inne hatten, so mußte der Kampf aus sein und

der Bund Sieger bleiben. Nie mehr konnte sich der
Gegner aus seiner Ohnmacht aufrichten. Da war dem
eifrigen Wann, der sich alle die Zeit kaum die nötige
Nachtruhe gegönnt hatte, plötzlich ein Strich durch die
Rechnung gemacht: die Gemeine weigerte sich die Steuer
zu bezahlen.

Und sie hatte sich nicht nur geweigert, sondern sogleich,
wie von einem bösen Geiste besessen, dem Rat den
Gehorsam aufgesagt, vier Männer aus ihrer Mitte, den
Kahnrheder Jürgen Langrock, den Krämer Tobias Groß,
den Schmied Matthias Klinger und den Faßbinder Peter
Borrich, Älterleute ihrer Zünfte, die sich dann weiter
auf sechzehn und zuletzt auf vierundzwanzig selbst er=
gänzt, zu Deputierten erwählt und durch sie auf dem
Rathause ihre Bedingungen gestellt. Es waren keine
geringeren gewesen, als daß der Rat ihnen die Schlüssel
zu den Stadttoren ausliefere, alle fremden Söldner,
Polen und Böhmen, aus der Stadt fortschicken und
den König nur mit kleinem Gefolge aufnehmen sollte.
Die Steuer dürfte ohne ihre Bewilligung nicht erhoben
werden.

Rutger von Birken, der regierende Bürgermeister,
war über diesen einmütigen Angriff der Zünfte nicht
wenig bestürzt gewesen, und auch Tileman vom Wege
hatte keinen besseren Rat geben können, als die Zünfte
durch einige Zugeständnisse vorläufig zu beschwichtigen,
nachdem er sich bei seinem Sohn, dem Hauptmann der
städtischen Söldner, die Gewißheit geholt, daß er der
Uebermacht der bewaffneten Handwerker nicht gewachsen sei
und das Rathaus gegen einen Ansturm derselben nicht
würde decken können. An den König hatte man sich nicht
wenden wollen, um ihm nicht Einfluß auf die inneren
Angelegenheiten der Stadt einräumen zu müssen. Dieser
Weg war aber dann doch unvermeidlich geworden, nach=
dem die Sechzehn halb und halb ins Stadtregiment

aufgenommen, die Steuer entschieden verweigert und danach die ganze Gemeine sie einmütig abgeschlagen hatte. Vom König war der Bischof von Cujavien geschickt worden, über die Steuer mit den Widerspenstigen zu verhandeln. Er hatte auch, da man des Königs Zorn fürchtete, einen Vergleich erzielt, worauf die Sendboten des Rates zum Tage nach Elbing abgegangen waren. Die Unzufriedenheit und das Mißtrauen der Kleinbürger gegen die Stadtherren, die nur des Kaufmannes Wohl zu bedenken schienen, waren nicht beseitigt. Zwei Parteien standen sich seitdem schroff gegenüber, sehr ungleich an Zahl, aber die kleinere jetzt noch die herrschende, die größere mehr und mehr entschlossen, eine dauernde Vertretung der Zünfte im Rat zu fordern und bei beharrlicher Weigerung die Stadt dem Orden zu übergeben, auf dessen Dank dann gerechnet werden konnte.

Nun waren die Sendboten von Elbing zurückgekehrt. Der Rat hatte die Bürgerschaft vor das Rathaus entboten und ihr die dort gefaßten Beschlüsse mitgeteilt, auch das Steuerausschreiben angekündigt. Da aber war plötzlich der Aufruhr mit einer Gewalt losgebrochen, der Widerstand zu leisten die Machthaber nicht einmal zu versuchen wagten. Die Handwerker von allen Zünften, Meister und Gesellen, bewaffnet mit Spießen, Messern, Eisenstangen und Armbrüsten, voran die Neustädtischen, rotteten sich zusammen, erhoben einen gewaltigen Lärm auf den Straßen und Plätzen, schlugen die Thür der Accisebude ein, zerrissen die Steuerregister, streuten die Blätter umher und traten sie mit Füßen. Tileman vom Wege und Johann von Loë, die vom Rathause herbeieilten, um, im Vertrauen auf ihr Ansehen, durch vernünftige Vorstellungen diesem wahnsinnigen Treiben Einhalt zu tun, wurden verhöhnt, mit Kot beworfen und von den wütenden Anführern zurückgedrängt. Johann von Loë erhielt einen Stoß gegen die Brust, der ihn zu Boden warf, und

Tileman vom Wege einen Messerstich in den linken Arm, mit dem er ihn halten wollte. „Ihr vom Rat seid alle= samt meineidige Buben," schrieen die Anführer ihnen zu, „ihr habt eure Herrn verraten und uns an die Polen verkauft — ihr habt die Stadt ins Verderben gebracht und wollt sie jetzt brandschatzen! Gesteht nur ein, worauf ihr mit den Söldnern einig geworden seid! Für den Sold habt ihr ihnen erlaubt, die Stadt zu plündern und uns so lange zu schatzen, bis sie sich ihres Schadens er= holt. Wir wissen eure nichtswürdigen Heimlichkeiten. Aber jetzt wollen wir das Regiment in die Hand nehmen und ein strenges Gericht halten!"

Sie brachen ins Rathaus ein, vernichteten das große Stadtbuch, plünderten die Kassen, zerschlugen alle Kasten und Behältnisse, rissen die Schlüssel der Stadt= tore an sich und vertrieben alle Polen aus der Stadt. Das war geschehen ohne der gewählten Vorsteher Leitung. Nun aber versammelten sich die Aufständischen im Fran= ziskaner=Kloster, von wo die ganze Bewegung, dem Rat unerklärlich, ausgegangen war, und berieten mit den Anstiftern, was weiter zu tun. Alle Straßen wurden zur Nacht mit Ketten gesperrt, die Bürger blieben in Waffen.

Dem Rat war es gelungen, den Woywoden von Kulm, Gabriel von Baisen, durch einen Eilboten von dem Geschehenen zu benachrichtigen. Er eilte mit einigen Kulmer Ratsherren herbei, wurde eingelassen und berief den Rat und die sechzehn Vertreter der Zünfte in den inneren Hof des Rathauses in der Hoffnung, Frieden stiften zu können. Viele von den Ratsherren waren aber so eingeschüchtert, daß sie sich von der Gemeine erst sicheres Geleit versprechen ließen, ehe sie sich aus ihren Häusern wagten. Tileman vom Wege lag krank. Zu einer ordentlichen Verhandlung kam es nicht. Vergeblich mühte sich der Woywode das Wort zu erhalten, vergeb=

lich suchten die Kulmer Herren zu vermitteln. Es waren
schon nicht mehr einzelne Beschwerden, die gegen den
Thorner Rat vorgebracht wurden und durch Nachgiebigkeit
hätten abgestellt werden können; die Angriffe richteten sich
unverhüllt gegen den Bund selbst. Jürgen Langrock schrie
ihn an: „Geht, geht! Wir Bürger sollen nur zahlen und
opfern, damit der König herrsche!" und der Faßbinder
Peter Borrich fügte noch deutlicher hinzu: „das Land ist
weggegeben um drei oder vier Schwaben! Das haben ge=
trieben der lahme Stümper, der Kirchenverräter und sein
Bruder, der Woywode, die haben uns verleitet und die
Herren und das Land verraten!" Mit dem Woywoden
war er selbst gemeint, wie er wohl wußte, mit dem lahmen
Stümper und Kirchenverräter Hans von Baisen, der
Gubernator, sein Bruder.

Er wollte sich verteidigen und ihnen ihre Ungebühr
vorhalten, aber sie schrieen ihn nieder und hießen ihn
schweigen. Zu den Thorner Ratsherren sagte Tobias
Groß: „Nun sind die Herren vertrieben, und ihr habt
das Haus gebrochen; ihr sollt es auch wieder bauen,
wenn die Herren wieder herkommen!" Und der Schmied
Matthias Klinger schlug mit dem schweren Hammer, den
er in der Hand hielt, auf das Pflaster, daß die Funken
stoben und schrie: „Wir wissen, wo wir Gerechtigkeit
finden. Fort mit den polnischen Blutsaugern!"

Da war's klar ausgesprochen, wohin der Aufruhr
eigentlich zielte: dem Orden sollte die Stadt Thorn zu=
rückgebracht werden. An Versöhnung konnte unter
solchen Umständen nicht zu denken sein. Gabriel von
Baisen war des eigenen Lebens nicht sicher, wenn er
länger in der Stadt blieb. Die von den Zünften ver=
langten stürmisch seine Entfernung: sie könnten sonst für
nichts gut stehen. „Ihr seht, liebe Herren," wandte er
sich achselzuckend zu denen vom Rat, die mit bleichen Ge=
sichtern dastanden, „ich kann euch nicht helfen. Mein

Amt und meine Person sind mißachtet. Ich weiche der
Gewalt. Bedenket vorerst selbst, wie ihr euch gegen
solchen Sturm haltet." Damit verließ er sehr besorgt
die Stadt.

Nun fühlten die Aufständischen sich darin erst recht
als die Herren.

Jost vom Wege war Hauptmann der Stadtwache
und der städtischen Söldner innerhalb der Mauern. Es
war ihm aber nur gelungen, ein kleines Häuflein unter
seinem Befehl zusammenzuhalten und in einigen der
festesten Stadttürme gegen die Angriffe der wütenden
Aufrührer durch Verrammelung der Zugänge zu sichern.
Die Wachmannschaft der Quartiere bestand zumeist aus
Handwerkern und blieb aus; die polnischen Söldner hatten
sich aus dem Staube gemacht; die Deutschen, die ihrer
Pflicht treu blieben, waren in viel zu geringer Zahl, um
den Aufstand bewältigen zu können. Jost selbst mußte
ihnen raten, sich still zu halten. Sie hatten über die
gedeckten Wehrgänge zwischen den Türmen hin Verbindung
mit einander und tauschten den Proviant aus. Auch
konnten sie, wenn's Not tat, über die Mauer ins Freie.
Ein unterirdischer Gang, der nur dem Hauptmann bekannt war, führte durch eine schmale Mauerpforte bis
unter das Rathaus. Jost benutzte ihn, um unbemerkt
mitten in die Stadt zu gelangen und von einem Patrizier-
hause zum andern zu schleichen, Erkundigungen einzuziehen
und sich weitere Verhaltungsmaßregeln zu erbitten.

Tileman vom Wege saß in seinem Lehnstuhl, den
linken Arm in der Binde. Auch sonst fühlte er sich
unwohl. Sein Gesicht war gelb, die Augen lagen tief.
Zu groß waren die Anstrengungen und Aufregungen der
letzten Zeit gewesen; selbst so eiserne Nerven waren ihnen
nicht gewachsen. Nun hatte ihm der Ärger über der
Bürger Unverstand und der Bündischen Lässigkeit die
Galle aufgerührt. Er hatte gemeint, ein Haus aus

Quadersteinen errichtet zu haben, und seine Mauern zer=
bröckelten beim ersten Ansturm von innen wie loser
Mörtel. Niemand tat voll seine Schuldigkeit; der König
nicht, der nur mühelos ernten wollte, die polnischen
Großen nicht, die von einer Eroberung Preußens ge=
träumt haben mochten und nun den preußischen Edelleuten
die Ämter überlassen mußten, der Gubernator und die
Wohwoden nicht, denen es nur um Stärkung ihrer Macht
zu tun war, wenn sie den König durch Fügsamkeit in
guter Laune erhielten, die Bündischen selbst nicht, die
eifersüchtig einander bewachten oder sich ihren Verpflich=
tungen nach Möglichkeit zu entziehen suchten. Wie hätte
Thorn sonst in dieser traurigen Lage auch nur wenige
Tage gelassen werden können! Sollte dieser lange Kampf
wirklich umsonst gewesen sein, der Orden triumphieren?
Der Gedanke machte ihn wild.

Vor ihm stand Jost in dem roten Schlitzwams, wie
es die Söldnerhauptleute trugen, die Hand auf das
Schwert gestützt, in dessen Korb die langen Lederhand=
schuhe eingeklemmt waren. Die Eisenkappe hielt er in
der Linken. „Ihr solltet zu Bett gehen, Vater,“ sagte
er besorgt, „Ihr seht recht übel aus und verschlimmert
euer Leiden durch so trotzige Nichtbeachtung.“

„Es ist jetzt nicht die Zeit,“ antwortete der Atte,
gleich wieder die Zähne zusammenbeißend. „Was tun
die Danziger?“

„Sie sind selbst in schwerster Bedrängnis durch ihre
Gemeine. Der Rat hatte einen Boten hieher geschickt.
Wir halfen ihm über die Mauer. Auch dort ist der
Teufel los, die Gemeine obenauf. Fast zu gleicher Zeit
ist’s angegangen. Die Anführer haben Verbindung mit
einander. Sie sprechen auch dort davon, die Stadt dem
Orden zu übergeben; der Rat soll abgesetzt und aus den
Zünften wiederhergestellt werden — das meinen sie mit
Hilfe des Ordens durchsetzen zu können.“

„Und unsere Söldner in Neuenburg und Stargard rühren sich nicht?"

„Ich habe sie auf des Bürgermeisters Geheiß entbieten lassen. Aber sie bedenken sich des rückständigen Soldes wegen, den sie jetzt leicht erpressen können, und schützen vor, daß sie von der Stadt Thorn allein keine Befehle anzunehmen haben. Indessen wächst täglich die Gefahr, daß die Ordenshauptleute, die bei Neumark und Lessen stehen, mit ihrem Heer aufbrechen und den Aufständischen zu Hilfe kommen. Sind aber noch nicht unterweges."

„Verdammt!" knirschte Tileman. „Das haben unsere Schuster und Schneider nicht von sich selbst. Der Aufstand muß langer Hand vorbereitet sein und seine Anstifter außen haben. Die Pfaffen sind die Vermittler gewesen. Wir hätten sie allesamt aus der Stadt jagen sollen, als sie des Papstes Bann verkündeten. Aber es waren da zu viel Zaghafte, die es mit dem heiligen Stuhl nicht ganz verderben wollten. Die redeten uns zu, es sei nicht so schlimm gemeint und werde bald wieder in Vergessenheit gebracht werden. Nun dauken uns die Kutten solche Vorsicht."

„Ja, die Franziskaner helfen den Aufrührern," bestätigte Jost. „In ihrem Kloster sitzen die Vierundzwanzig beständig und beraten und lassen Briefe schreiben. Der Pfarrer Andreas soll wieder zurück sein und von den Mönchen beherbergt werden. Der schreibt ihnen die Briefe."

„Ich riet, ihm den Kopf abzuschlagen, wie dem Helwig und den andern Buben," rief Tileman, „aber er war ja ein Geweihter des Herrn — an dem vergriff man sich nicht. Ha, ha, ha!"

„Und noch einen andern hab' ich mit eigenen Augen nach dem Kloster schleichen sehen, um den's der Rat auch

nicht verdient hat," fuhr Joſt fort. „Den Götze
Rubit! Ich ſchwör's darauf, er war's."

„Er kommt ſein Geld zu holen," grinſte der Alte.
„Daß man's nicht geſchmolzen und ihm in den Hals
gegoſſen hat!"

„Der gefährlichſte aber iſt ein Einäugiger, der ſich
im Kloſter verſteckt hält."

„Ein Einäugiger? Wer iſt das?"

„Man weiß es nicht. Die Aufrührer ſelbſt kennen
nicht ſeinen Namen und Staub. Den Pfaffen mag er
ſich wohl offenbart haben. Wir ſingen geſtern Nachts
einen Schuſter, der ſich betrunken hatte und zu nahe an
unſere Verſchanzung herantaumelte. Dem goſſen wir
einen Eimer kaltes Waſſer über den Kopf, daß er ſich
ausnüchterte, jagten ihm mit vorgehaltenen Spießen großen
Schreck ein und fragten ihn aus. Da hat er gebeichtet,
was er wußte. Das war nicht viel, aber es kam doch
heraus, daß der Herr Hochmeiſter ihnen den Einäugigen
geſchickt und durch ihn das Stadtregiment für ewige
Zeiten verſprochen hätte, wenn ſie wieder den Orden als
Oberherrn aufnehmen wollten. Er hätte ihnen zugeſichert,
ſie ſollten von allen Bußen für den Abfall freibleiben,
die Forderungen der Soldhauptleute beider Teile aber
den reichen Kaufleuten allein zu berichtigen aufgegeben
werden; die Herren ſollten von Haus und Hof kommen,
beſonders die im Rat geſeſſen. Darnach ſollte wieder
die alte gute Zeit zurückkehren und die Teuerung aufhören und niemand unbillig beſteuert werden. Deshalb
täten ſie ſich ſelbſt den beſten Dienſt, wenn ſie dem Herrn
Hochmeiſter die Tore öffneten."

„Und das ſei auch beſchloſſen worden —?" fragte
der Alte in fieberhafter Erregung, ſich mit dem Sacktuch
die Stirn trocknend.

„Das wußte er nicht," antwortete Joſt; „er gehört
nicht zu den Vierundzwanzig. Aber es iſt wohl anzu-

nehmen. Wir haben auch von der Dachluke des Turmes aus sehen können, daß sie Boten aus den Toren aus= gelassen haben. Sind die Hauptleute ihnen willig, so gewinnen sie die Stadt ohne Schwertstreich. Denn die Aufrührer haben die Schlüssel zu allen Zugängen in Händen."

„Und der König zögert —?"

„Rutger von Birken hat einen dringenden Brief an ihn geschrieben und durch einen treuen Mann versendet. Auch einen zweiten an den Hauptmann von Dybow, der es mit seinem Heerhaufen am wenigsten weit hat. Das ist mit mehrerer Ratsherren Bewilligung geschehen, die er trotz der Straßensperre hat befragen können. Es ist ihnen bedenklich genug gewesen, sich von den Poten helfen zu lassen, aber in dieser Not kein anderer Weg geblieben."

„Ja, ja," klagte Tileman, „die Polen tun nichts umsonst. Wir haben dem König schon so viel Recht eingeräumt auf mündliche Versprechungen, die eitel Wind sind, wenn wir ihn nicht zwingen können uns Wort zu halten. Er vertröstet uns wegen der Verschreibungen von einer Zeit zur andern. Erst soll die Marienburg in seinem Besitz und der Orden ganz niedergeworfen sein. Es verlautet aber aus seiner höfischen Umgebung, daß man mit allerhand Falschheit umgeht und den Orden nicht fallen lassen will, wenn er bereit ist, den König als Lehnsherrn anzunehmen. Dann soll ihm wieder das ganze Land Preußen untertänig werden und der Bund geopfert sein. Ich weiß nicht, wie weit dieser Plan gediehen ist, aber daran kann kein Zweifel sein, daß man ihm ernstlich nachgehen wird, wenn Thorn und Danzig dem Orden zufallen. Das will ich nicht überleben."

„Wir können das Rathaus eine Weile verteidigen, Vater," sagte Jost nach einigem Bedenken. „Rückt das

Ordensheer an, so ist meine Absicht, unsere Leute durch
den unterirdischen Gang dorthin zu führen, den Hof zu
besetzen und die Türen zu verrammeln. Kommen dann
die Polen nicht zu spät, so kann es dem Rat nützlich
sein, wenn er das Haus in seiner Gewalt hat. Dafür
will ich gern mein Blut vergießen."

Tileman reichte ihm die feuchtkalte Hand. „Gott
wolle mir solches Leid ersparen," sagte er. „Tu' aber,
was deine Pflicht ist. Wir müssen alle unsere Kraft
zum Äußersten anspannen, drohendes Unheil abzuwenden."

Jost hüllte sich in einen langen und weiten Mantel
und verließ das Haus durch eine Hinterpforte.

Bei den Franziskanern ließ es Boppo an Rührigkeit
nicht fehlen, der Bürgerausschuß stellte sich ganz zu seiner
Verfügung und gab ihm Vollmacht zu Gunsten des
Ordens zu handeln. Die guten Leute glaubten, was er
ihnen sagte, und hatten jetzt auch schon keine andere Wahl,
als auf des Ordens günstigen Stern zu hoffen. So
weit hatten die meisten kaum gehen wollen; nur die Auf=
nahme von Vertretern der Zünfte in den Rat strebten
sie an, um zu hindern, daß der schwerste Teil der
Steuern, wie üblich, auf ihre Schultern gewälzt würde.
Nun war kein Halt mehr gewesen, nachdem der Aufruhr
jede friedliche Verständigung mit dem Rat unmöglich
gemacht. Sie wußten, daß sie siegen müßten, wenn sie
nicht als Besiegte schwere Strafe erleiden wollten. So
war jetzt die Parole ausgegeben: „Wie die Schlösser des
Ordens alle an einem Tage gestürmt worden, so würden
jetzt die großen Städte auf einen Tag ihre Ratsherren
fangen und erschlagen und darauf die Kreuzherren ein=
lassen!" Das war ein Satz, der sich leicht dem Ge=
dächtnis einprägte und glatt vom Munde ging. Er
wurde denn auch in allen Baderstuben und Weinkellern
und Gesellenherbergen tapfer wiederholt. Nun erinnerten
sich die Maurer, Zimmerleute und Dachdecker mit Seufzen,

wie sie selbst den Rat geholfen, das Schloß zu brechen, und mancher sagte, es sei ihm schon damals gewesen, als hätt' eine unsichtbare Hand ihn zurückhalten wollen. Eine rechte Schande sei es für die deutsche Stadt, sich mit dem polnischen Gesindel eingelassen zu haben. Sie redeten sich in rechte Wut. Wie die Ratsherren der großen Städte Verrat geübt hätten, gerade so müßte ihnen nun auch vergolten werden.

Die Vierundzwanzig ließen deshalb Briefe an die Gemeinen von Danzig und Elbing schreiben, sie sollten ihrem Beispiel folgen. Pfarrer Andreas war der Schreiber. Der Einäugige setzte sich aber auch mit den Ordens= hauptleuten in Neumark in Verbindung und beschwor sie eiligst aufzubrechen und die Stadt einzunehmen. Sie machten auch Zusagen, zögerten aber, da sie den Nach= richten noch nicht recht trauten und sich den Vorteil nach der andern Seite nicht verschlagen wollten, wenn der Rat doch die Oberhand behielte. Vielleicht war die Stadt leicht zu nehmen, aber schwer zu behaupten. Ostra wurde von Tage zu Tage ungeduldiger. Er entschloß sich endlich, so schwer es ihn ankam, an den Spittler Heinrich von Plauen schreiben und ihn um seine schleunige Einwirkung bitten zu lassen. Den Hochmeister wollte er durch einen Brief, der leicht aufgefangen werden konnte, nicht der Gefahr aussetzen, des Einverständnisses mit den Aufwieglern bezichtigt zu werden. Mit den Handwerkern die Stadt gegen die königlichen Truppen zu halten, konnte schwerlich gelingen. Es war die höchste Zeit, daß er waffenkundige Mannschaft zur Unterstützung des Aufstandes erhielt.

Da ereignete sich etwas, das kein Teil hatte vor= hersehen können. Zwei Danziger Kaufleute und Rats= herren, Cord von Dalen und Heinrich von Staden hatten, ehe noch die Unruhen in Danzig ausbrachen, mehrere Kähne mit Waren für Polen befrachtet und die Weichsel

aufwärts geführt. Wie es in Kriegszeiten auch sonst
üblich war, und weil die Kähne an einigen noch vom
Orden besetzten Städten vorüber mußten, hatten sie zur
Sicherung des sehr wertvollen Transports fünfhundert
Söldner mitgenommen. Nun landeten sie bei Thorn,
schifften die Güter aus, die demnächst auf anderen Fahr=
zeugen weiter befördert werden sollten, und setzten auch
die Söldner ans Land, die wohl oder übel in der Stadt
geherbergt werden mußten. Den Thorner Ratsherren
wuchs der Wut, so daß sie sich wieder auf den Straßen
zeigten, und Jost vom Wege durfte nicht mehr befürchten,
seinen Verteidigungsposten aufgeben zu müssen. Die
Gemeine aber mußte sich trösten, die gefährlichen Gäste
wären nicht zahlreich genug, etwas Feindliches gegen sie
unternehmen zu können, so lange die Zünfte einig zu=
sammen ständen.

Der Einäugige, dem dieser Zwischenfall sehr ver=
drießlich war, sendete sofort Götze Rubit nach Neumark
ab, ließ den Ordenshauptleuten wegen ihres Zögerns
Vorwürfe machen und bat sie bringend ihren Anmarsch
zu beschleunigen. Sie wollten eben, auch vom Spittler
gedrängt, mit ihren Leuten aufbrechen. Auf die Kunde
von dem Vorgefallenen wurden sie wieder stutzig und
ließen absatteln. Sie traten in Beratung und be=
schieden dann Rubit dahin, die Thorner sollten sehen,
wie sie erst wieder die fremde Besatzung los würden;
sie selbst seien zu schwach, sich auf einen Kampf einzu=
lassen und wollten nicht von den Feinden in die Mitte
genommen sein.

Diese Ablehnung brachte Ostra in die schlimmste
Verlegenheit. Er versammelte die Vierundzwanzig und
ermahnte sie bringend, die fremden Söldner aus der
Stadt zu weisen und im Notfall mit Gewalt zu ent=
fernen; jede versäumte Stunde verdopple die Gefahr.
Jetzt hätten sie es mit Fünfhundert zu tun, bald mit

so viel Tausenden, wenn sie die Königlichen herankommen ließen. Zugleich müsse die Hoffnung auf Entsatz schwinden. Viele waren aber zaghaft geworden, andere hatten ganz den Kopf verloren. Die Wehrheit konnte sich nicht entschließen, die Feindseligkeiten gegen die gutbewaffneten Söldner zu beginnen. „Ihr Toren," rief ihnen der Ritter zu, „seht ihr denn nicht, daß ihr für euer Leben fechten müßt? Laßt den Rat über euch kommen und seine Rache wird furchtbar sein." Der Schmied Klinger trat ihm bei und gewann auch einige andere. Die meisten aber wurden nun erst recht scheu und schlossen sich dem Krämer Tobias Groß an, der vorschlug es mit einer List zu versuchen.

Sie war allzu durchsichtig. Es wurde vorgegeben, die Gemeine wolle sich mit dem Rat verständigen, wobei die fremden Gäste die Vermittelung übernehmen sollten. Die beiden Danziger Ratsherren und die anderen Danziger Kaufleute, die mit ihnen gekommen waren, sowie die fünfhundert Söldner wurden deshalb zu nächstem Morgen auf die Schiffbrücke bestellt; dort wollten sie mit ihnen ratschlagen. Sie hatten sich's so ausgedacht, daß sie dann eiligst hinter ihnen die Stadttore schließen und sie aussperren würden. Das gesamte Danziger Gut wollten sie in Beschlag nehmen und damit die Ordenshauptleute, wenn sie von der andern Seite einrückten, befriedigen. Kaum aber hatte Tileman vom Wege von dieser sonderbaren Ladung Kenntnis erlangt, als er, so krank er war, sein Haus verließ, die Danziger aufsuchte und sie nachdrücklich warnte. Auf seinen Rat schützten sie vor, am andern Tage bei ihren Gütern zu sehr beschäftigt zu sein und brachten den Sonntag für die Beratung in Vorschlag. Die Handwerker mußten sich dabei beruhigen.

Wieder gingen Eilboten nach Polen ab und trafen Stanislaus von Ostrorog, Woywoden von Kalisch, den

König Kasimir schickte, schon unterwegs. Der Haupt=
mann von Dybow, Koscielek, verstärkte mit seiner
Mannschaft das Heer. Auch die Kulmer schickten hundert
Trabanten, die nachts in die Stadt einrückten, nachdem
Jost vom Wege mit seinen Leuten das Tor von innen
besetzt hatte. Am Morgen sah die überraschte Gemeine
ihre Sache völlig verloren. Die fünfhundert Danziger
Söldner besetzten den Markt und das nach der Weichsel
führende Sigler Tor, die Trabanten das gegenüber=
liegende Kulmer Tor, durch welches sie eingezogen
waren, die Thorner Söldner sperrten die Zugänge nach
der Neustadt ab. Ungehindert rückten die Polen dort
vor. So von allen Seiten eingeschlossen wagten die
Bürger keinen Widerstand. Ein furchtbarer Schrecken
bemächtigte sich ihrer; sie warfen die Waffen fort und
suchten in den Kirchen Schutz oder versteckten sich in
ihren Häusern.

Und nun begann in der Alt= und Neustadt ein
wahres Kesseltreiben der ehrsamen Meister aller Gewerke,
die sich rebellisch gegen den Rat als ihre verordnete
Obrigkeit aufgelehnt hatten, und ihre mitbeteiligten Ge=
sellen. Während die Polen alle Tore und Pforten ver=
stellten und keinen durchließen, der nicht einen Zettel
aus der Ratsstube vorzeigte, durchzogen die Trabanten
rottenweise die Straßen, drangen in die Kramläden und
Handwerkerhäuser ein, sperrten die Türen zu den Kirch=
höfen und drohten den Eingeschlossenen, sie durch Hunger
zur Ergebung zu nötigen. Wen sie erwischten, der
wurde mit Stricken gebunden und nach den Torwachen
gebracht oder in die Keller des Rathauses geworfen.
Dabei läuteten alle Glocken von den Kirchtürmen, als
ob ein großes Fest angekündigt würde. Genau so hatten
es die Herren Bürgermeister beschlossen, die sogleich im
Rathause den Rat feierlich versammelten und zu Gericht
sitzen ließen. Es wurde beschlossen, daß die Sitzung

4*

nicht unterbrochen werden sollte, bis die Ordnung vollständig wiederhergestellt worden.

Die Namen der Vierundzwanzig waren bekannt; nach ihnen sollte vor allem gefahndet werden. Dann kamen die Gefangenen, wie sie eingeliefert wurden, ins Verhör und wurden unter Androhung der Tortur nach den übrigen Anführern ausgefragt. Bald füllte sich die Liste der Proskribierten. Die Franziskaner mußten Jost vom Wege und seinen Leuten ihr Kloster öffnen. Alle Zellen wurden durchsucht, selbst die Dachkammern durchstöbert. Es war auf den Einäugigen und Götze Rubit abgesehen. Sie hatten sich aber mit einigen Mitgliedern des Ausschusses, die zur Nacht bei ihnen waren, rechtzeitig über die Mauer flüchten können. Pfarrer Andreas steckte in einer Kutte, wurde erkannt und ins Gefängnis abgeführt. Bald saßen mehr als hundert von den Aufrührern hinter Schloß und Riegel. Alle festen Gelasse in den Türmen waren gefüllt.

Nun zogen Scharen von Weibern und Kindern vor das Rathaus, lamentierten kläglich und flehten um Gnade. Die Gemeine wollte sich unterwerfen. Aber sie erlangten nur so viel, daß vorläufig von weiterer Aufhebung der Schuldigen Abstand genommen wurde. Niemand sollte sich aus den Häusern rühren bis auf des Rats fernere Weisung. Die Bittenden wurden durch die Söldner vom Markt vertrieben. An die Polen ging eine Deputation von Ratsherren ab, den Woywoden Stanislaus von Ostrorog und den Hauptmann Koscielez aufs Haus einzuladen. Dort begrüßte Rutger von Birken sie mit feierlicher Anrede und sagte ihnen der Stadt Dank; ein würdiges Geschenk behalte man sich vor. Den größten Dienst freilich hätten sie ihrem König geleistet, dem der Verlust von Thorn der Verlust des Landes gewesen wäre; von ihm dürften sie daher den reichsten Lohn erwarten. Am Schluß deutete er an, daß der

Rat, wie sie sich überzeugt hätten, wieder völlig Herr der Stadt sei und ihrer Unterstützung innerhalb der Mauern nicht weiter bedürfe, bäte sie daher zur Vorbeugung neuer Unruhen ihre Truppen zurückzuziehen und vor der Stadt ins Lager zu bringen. Den Ratsherren schien es kaum eine geringere Gefahr, wenn die Stadt von dem Kriegsvolk des Königs besetzt war, als wenn die Gemeine darin die Herrschaft hatte. Sie meinten sich nicht schnell genug dieser Gäste entledigen zu können, die man sich wahrlich nur in der höchsten Not einzuladen entschlossen gehabt.

Darauf begann die Beratung, was mit den Gefangenen geschehen solle. Johann Ruß, bereits der zwölfte aus der Familie im Rat und deshalb hoch angesehen, Bertram von Allen, Johann Ronnenberg und die drei kürzlich zum ersten Mal aus der Neustadt in den gemeinsamen Rat gekürten, Peter Roger, Hans Gloger und Barthel Stolle sprachen sich dafür aus, Milde walten zu lassen. Es sei eine Zeit, in der alle gewohnte Ordnung erschüttert worden und niemand wisse, was der kommende Tag bringen werde. Wer Sieger bleibe, der habe Recht. „Es ist keiner von uns,“ sagte Bertram von Allen, „dessen Gewissen sich nicht schwer belastet zeigte, wenn ihm ein Priester des Ordens die Beichte abnähme, und in des Papstes Augen, der uns gebannt hat, sind wir nicht minder straffällig. Lasset uns billig erwägen, daß diese armen Leute gegen den Orden keine Klage gehabt haben außer über die schlechte Münze, die er doch zum wenigsten verschuldete, und durch uns zum Abfall gebracht sind ohne ihre besondere Einwilligung, daß sie auch des langen Krieges drückendste Lasten getragen und geringsten Vorteil geerntet haben. Vielleicht wäre solcher Verwirrung vorgebeugt worden, wenn wir rechtzeitig einige von ihren Älterleuten in den Rat aufgenommen hätten. Nun wollen wir es ihnen nicht so

schwer verargen, daß sie von Mißtrauen gegen uns er=
füllt waren und gegen Ausbeutung gesichert sein wollten.
Sind sie nun gewaltsam zum Gehorsam zurückgebracht,
so werden sie uns die Milde danken, mit der wir ihnen
den Fehl verzeihen, und fortan treu zu uns halten.
Andernfalls aber wird ein Groll in ihrem Herzen bleiben
und sich ein ander Mal vielleicht noch schreckhafter ent=
laden. Also stimme ich für ernstliche Vermahnung und
Freilassung der Schuldigen."

„Ihr vergeßt," entgegnete Rutger von Birken, „daß
diese Leute sich nicht nur wider ihre Obrigkeit gesetzt
haben, um Teil am Stadtregiment zu gewinnen, sondern
räuberischer Gewalt und des Hochverrats schuldig sind,
indem sie sich dem Orden ergaben. Es müßte den Herrn
König sicherlich Wunder nehmen, wenn wir solche Frevel
gering achteten."

„Sie sind nicht so sehr von der Gemeine begangen,"
suchte Johann Ruß zu entschuldigen, „als von einzelnen
losen Buben und schlechten Schelmen. Was die am
wilden Aufruhr verbrochen haben, mag man billig den
ruhigen Bürgern nicht zur Last legen. Sind sie hinterher
vom Sturm mitgerissen, so wissen wir alle, daß dem
schwer zu widerstehen ist. Der Plan aber, sich dem
Orden zuzuwenden, ist ihnen von fremden Anstiftern ein=
gegeben, die doch leider der Strafe durch die Flucht ent=
gangen sind. Lasset sie uns als Verführte behandeln,
die wir versöhnen wollen. Denn wir haben, wie mich
dünkt, noch viel zu tun, und können ihrer Hilfe nicht
entbehren."

Dem stimmten die Neustädter Herren vielleicht allzu
eifrig zu. Deshalb sagte Albrecht Damm, der Tileman
vom Wege rot werden sah: „Allzu scharf macht schartig,
aber allzu stumpf schneidet ins eigene Fleisch. So ist
meine Meinung, daß wir die schuldigen Anführer aus=
wählen und richten nach der Gerechtigkeit, die anderen

aber laufen laſſen. So ſehen ſie uuſere Strenge und Wilde zugleich."

„Abgehört und gerichtet müſſen ſie alle werden," ſprach Johann Ziegenhals ein, „da ſie auf friſcher Tat betroffen und gefangen ſind. Ob wir hinterher Gnade walten laſſen, ſteht bei uns. Auf Aufruhr und Gewalt= tat gegen die Obrigkeit ſteht der Tod!"

„Es ſind ihrer zu viele," meinte Ronnenberg, „wir können mit ihnen nicht ins Gericht gehen, es wird ein zu groß Geſchrei. Verurteilen wir ſie, ſo können wir ſie nicht hindern an den König zu appellieren, und er wird die Sache aus dem Lande ziehen, weil die heimiſchen Gerichte Partei ſind, das darf um vieler Urſachen wegen nicht ſein. Und warum ſollen auch gerade dieſe huudert und etliche büßen, die gefangen ſind. Es iſt nicht einer in der Bürgerſchaft, der nicht ſchuldig wäre wie ſie. Wir müßten denn die ganze Gemeine auf die Anklagebank ſetzen."

„Bringen wir die vier auf den Block," ſchlug Ver= niger vor, „die ſich zuerſt von der Gemeine haben wählen laſſen, und ein paar von denen, die in die Acciſebude eingebrochen ſind und die Bücher vernichtet haben, ſo iſt ein heilſames Exempel ſtatuiert, und die andern, die wir laufen laſſen, werden uns dauken."

Nuu ſtand Tileman vom Wege auf, ſtemmte die rechte Hand auf den Tiſch und ſah mit flammenden Blicken im Kreiſe herum. „Wozu ratet ihr Herren da?" rief er. „Sitz' ich im Rat der Stadt Thorn, der durch Gewalt entrechtet war und nach Niederwerfung der Gegner wieder von ſeinem Hauſe Beſitz genommen hat, oder in einer Verſammlung von Weiblein, die das Herz auf der Zunge haben? Ihr Herren, ihr Herren! ge= denket des doppelten Eides, den ihr der Stadt und dem König geleiſtet, das ſind nicht gute, ſondern recht törichte Worte. Ein Körnlein Wahrheit iſt wohl in allen, aber es ist in die unrechte Bütte gefallen und wird ausgeschüttet werden mit der Spreu. Sprecht ihr von Milde und Gnade? Aber wenn die Gemeine gesiegt hätte und morgen wär' das Ordensheer eingezogen in die Stadt — was wär' uns dann geschehen? Sie hätten uns aus unsern Häusern gezogen und auf den Markt geschleppt · und den Kopf abgeschlagen, wie sie gedroht. Ja, den Kopf abgeschlagen, und hätt' keiner fest genug auf seinem Rumpf gesessen. Und nun sind wir die Sieger. Was soll's mit der Verletzung des Gesetzes und Ahndung strafbarer Tat? Wir sind in einem Kampf begriffen gewesen, von dem die Rechtsbücher nichts wissen und wissen können. Und das war die letzte Frage, wer soll herrschen? Wer soll herrschen in der Stadt — der Rat oder die Zünfte? Und wer soll herrschen im Lande — der König oder der Orden? Wie wollt ihr sie entscheiden nach der Gerechtigkeit? Der Mächtige herrscht, der Schwächere dient. Was Verhör! Was sollen sie euch sagen, das Ihr nicht schon wißt, es wär' euch denn darum zu tun, auf der Angeber Beschuldigung die Gefängnisse noch mehr zu füllen. Was Gericht! Wer sind die Richter? Wir. Und wir sind die Sieger. Wir können nicht Recht sprechen in eigener Sache, unser Spruch wär' ein Hohn der Gerechtigkeit. Aber wir wollen ihnen tun, was sie uns tun wollten —: Kopf ab!"

„Ohne Verhör — ohne Gericht — ohne Urteil — alle—?" schrieen die Ratsherren durcheinander. „Das kann nicht sein — das darf nicht sein . . ."

„Kopf ab!" wiederholte Tileman mit eiserner Ruhe, aber noch schärferem Ton. Das Wort fiel selbst wie ein geschliffenes Beil nieder. „Wen wollt ihr aussuchen? Sie sind alle gleich schuldig, und noch Tausende sind schuldig wie sie. Es ist wie in der Kriegsschlacht: diese Vorderen erliegen des Gegners Schwert und die

Anderen retten das Leben. Wer die Würfel wirft —
wir wissen es nicht. So sind diese hundert im Kampf
niedergeworfen und gefangen. Kopf ab! Die Anderen
mögen unbehelligt sein."

Selbst Rutger von Birken durchlief es kalt. „Es
ist zu viel Blut," murmelte er. „Losen wir den zehnten
— oder den fünften — — oder den dritten Mann
aus." Er hoffte, der Freund würde endlich zustimmend
nicken. Aber es geschah nicht. „Begnügt Euch mit der
Hälfte!"

Tileman zuckte die Schulter. Die Stirn über den
Augenknochen wulstete sich; die Falten schienen sich zu
vereinen oder von da auszustrahlen. Er war schrecklich
anzusehen. „Fordere ich ihre Köpfe für mich?" fragte
er. „Mich selbst hat kein einziger beleidigt — auch der
nicht, dessen Messer ich diese Armwunde verdanke. Es
ist ihm verziehen. Aber wofür leben wir, wofür streiten
wir? Wenn wir nicht überzeugt sind für die Jahr=
hunderte zu bauen, was soll dieses Puppenspiel? Wir
bauen für die Jahrhunderte, und das ist unsere Voll=
macht für die Stunde. Wir haben dem Orden abgesagt,
und nie wieder soll unser Nacken sich beugen vor dem
schwarzen Kreuz auf eines Ritters Gewand. Wir haben
dem König geschworen, und nie wieder soll ein anderer
unser Herr sein, als der unsere Freiheiten achtet. Wir
haben in den großen Städten das Regiment beim Rat,
und nie darf es abgetreten werden an die Gemeinen.
Darum muß dieser Versuch, die Ordnung der Dinge um=
zukehren, der erste und letzte gewesen sein. Fallen jetzt
unbarmherzig die hundert Köpfe, so wird dieses blutige
Schauspiel in Thorn sich nie wiederholen dürfen — nie!
Aber zeigt euch jetzt schwach, und eure Kinder und Enkel
werden euch fluchen. Denn der Kampf wird sich fortsetzen
und unablässig Blut heischen und das ganze Land ver=
derben. Das sagt euch Tileman vom Wege!"

Diese Rede erschütterte alle Hörer. Noch nie hatte er so scharf und wuchtig zugleich gesprochen. Es war als ob Feuer von seinem Munde ausging und ihnen ins Gewissen brannte. Mehrere, die zur Wilde geraten hatten, kamen sich wie Feiglinge vor, die in einem Versteck ertappt waren. Rutger von Birken, der den Vorsitz hatte, sah auf die Liste der Gefangenen hinab und lächelte verlegen. Manches von dem, was Tileman mit der ihm eigenen Sicherheit als unumstößliche Wahrheit hingestellt hatte, schien ihm anfechtbar; wenn er aber seinen Gesichtspunkt gelten ließ, war es sehr töricht, um dies und das mit Worten zu fechten.

Zuerst stimmte der Ratsherr Toydenkoß zu, der bisher geschwiegen hatte. Seine Nachbarn schlossen sich lebhaft an. „Wir müssen aufgeräumt haben, ehe der König kommt oder auch nur von Krakau aus Einspruch erheben kann," sagte der eine, und der andere fügte hinzu: „Wir müssen denen in Danzig einen Schrecken einjagen, dann ergeben sie sich ohne Widerstand. Wäre die Gemeine dort siegreich, so würden wir bald den Rückschlag fühlen." Nun traten nach und nach auch die übrigen bei, einige mit Entschuldigungen, daß sie eine so klare Sache nicht sogleich richtig erfaßt hätten. Die Neustädter Herren überlegten, daß sie leicht in Verdacht der Begünstigung des Aufstandes kommen könnten, wenn sie gegen die Exekution Einspruch erhöben, und schwiegen. Sie ließen sich überstimmen.

Und so wurde denn am andern Morgen die gesamte Bürgerschaft vor das Altstädtische Rathaus berufen, dem Schrecknis zuzuschauen. Die Söldner umstellten den Platz. Ihre Führer waren angewiesen, sofort scharf einzuhauen, falls sich eine Bewegung zu Gunsten der Delinquenten merkbar machen sollte. Die Gefängnisse wurden entleert. Es zeigte sich, daß ein Teil der Gefangenen in der allgemeinen Verwirrung entsprungen war. Für einige andere, die angesehene Freunde hatten, wurde unter der Hand Bürgschaft angenommen und Aufschub gewährt. Aber die Mehrzahl kam gebunden und von den Stadtknechten herangetrieben auf den Platz. Es war in der Eile nicht einmal ein Gerüst errichtet, sondern der Block auf das Pflaster gestellt. Zweiundsiebzig Mal fiel des Scharf= richters Beil und rollte ein Kopf über die Steine. Weit= hin spritzte das Blut und sammelte sich um den Block zu einer dunklen Lache, die von Zeit zu Zeit mit Sand überstreut wurde. Stundenlang dauerte die entsetzliche Blutarbeit.

Die Bürgerschaft stand wie erstarrt von Schrecken; sie begriff, daß der Rat seine Rache nahm, und wagte nicht einmal mehr eine Bitte für die Opfer. Nur ein leises Seufzen und Wehklagen ging mitunter durch die Massen. Die Blicke richteten sich scheu nach den geöff= neten Fenstern des Rathauses, hinter denen Bürgermeister, Ratmannen und Schöppen in ihren Amtsmänteln standen, ob nicht dem Scharfrichter von da ein Wink kommen werde, endlich Einhalt zu tun. Aber das erhoffte Zeichen wurde nicht gegeben. Immer wieder blitzte das Beil durch die Luft und schlug ächzend in den Klotz. Zwei= undsiebzig Mal!

Erst als der letzte Kopf gefallen war, trat Tileman vom Wege aus dem Fenster zurück. Nicht triumphierend, sondern mit traurigen Mienen und starrem Blick sah er auf das blutige Schauspiel hinab. Für jeden der Ge= richteten sprach er leise ein Vaterunser. Zu seinem Sohne, der als Stadthauptmann bei den Ratsherren stand, aber sich, von Grausen erfaßt, meist im Hinter= grunde des Saales gehalten hatte, sagte er seufzend: „Es ist vollbracht. Möchtest Du nie mehr so Entsetzliches erleben! Vergiß aber nie, daß Du Zeuge warst, wie der Thorner Rat seine Pflicht gegen den Bund und gegen den König erfüllte. Jetzt wird die Marienburg unser sein!" Jost wandte sich schaudernd ab. Zum ersten Mal empfand er unbesiegliche Scheu vor des Vaters herzloser Strenge.

Die Zünfte schickten ihre Ülterleute aufs Rathaus, ihre volle Unterwerfung zu versichern und demütig Verzeihung des Geschehenen zu erbitten. Nie wieder würden sie sich betören lassen, des Ordens Herrschaft zurückzusehnen, oder das Regiment anzutasten. Willig würden sie zahlen, was ausgeschrieben werde, und den Schaden ersetzen. So wurden sie zu Gnaden angenommen.

König Kasimir, als er Kunde von diesem Blutgericht erhielt, war über der Thorner allzuschnelles Verfahren sehr ungehalten und ließ seinem Dankschreiben wegen Bewahrung des Eides auch einen leisen Tadel einfließen. „Doch schmerzt uns die Vergießung menschlichen Blutes. Wir zweifeln freilich nicht, daß es gerecht vergossen ist, hätten aber lieber gehört, daß es eines solchen Strafgerichts nicht beburfte und die Sache auf anderem guten Wege in Ordnung gebracht wäre." Die Ratsherren wußten zwischen den Zeiten zu lesen, worüber sich der König beschweren wollte: es verdroß ihn, daß die Stadt so selbständig gehandelt.

„Dieses Schreiben ist unsere beste Rechtfertigung," rannte Tileman vom Wege dem Bürgermeister Rutger von Birken zu. „Der Herr König wird sich daran gewöhnen müssen, nicht gefragt zu werden, wenn wir uns die Antwort selbst geben können."

„Wer wird das letzte Wort mit den böhmischen Hauptleuten sprechen?" fragte Birken.

„Schickt mich nach Warienburg, wenn es so weit ist," entgegnete Tileman. „Es gelüstet mich, bei der Übergabe zugegen zu sein. Ich hoffe, der König wird jetzt nicht länger Bedenken haben, uns sein Heer zuzuführen, und mit einem letzten Schlage dem Orden den Garaus zu machen. Damit er um so besser gelinge, wollen wir

unfere Truppen ins Ermland vorſchieben und gleichſam
einen Riegel vor die Tür legen, daß man ihm nicht von
Norden her Entſaß bringen könne.   Mein Sohn ſoll ſich
da die Sporen verdienen.   Ich hoffe, der Herr König
wird den Dank nicht vergeſſen, wenn wir Thorner künftig
mit ihm abrechnen.“

Viertes Kapitel.

Unverhofftes Wiederſehen.

An einem wenig freundlichen Frühlingstage bewegte ſich
ein Trupp von mehreren huudert Reitern und Fuß=
ſoldaten durch den dichten Wald hinter Heilsberg. Sie
marſchierten nicht in guter Ordnung, ſondern hatten ihre
Rotten aufgelöſt, da der ſchmale, ſich zwiſchen den alten
Baumſtämmen durchwindende Fahrweg von dem letzten
Gewitterregen völlig durchweicht war, auch an den ſan=
bigeren Stellen immer nur einer kleinen Zahl von Be=
waffneten Raum bot. Jeder ſah, wie er auf und neben
dem Wege am beſten vorwärts kam. Reiſige und Fuß=
volk wechſelten mit einander ab. Die Fähnlein waren
aufgerollt und wurden wie Stangen lang auf der Schulter
getragen. So trugen die Fußgänger auch ihre Spieße,
um nicht bei jedem Schritt an die tiefhängenden Baumäſte
anzuſtoßen. In einiger Entfernung rechts oder links ritt
oder ging wohl auch einer allein auf der Suche nach
einem haltbaren Fußſteg. Das Laub war noch wenig
entwickelt und geſtattete ziemlich weithin den freien Durch=
blick. Dem Trupp folgten Bagagewagen, die meiſten mit
Bauernpferden beſpannt, die unbarmherzig abgepeitſcht
wurden, wenn die Räder im Schlamm ſtecken blieben.
Auf den Fuhrwerken ſaßen einige Hakenſchützen; ſie hatten
ihre langen eiſernen Rohre und das Geſtell zum Auflegen

neben ſich. Auch ein ſchweres Geſchütz wurde auf meh=
reren verbundenen Achſen nachgefahren. Die Mannſchaft
ging nebenbei und half gelegentlich nach, wenn das Ge=
fährt über Baumwurzeln und Steinen ins Schwanken
kam. Entſtand hier ein Aufenthalt oder reckte der Zug
ſich zu weit aus, ſo gab der Trompeter, der neben dem
Hauptmann ritt, den Vorderſten ein Zeichen zu halten.
Die ganze Maſſe bewegte ſich ſo nur langſam weiter.

Der Hauptmann war Joſt vom Wege. Er ritt ein
ſchönes Pferd, einen Rappen, dem man's aber anſah, daß
ihm ſchon ſeit Wochen die rechte Pflege gefehlt hatte.
Das Haar war ſtruppig, die Mähne ungekämmt, der
Schweif mit einem Strick von Stroh aufgebunden. Er
hatte die Blechhaube am Sattelknopf hängen und trug
einen grauen breitrandigen Filzhut mit langwallender
Feder. Ein kurzer Harniſch deckte ihm Bruſt und Rücken;
zum Schutz der Schultern waren bewegliche Platten an=
geſchnallt. Darunter trug er ein Lederwams mit Schlitzen,
durch die das rote Unterkleid ſichtbar wurde. Die gelben
Stiefel waren hoch aufgezogen und über dem Knie mit
Riemen befeſtigt. Die großen übergeſchnallten Sporen
ſtarrten von Schmutz, der ſich auch in langen Spritzen
am loſe umgehängten Filzmantel hinaufzog und ſogar das
braune Geſicht getroffen hatte. Das Schwert war wage=
recht aufgenommen. Am Leibgurt hing ein Dolch in
künſtlich verzierter Scheide und eine Geldtaſche. Die
ſchwerere Rüſtung wurde ihm zugleich mit dem Zelt und
Tafelgeſchirr nachgefahren.

Man war offenbar gut unterrichtet, hier keinen Feind
anzutreffen. Aus Biſchoffſtein und Röſſel, in welcher
Richtung die Reiſe ging, wagte ſich die ſchwache Beſatzung
ſchwerlich vor, wenn ſie ſchon von dem Anmarſch der
Bündiſchen Kenntnis hatte. Erſt darüber hinaus in der
Gegend von Raſtenburg mußte man ſich darauf gefaßt
halten, mit Kriegsvolk des Ordens zuſammen zu treffen.

Tileman vom Wege hatte seinen Sohn zum An=
führer der Mannschaft vorgeschlagen, die auf seinen Rat
ins Ermland abgeschickt wurde, die bischöflichen Besitzungen
in Beschlag zu nehmen. Er hoffte ihn so dem König
am besten zu empfehlen. Nach Erledigung dieses Auf=
trages und seiner eigenen Rückkehr von Marienburg sollte
dann in Thorn, womöglich in Gegenwart des Königs
und der polnischen Woywoden, die Hochzeit Jost's mit
Eva von Birken gefeiert werden. Jost hatte diesem Lieb=
lingswunsch des Vaters nicht länger widersprochen, ob=
schon die schöne Patriziertochter seinem Herzen nicht näher
stand, als sonst eine junge und vornehme Thornerin. Es
war ihm lieb, daß über ihn bestimmt wurde, sich selbst
zu entschließen, fehlte ihm noch immer der rechte Antrieb.
Er hatte in Warschau, in Gent, auch in Thorn genug
schöne Frauen gesehen, wohl auch die eine und andere
vorübergehend ausgezeichnet und mit verliebten Anträgen
verfolgt. Es war doch, als ob sein Herz einer leiden=
schaftlichen Erregung über den ersten Sinnesrausch hinaus
ganz unfähig geworden. Sollte er nun eine Ehe ein=
gehen — und er sah ein, daß dies wegen Sicherung des
Gutes in der Familie am Ende unumgänglich — so
konnte er am wenigsten gegen Eva von Birken etwas
haben, die ihm früh schon zugedacht und auch wohlgeneigt
war. Hatte sie doch so manchen Freier abgewiesen!
Vielleicht aus keinem andern Grunde, als weil sie noch
immer auf seine Werbung hoffte.

Es war ein ganz stattlicher Heerhaufe unter seinen
Befehl gestellt. Man mußte erwarten, daß der Orden
sich der Besitznahme des Ermlandes widersetzen werde,
wenn er noch irgend eine Mannschaft aufzubringen ver=
möchte. Der Bischof Franziskus selbst hatte freilich längst
seine Person in Sicherheit gebracht und in Breslau Auf=
enthalt genommen, von wo aus er auch ungestörter die
Verbindung mit dem päpstlichen Stuhl unterhalten und für

ben Orben tätig sein konnte, bem er troß aller Nieder=
lagen seine Freundschaft nicht entzog.

Jost vom Wege hatte ohne schwere Mühe die Stadt
Heilsberg eingenommen; die geängstigten Bürger, die ihrem
entflohenen Bischof kein Heldenstück schuldig zu sein glaub=
ten, öffneten ihm die Tore, nachdem einige Kugeln aus
dem groben Geschütz über die Mauern geflogen und in
bas Dach bes Rathauses eingeschlagen waren. Aber
das Schloß Heilsberg widerstand. Der treue bischöfliche
Vogt wies die Aufforderung zur Übergabe zurück, so
schwach er auch mit Mannschaft versehen war, und ver=
traute der Tiefe des Grabens und der Festigkeit der
Mauer, gegen die Sturm zu laufen immerhin eine be=
benkliche Aufgabe scheinen konnte. Jost hatte benn auch,
nachdem ein rascher Angriff abgeschlagen war, von regel=
rechter Belagerung Abstand genommen und sich begnügt,
eine Besatzung in der Stadt zurückzulassen und die zum
Schloß gehörigen Wirtschaftshöfe zu brandschatzen. Er
sah voraus, baß der Vogt sich am Ende boch ohne Kampf
ergeben werde, wenn erst die andern Schlösser genommen
seien, und setzte deshalb seinen Marsch fort. Heute in
der Frühe war ein am Rande des Waldes belegenes
Beutnerborf geplündert und gegen seinen Befehl in Brand
gesteckt. Er hatte Mühe, das an Gewalttätigkeiten aller
Art gewöhnte Kriegsvolk im schuldigen Gehorsam zu
erhalten.

Er ritt ungefähr in der Mitte der weit verstreuten
Schar, eher etwas zurück, um bessere Übersicht zu haben.
In seiner Nähe befanden sich einige Rottenführer, der
Profoß und der Trompeter. Sein Fähnrich war ein
Stück voraus, der Quartiermeister hinten beim Troß.
Gegen Mittag wurde der Himmel heller; brach auch nicht
die Sonne strahlend vor, so zeichnete sich boch ihre Scheibe
beutlich in das Nebelgrau. Man hoffte einen freige=
legenen, möglichst trockenen Platz zu gewinnen, auf bem

Halt gemacht und abgekocht werden könnte. Die Feld=
küche hatte sich in dem ausgeraubten Dorf mit einigen
Hammeln, allerhand Geflügel und gekellerten Gemüsen
versehen. Auch trug mancher Kriegsknecht das Hühnchen,
dem er den Hals abgedreht, oder Wurst und Speck, die
er aus einer Rauchkammer in Sicherheit gebracht, bevor
das Strohdach in Flammen aufging, oben am Spieß über
der Schulter. Mitunter hing daneben auch ein Topf mit
Honig oder ein Schlauch mit Meth, und nicht schlechter
hatten einige Reiter sich versorgt, indem sie den Sattel=
knopf belasteten. Doch mochte es nicht so sicher sein, daß
die vorhandenen Lebensmittel ausreichen würden, denn
gelegentlich wurde auch dem aufgescheuchten Wild nachgestellt.

Plötzlich entstand an der Spitze des Zuges eine
raschere Bewegung. Man zeigte nach seitwärts in die
Ferne, drängte vom Wege ab und rief einander zu. Die
Zurückgebliebenen eilten nach und stimmten bald in das
freudige Halloh ein. Der Fähnrich Hans Rogge hatte
eine Umzäunung und dahinter ein Strohdach bemerkt.
Dort gab es sicher etwas zu plündern; auch mochte sich
der Hof zum Halteplatz gut eignen und darauf ein Brunnen
anzutreffen sein. So beschleunigte er denn den Schritt
seines Pferdes und hatte schon ein großes Gefolge hinter
sich, als er an dem geschlossenen Tor anlangte.

Man klopfte an dasselbe mit den Spießstangen und
rief: „He — hollah — aufgemacht!“ Innen schlugen
die Hunde an; man hörte die Ketten rasseln. Eine Weile
schien es so, als ob Niemand sich melden wollte. Als
das Klopfen heftiger wurde und das Geschrei sich ver=
mehrte, tauchte hinter den Palisaden der Kopf einer
alten Magd auf, um gleich wieder zu verschwinden. Er
war mit lautem Gelächter begrüßt worden, und dasselbe
verstärkte sich beim schnellen Rückzuge. Da auch jetzt
nicht geöffnet wurde, schlug man noch breister gegen den
Torflügel und ließ die Drohung hören, daß man sich

mit Gewalt den Zugang verschaffen werde. Nun wurde der Oberkörper eines jungen Mädchens sichtbar. Der Wind spielte mit dem goldblonden gekräuselten Haar, das lose um die Schultern hing. Die großen Augen blickten zornig herüber. „Was wollt Ihr?"

„Macht auf, schönes Kind," antwortete der Fähnrich. „Wir sind Kriegsleute, wie Du siehst, und hoffen auf gute Bewirtung."

„Hier ist keine Herberge."

„Kann schon sein. Aber wir nehmen's nicht so genau damit. Jedes Haus am Wege ist uns recht. Aufgemacht, Jüngferchen!"

„Hier wohnt die Waldfrau! Wir lassen niemand ein, als Kranke, die ihrer Hilfe bedürfen."

„Das mögt Ihr sonst halten wie Ihr wollt. Diesmal müßt Ihr schon leiden, daß sich auch die Gesunden bei Euch umschauen. Macht keine Umstände!"

„Wir haben nichts für solche Gesellen. Zieht eures Weges weiter!"

Der Fähnrich lachte. „Ihr seid unhöflich. Solche Gesellen, wie wir, lassen nicht mit sich spaßen. Einen Trunk Wasser und ein Küßchen wenigstens werdet Ihr uns nicht versagen."

„Unverschämter!" Die Gestalt verschwand wieder. Innen wurden die Hunde losgekettet und kläfften nun dicht am Zauntor.

Der Haufe, der sich vor demselben angesammelt hatte, wurde ungeduldig. „Worauf warten wir? Sollen wir uns von einer hübschen Dirne so frech abweisen lassen? Aufgemacht, oder wir schlagen das Tor ein!"

Da sich keine Antwort vernehmen ließ, drängten die Vordersten mit ihren breiten Schultern gegen die Flügel. Das Holz knackte und krachte, gab aber nicht nach; offenbar war innen ein Balken vorgelegt. Nun hoben sie Steine vom Wege auf und hämmerten damit gegen die

Bretter. Andere steckten ihre langen Dolchmesser in die
Fugen und suchten den Verband zu lockern. Einige Reiter
hatten Streitäxte am Sattel hängen. Sie sprangen ab
und ließen dieselben in wuchtigen Schlägen auf das Holz
fallen, das nun absplitterte. Einige Schritte seitwärts
schwangen sich die behenderen Bursche auf die Schultern
ihrer Kameraden und versuchten, sich an den Palisaden=
pfählen in die Höhe zu ziehen. Dabei schrie und fluchte
jeder, daß bald ein Höllenlärm entstand, den das Geheul
der wütenden Hunde verstärkte. Jetzt aber brach der
Torbalken mit lautem Krach. Die vorderen Rotten, die
sich dichtgedrängt dagegen gestemmt hatten, stürzten in den
Hof hinein. Sofort fielen die Hunde über sie her, rissen
ihnen die Kleider vom Leibe und schlugen die scharfen
Zähne ins Fleisch. „Schafft die Bestien fort," schrieen
sie den Hintermännern zu. „Ruft die Hunde zurück, ver=
fluchte Weiber, oder ihr sollt's mit dem Leben büßen!"
Man schlug die treuen Tiere mit den Lanzenschaften
nieder oder spießte sie auf die Eisenspitzen. Wenige
Minuten nur, und der Weg war frei.

In der Tür des niedrigen Hauses stand eine hohe,
ganz schwarzgekleidete Frau. Zu ihren Füßen lag das
rothaarige Mädchen, augenscheinlich bemüht sie zurück=
zuhalten. Einen Augenblick stutzten die rohen Kriegs=
knechte vor der Hoheit dieser Erscheinung, aber die Scheu
wich rasch, als die Masse mit wildem Lärm nachdrängte.
Der Fähnrich Hans Rogge war vom Pferde gesprungen
und machte sich mit Püffen und Stößen nach der Tür
hin Platz. „Nun seht zu," sagte er, „wie Ihr mit den
ungeladenen Gästen fertig werdet. Öffnet Speisekammer
und Keller! Wir sind hungrig und durstig. Auf dem
Hof hier können wir absatteln und die Pferde tränken.
Habt Ihr Heu und Hafer? Wenn nicht, so nehmen sie
allenfalls auch mit dem Dachstroh vorlieb."

„Ihr seid mit Gewalt in mein Eigentum einge=

brochen," ließ sich nun die tiefe Stimme der Frau ver=
nehmen. „Schämt euch, wer ihr auch seid, wehrlose
Frauen so räuberisch zu überfallen. Vergeblich werdet
ihr hier nach Kostbarkeiten oder Geld suchen. Wir sind
ganz arm. Auch unser Vorrat an Lebensmitteln ist gering
und kaum für uns selbst ausreichend. Aber wir können
euch nicht hindern zu nehmen, was euch gefällt. Schickt
dann zwei oder vier Leute ins Haus, die Kammern zu
durchsuchen. Ich hoffe, daß ihr nicht zerstören werdet,
was euch doch unbrauchbar ist."

Unter dem Gelächter des Kriegsvolks antwortete der
Fähnrich: „Wir sind nicht gewohnt uns Vorschriften
machen zu lassen, gute Frau. Wir kennen eure Verstecke
nicht. Gebt freiwillig heraus, was Ihr habt, oder wir
zünden Euch das Haus über dem Kopf an. Versteht
Ihr? Ich denke, das ist deutlich gesprochen."

„Die Weiber verdienen gespießt zu werden, weil sie
die Hunde gegen uns gehetzt haben," schrie einer hinein,
der am Bein blutete.

„Fort da — Weg frei — Platz gemacht!" erscholl
es von allen Seiten. In einer der hinteren Reihen wurde
mit Stahl und Feuerstein hantiert. Der Schwamm mußte
Feuer gefangen haben, denn ein brenzlicher Geruch stieg
dem Fähnrich in die Nase. „Nicht so schnell, Kinder,"
rief er zurück. „Der rote Hahn hat noch Zeit, aufzu=
fliegen, wenn wir den Hühnerstall geleert haben. Ich
höre da etwas gackeln." Er faßte die Schulter des
Mädchens und wollte mit der andern Hand unter das
Kinn greifen. „Komm, Schätzchen! Du gefällst mir. Wenn
Du artig sein willst, soll Dich kein Anderer haben."

Er erhielt einen Schlag ins Gesicht, daß ihm das
Feuer aus den Augen sprang. „Das ist eine wilde
Katze!" so bemerkten die Nächststehenden, „man muß sie
in einen Sack stecken und im Brunnen ersäufen. Greift an!"

Die Rothaarige war aufgesprungen. Ihre Augen

blitzten. Sie griff hinter sich und riß eine dicke Feuer=
stange mit eisernem Haken von den Wandpflöcken und hob
sie mit beiden Händen hoch. „Wagt es, mich anzurühren,"
rief sie mit kreischendem Ton, „den ersten, der mir in die
Nähe kommt, schlage ich nieder wie einen tollen Hund!"

Die Waffe schien den Landsknechten nicht gefährlich.
Mehrere Spieße hoben sich zugleich, den Feuerhaken zur
Seite zu werfen. Der Fähnrich bückte sich ein wenig,
sprang zu und umfaßte ihren Leib. Die Frau stieß einen
Schreckenslaut aus und hob hinter ihr flehend die Hände.

In diesem Augenblick ertönte vom Hoftor her ein
gellender Aufschrei: „Ursula!"

„Der Hauptmann — der Hauptmann!" lief es durch
die Reihen, „laßt ab — der Hauptmann kommt."

Jost warf die nächsten, die ihm den Weg verstellten,
mit weitausgreifenden Armen zur Seite und eilte der Tür
zu. Sein Schwert ziehend, schlug er die Spieße fort, die
sich schon mit der Hakenstange kreuzten und nötigte zu=
gleich den Fähnrich, von dem Mädchen abzulassen, indem
er ihn rückwärts tretend abdrängte. „Ursula —" rief er
überglücklich, „finde ich Euch hier wieder?"

Den Kriegsleuten war's nun kein Zweifel, daß ihr
Hauptmann eine alte Bekanntschaft erneuerte, so ver=
wunderlich ihnen auch dieses Zusammentreffen im Walde
erscheinen mochte. Sie standen vorläufig von weiterer
Gewalttätigkeit ab und blieben neugierig in einiger Ent=
fernung oder schielten nach dem Taubenschlage und dem
Hühnervolk, das beunruhigt ein Versteck suchte. Frau
Regina freute sich des unbekannten Retters in der Not
und hob dankend die gefalteten Hände zum Himmel auf.
Ursula starrte mit großen Augen den Hauptmann wie
eine zauberhafte Erscheinung an und brachte kein Wort
vor. Die Stange behielt sie in den Händen; sie schien
nun zum Schutz gegen ihn vorgestreckt.

Jost, nachdem er sich eine Weile wie berauscht dem

Anblick des schönen Mädchens hingegeben, wendete sich zu seinen Leuten und sagte mehr bittend als befehlend: „Räumt den Hof! Diese Frauen sind in meinem besonderen Schutz. Ihr seht, daß sie eine ärmliche Waldhütte bewohnen — laßt sie ihnen in Frieden. Draußen ist ein freier Platz zum Lagern. Wasser mögt ihr hier aus dem Brunnen holen — doch daß nicht mehr als Zwei zu gleicher Zeit sich daran zu schaffen machen. Fähnrich Rogge, führt die Leute zurück!"

Ein Murren ließ sich vernehmen. Sie rührten sich nicht von der Stelle. Auch der Fähnrich gehorchte offenbar nur ungern. „Wir sind in Feindes Land, Herr Hauptmann," äußerte er ärgerlich, „und haben das Hoftor mit Gewalt sprengen müssen. Die Beute gehört uns nach Kriegsbrauch."

„Mögen sie nehmen, was ihnen Wert hat," rief Frau Regina, „wir wollen sie nicht hindern. Schützt nur mein Kind vor gewissenlosem Angriff."

Der Hauptmann, noch immer das Schwert in der Hand haltend, trat einige Schritte gegen die geschlossenen Reihen vor. „Räumt auf der Stelle den Hof!" befahl er jetzt in strengem Ton. „Wer wagt es, sich mir zu widersetzen? Wer rühmt sich solcher Eroberung? Schimpf und Schande jedem, der sich an wehrloser Frauen Eigentum vergreift. Hinaus sag' ich! Die Ungehorsamen schlag ich nieder. Fähnrich, tut eure Pflicht!"

Nun hielten sie's doch für geraten, sich zurückzuziehen. Es geschah langsam genug. Rogge ging durch die Reihen und sprach den Einzelnen, die etwa noch nicht weichen wollten, gut zu. „Ihr merkt ja doch, daß der Hauptmann unvermutet ein alt Schätzlein aufgefunden hat. Dem muß er nun schon gefällig sein. Laßt ihm den Spaß! Zu holen ist da doch nicht viel." Er hatte es richtig getroffen; sie lachten, fügten noch einen derben

Scherz hinzu und zogen sich zurück. Auf dem Lagerplatz draußen brannten bald die Feuer.

Ursula hatte indessen ihrer Mutter zugeflüstert: „Junker Jost vom Wege."

„Jost . . . Tilemans Sohn —?" rief sie mit dem vollen Ausdruck des Schreckens. „Derselbe, der . . .

„Von dem ich Dir erzählt habe — derselbe."

„O, mein Gott —" seufzte Frau Regina und drückte die Hand aufs Herz. Wie von einem Gefühl des Schwindels ergriffen schwankte sie in den dunkeln Flur und lehnte die Schulter gegen die Wand.

Zu Ursula wandte sich nun der Hauptmann, nachdem der Hof sich geleert hatte. „Welcher glückliche Zufall, mein teures Fräulein," sagte er, nahe an sie herantretend. „Wie hätt' ich vermuten können, Euch hier im Walde anzutreffen, als ich diesen Kriegszug unternahm? Im Walde freilich . . . Ihr habt mir's gesagt; und jetzt kommt mir's wieder ins Gedächtnis: Ihr nanntet auch die Stadt Heilsberg. Aber wenn man ganz ahnungs= los . . . Seid mir tausendmal von Herzen gegrüßt."

Seine Blicke flammten; er streckte seine Hand nach der ihren aus. Ursula jedoch hielt die Stange umkrampft, nicht mehr wie eine Waffe, aber wie eine Stütze. „Wir sind nicht freundlich von einander geschieden, Junker," antwortete sie. „Wie kann Euch nun dieses Wieder= sehen befriedigen? Meine Gesinnung gegen Euch ist noch dieselbe."

„Die meinige gegen Euch nicht minder, schöne Ursula," erwiderte er. „Mein Glückstern hat mich hier= hergeführt. Von allen Menschen auf der Welt könnt' ich keinen nennen, den wiederzusehen mich so herzlich freute. Das ist noch das prächtige goldene Haar, das sind noch die großen dunkelblauen Augen —"

„O schweigt, schweigt —" fiel Ursula ein, indem sie den Blick senkte und die Stirn in Falten zog. „Welches

Unheil hat eure Verblendung angerichtet! Ich hoffte, daß meine schleunige Entfernung . . . Aber der böse Dämon hatte Euch ganz besessen, daß Ihr blind gegen euer eigenes Glück wütetet und das beste Herz kränktet."

„Erinnert mich nicht daran," bat er, „es war eine qualvolle Zeit nach eurer Flucht. Die arme Wagdalene —! wie ich sie bemitleidete! Und ich mein Wort gebrochen, einen Ehrenmann bloßgestellt, meines Vaters Spott . . . Aber nein! erinnert mich nur an alles — auch an das. Beweist es doch nur, wie groß eure Macht über mich war. Seitdem bin ich keine Stunde recht froh geworden. Das Leben schien mir ein notwendiges Übel, mit dem man sich abfinden müßte, so gut und schlecht es eben gehen wollte. Ich hatte das Steuer aus der Hand gegeben, ließ mich treiben mit dem Winde und hoffte auf einen Schiffbruch, der es auslöschen möchte für immer. Nun seh' ich Euch wieder, und es ist mir, als ob meine Adern sich neu mit wärmerem Blut füllen, die Pulse froh zu schlagen anfangen. O — wenn Ihr das verstehen könntet . . ."

„Ich kann's nicht verstehen," antwortete sie kopfschüttelnd. „Ich glaubte Euch geheilt und sehe Euch nun in die alte Krankheit zurückgefallen. Eilt fort, ich bitt' Euch, daß sie nicht gar unheilbar werde."

Frau Regina war wieder auf die Schwelle getreten. Sie betrachtete Jost, der ihr das Gesicht zukehrte, mit einem so liebevollen, fast zärtlichen Blick, daß Ursula, wenn sie nicht abgewendet gestanden hätte, wohl stutzig hätte werden müssen. Nun streckte sie die Arme aus, als wollte sie ihn umfassen, und sagte wie mit umflorter Stimme mild und gütig: „Wie haben wir Euch zu danken, mein Herr Hauptmann! Ohne euer Dazwischentreten wären wir schlimmster Mißhandlung ausgesetzt gewesen. Mein Kind . . . Der Atem stockt mir noch, wenn ich an das Schreckliche denke, daß ihm von diesen verwilderten

Kriegsleuten bevorstand. Gott mag es Euch vielfältig lohnen!"

Jost sah zu ihr auf und wurde nun selbst betroffen von diesem Blick, der ihm bis ins Innerste des Herzens schien bringen zu wollen. Es war ihm, als stehe keine Fremde vor ihm, und doch wußte er, daß er diese Frau noch nie gesehen hatte. „Werte Frau," antwortete er unsicher, „euer Dank ist mir lieb, aber verdient darf ich ihn nicht nennen. Es war ein glücklicher Zufall, daß ich zur rechten Zeit eintraf, Euch und euer Besitztum zu schützen — und wer weiß, ob ich mich der Bedrängten so eifrig angenommen hätte, wenn nicht Ursula . . . Ich bin ehrlich und will nicht als ein Verdienst rühmen lassen, was ich mir selbst zu Liebe tat."

„So danke ich Gott," sagte sie innig, „für diese wundersame Fügung. Ihr könnt nicht ermessen, was sie mir bedeutet!"

Sie legte die Fingerspitzen, wie ihn segnend, an seine Stirn. Er fühlte es davon ausgehen wie heiße Strahlen und zuckte unwillkürlich. „Laßt mich bei Euch eintreten," bat er, „ich habe Ursula noch so viel zu sagen."

Frau Regina zog sich in den Flur zurück. Ursula aber sperrte die Tür mit dem Arm. „Nein! nein!" sagte sie mit heftiger Abwehr. „Ihr dürft nicht. So viel Dank wir Euch schulden — gerade deshalb dürft Ihr nicht eine Minute länger bleiben. Ich fleh' Euch an, Herr Junker, laßt uns allein und entfernt Euch schleunigst, ohne auch nur zurückzuschauen. Und vergeßt, daß Ihr mich hier gesehen habt. Nein, nein — geht! Es wird wahrlich nicht gut."

Er wollte Einspruch erheben. In diesem Augenblick aber entstand draußen auf dem Lagerplatz Lärm. Viele zornige Stimmen schrieen durch einander, Schimpfworte wurden ausgetauscht, Schwerter klirrten. Gleich darauf kam der Fähnrich mit raschen Schritten auf den Hof und

rief: „Es ist Streit ausgebrochen wegen eines Fäßchens
Wein — die Reiter wollen's für sich allein haben — einer
liegt schon in seinem Blut. Ich kann sie nicht zur Ruhe
bringen. Eilt Euch, Herr Hauptmann, und stiftet Frieden."

Jost folgte ihm sogleich. „Die Tollköpfe!" schalt er.
Draußen fand er das ganze Lager in Aufruhr. Nur
mit Mühe gelang es ihm, die Kämpfenden auseinander
zu bringen und zu entwaffnen. Dem Fäßchen ließ er
den Boden ausschlagen, damit der Wein auf die Erde
laufe. Dann befahl er dem Profoß, die Namen der Un=
ruhestifter aufzuschreiben und behielt sich deren Bestrafung
vor. Er blieb nun auf dem Lagerplatz, bis wieder alles
zum Aufbruch bereit war.

Als er dann auf den Hof zurückkehrte, hatten die
Frauen die Haustür geschlossen. Auf sein Klopfen öffnete
freilich Frau Regina, aber sie bat ihn, nicht mehr ein=
zutreten. „Ich komme, Abschied zu nehmen," sagte er,
„aber nicht auf alle Zeit, mir müßte denn bei der Ein=
nahme der bischöflichen Schlösser etwas Menschliches be=
gegnen. Grüßt Ursula von mir — es ist jetzt nicht die
Zeit, sie mir freundlicher zu stimmen. Ich sehe sie bald
wieder — bald! Und dann hoff' ich mich vor ihr recht=
fertigen zu können."

Er schüttelte sehr aufgeregt ihre Hand und verließ
den Hof, ohne eine Antwort abzuwarten. Draußen be=
eilte er den Abmarsch. Aufs Pferd schwang er sich erst,
als er sich überzeugt hatte, daß der letzte Mann aus=
gerückt war. Er fürchtete, schwerlich ohne Grund, daß
hinter seinem Rücken doch noch ein Feuerbrand aufs Dach
fliegen könnte. —

Schneller, als die Frauen es erwarteten, kehrte Jost
wieder. Er war von dem Städtchen Bischofstein, das
er mit seinem Kriegshaufen gleich beim ersten Anlauf
gewonnen hatte, früh am Morgen abgeritten und meinte
noch vor Nacht wieder eintreffen zu können. Der Urlaub,

ben er sich selbst auf ben einen Tag erteilte, schien nicht bebenflich, ba man bereits ausgekunbschaftet hatte, baß bas keine Ordensheer jenseits der ermländischen Grenze stehen geblieben war, wahrscheinlich um erst den Verlauf der Dinge in der Marienburg abzuwarten. Man hoffte benn auch Rössel, obgleich hoch auf bem Anberge gelegen unb gut befestigt, rasch überwinden zu können, traf aber boch vorsichtig die nötigsten Vorbereitungen zu einer Belagerung, indem man Hölzer zu Sturmbächern unb Überbrückungen zurichtete, Faschinen band unb den Bauern ringsum die Fuhrwerke fortnahm, um bas Waterial barauf zu verladen. Der Aufbruch konnte erst in einigen Tagen erfolgen. Jost war voll Ungebulb Ursula zu überraschen unb sich geneigter zu stimmen. Seine Gebanken weilten im Wachen unb Träumen nur noch bei ihr, er meinte in dieser Unruhe des Herzens, seine Pflichten nicht mehr erfüllen zu können, unb wollte Gewißheit haben, baß seine Hoffnung nicht eitel.

Er fanb bas Hoftor notbürftig mit einigen alten Brettern verschlagen. Das eine bavon ließ sich leicht zurückbiegen, sobaß er den Riegel erfassen unb selbst öffnen konnte. Auf bem Hofe traf er die alte Wagb beim Geflügel. Sie lief sofort ins Haus, die Ankunft des Hauptmanns zu melden, den sie wiebererkannt hatte. Er folgte ihr, ohne eine Einlabung abzuwarten. Das Fenster stand offen, unb er hatte Ursulas Goldhaar schon in der Nähe besselben bemerkt. Sie sollte keine Zeit haben, sich vor ihm zu verstecken.

Frau Regina kam ihm aus bem Stübchen entgegen. Ehe sie ihn ansprechen konnte, rief er ihr zu: „Fürchtet nichts, ich komme biesmal allein. Mein Kriegsvolk lagert mehrere Weilen weit von hier. Ist der Haupmann leichtfertig, wenn er sich von seinem Posten entfernt, so mag Euch boch der Beweis gegeben sein, baß meine Sehnsucht hierher solche Schuld nicht achtet. Zu kümmerlich

war unfer leßtes Beifammenfein. Heute können wir un=
geftört ein paar Stuuden verplaudern — wenigftens fo
viel mein Gaul braucht, fich nach diefem fcharfen Ritt
wieder zu kräftigen. Auch ihm erbitte ich ein Obdach."

„Ich kann Euch nicht willkommen heißen, wie ich
fonft möchte," antwortete die Walbfrau, ihn einlaffend.
„Ihr feht Urfula fehr erfchreckt. Sie hatte gehofft, Ihr
würdet Euch Zeit gönnen, zu überlegen, daß die Wieder=
kehr nicht geraten fei. Nun find nur wenige Tage ver=
gangen —"

Joft trat rafch auf Urfula zu, die vom Spinnrocken
aufgeftanden war, ergriff ihre Hand, zog fie gewaltfam
an feine Lippen und fagte: „Mir fchien's eine Ewigkeit.
Ich bitt' Euch, fchönes Fräulein, verzeiht diefes Ungeftüm.
Wer in die Sonne geblickt hat, fieht ihr ftrahlendes Bild
immer wieder vor fich auftauchen, wohin er auch das
Auge wendet. Und in die Sonne hatt' ich geblickt, als
ich Euch fo unvermutet hier antraf. Wie wär's mir da
möglich gewefen, Euch aus meinem Sinn zu bringen, da
ich willenlos auch in der Ferne euer Bild immer vor
Augen haben mußte. Nein, verlangt und erwartet fo
Unbilliges nicht! Fühlt Ihr aber ein menfchliches Regen
in der Bruft, fo weift mich jeßt nicht kalt ab, fondern
gönnt mir euren Anblick und eure Rede. Euch felbft
hofft' ich in diefer Zwifchenzeit anderen Sinnes geworden,
wenn ich denn fchon daran glauben foll, daß eure Ab=
weifung ernft gemeint war."

Urfula wechfelte die Farbe. Erft war etwas wie
Zornröte über feine Dreiftigkeit auf ihren Wangen hell
aufgeflammt; jeßt verloren felbft die Lippen faft ganz
ihr Rot, und nur an den feinen Ohrläppchen noch
fchimmerte es durch das kraufe Haar. Spöttifch verzog
fich wiederholt der Wund, während er fprach, und unge=
duldig zupften die Fingerchen den abgeriffenen Flachs=
faden. „Ihr tut, als ob Ihr eine Bitte vorbrächtet,

Herr Junker," antwortete sie, „wenn man sie Euch aber
abschlägt, so handelt Ihr danach nach eurem Belieben.
Hab' ich Euch nicht dringend ermahnt fortzubleiben und
dieses armen Hauses Frieden nicht zu stören, Euch selbst
aber vor Leid zu bewahren? Nun seid Ihr doch ge=
kommen. Wiese ich Euch nun nochmals mit Worten ab,
Ihr würdet sie wohl hören, aber nicht befolgen. Denn
Ihr tut, was Euch beliebt und habt die Macht dazu.
Wir wissen wohl, daß wir keines Menschen Schutz gegen
Euch anrufen können, da der Herr Bischof außer Landes
und sein Vogt in Heilsberg eingeschlossen, der Herr Hoch=
meister aber zur Schande der Meineidigen, die ihm ab=
gesagt haben, selbst ein Gefangener in der Marienburg
ist. Bleibt also oder geht, wie Ihr es für gut findet;
ich kann Euch das eine nicht gestatten und das andere
nicht heißen."

Der Hauptmann biß die Lippe und zerdrückte un=
mutig die breite Krämpe seines Federhutes, den er in
der linken Hand hielt. Nach einer Weile sagte er ge=
lassener, als zu erwarten stand: „Ich sehe wohl, Ihr
wollt meine gute Absicht verkennen. Darin könntet Ihr
wohl Recht behalten, daß ich mich mit einer trotzigen
Abweisung nicht zufrieden gebe und euren störrischen
Sinn zu brechen hoffe. Wollet mir daraus aber kein
Vergehen des Ungehorsams machen, sondern bedenken,
daß ich einem Zwange des Herzens folge, der mächtiger
ist als mein Wille. Duldet mich freundlich, das ist
meine Bitte."

„Legt ab," nahm Frau Regina, die mit allen Zeichen
der Besorgnis zugehört hatte, das Wort. „Ihr seid in
mein Haus gekommen als Gast und sollt darin ausruhen
und Euch an Speise und Trank erquicken dürfen. Ist
eure Leidenschaft verirrt, so mag es wohl sanfte Mittel
geben, sie vom falschen Ziel abzuleiten. Nach ihnen
wollen wir uns dieweil umschauen."

„Ich dank' Euch, werte Frau," sagte er, sich zu ihr wendend. Ihre Rede klang ihm minder hart und schien nicht alle Hoffnung zerstören zu wollen. „Nennt aber meine Leidenschaft nicht verirrt," setzte er hinzu. „Bei meiner Seligkeit —"

„Verschwört sie nicht," fiel Ursula ein.

Er legte die Fingerspitzen an den Mund. „Es freut mich doch," sagte er lächelnd, „daß Ihr sie mir wenigstens im Himmel aufbewahren wollt. Ich hoffe, ihrer aber auch mit eurem Beistand hier auf Erden schon teilhaft zu werden."

Da sie sich abkehrte, verließ er das Zimmer, ging auf den Hof und zog seinen Rappen hinein, den er an den Torpfosten gebunden hatte. Während er sich umschaute, wo er ihn am besten unterbrächte, vernahm er ein Wiehern aus einem Stall seitwärts. Er öffnete die Tür und bemerkte innen den Gotländer, der neugierig den Kopf zurückwendete. Er gab ihm Gesellschaft und trat dann wieder ins Haus.

Inzwischen hatten Mutter und Tochter sich mit einander verständigt. Ursula bestand darauf, daß die alte Magd sogleich nach der Waldkapelle geschickt würde, den Herrn Kaplan herbeizurufen. Der Hauptmann möge glauben, daß er zufällig käme. In seinem Beisein werde er sich jedenfalls Schranken auflegen müssen. „Ich verstehe Dich nicht, Mutter," sagte sie, „zum ersten Mal im Leben nicht. Dir ist alles bekannt, was geschehen ist, Du siehst, wohin diese unsinnige Leidenschaft ihn treibt, und doch behandelst Du den Junker mit einer Nachsicht, die ihm Mut machen muß, sein Spiel weiter zu treiben." Frau Regina seufzte still. Gegen die Berufung des Kaplans hatte sie nichts einzuwenden.

Als Jost zurückkehrte, fand er die Frauen damit beschäftigt, Brot, Butter, Honig, gedörrtes Rindfleisch und Geflügel zu einem Frühstück aufzutragen. Auch eine

Kanne mit Meth wurde auf den Tisch gesetzt. Er konnte kein Auge von Ursula wenden, die geschäftig ab und zu ging und sich ersichtlich Mühe gab, ihn unbeachtet zu lassen. Frau Regina lud ihn dann ein, sich zu setzen und zuzugreifen. Er gehorchte gern, wünschte nun aber auch die lieben Wirte beim Mahl beteiligt zu sehen. Sie nahm ihm gegenüber Platz. Ursula freilich ließ sich nicht bewegen, vom Schemel am Spinnrocken aufzustehen, der ihm im Rücken seine Stelle hatte.

Er richtete das Gespräch doch am liebsten an sie. „Da hab' ich nun auch euren Gotländer wiedergesehen," bemerkte er. „Ein treffliches Pferd — und so gut im Schick."

„Und so bescheiden in seinen Bedürfnissen," fügte Ursula hinzu. „Oft genügt ihm eine Handvoll Heu. Sonst hätten wir ihn auch nicht behalten können und dem Herrn Hochmeister zurückschicken müssen. Er geht auch vor einem keinen Wagen gut. Aber ich reite lieber, als ich fahre. Ihr wißt, wie schnellfüßig und ausbauernd er ist."

„Seine Herrin darf nur von ihm nicht unmögliche Leistungen verlangen," antwortete er, selbstgefällig lächelnd. Er merkte, worauf sie anspielte. „Ihr müßt Euch großer Gnade des Herrn Hochmeisters zu erfreuen gehabt haben," begann er nach einer Weile wieder, „daß er Euch ein solches Geschenk gemacht hat."

„Ja," bestätigte sie, „er war uns ein sehr gnädiger Herr. Darum kränkt es uns um so mehr, ihn von so schwerem Leide betroffen zu sehen. Wie schmerzlich muß ihm seiner Untertanen Abfall und Verrat gewesen sein! Er hat ein so gutes, warmes, edles Herz! Mag Gott ihm endlich doch den Sieg über alle seine boshaften Gegner geben!"

Die Unterhaltung blieb eine Weile bei diesen politischen Dingen stehen, und Ursula konnte nicht mit genug scharfen Worten die schmähliche Behandlung des Hochmeisters durch die Bündischen verurteilen. Jeder Pfeil, den sie abschoß, mußte auch Jost treffen, meinte sie. Er hielt nach Kräften an sich, sagte aber doch zuletzt: „Wollet nicht vergessen, Fräulein, daß ich der Sohn eines Mannes bin, der den Bund hat begründen helfen und allezeit am eifrigsten Klage gegen den Orden führte — des Mannes vielleicht, der sich Kopf und Herz der Bewegung weiß, die den Orden das Land Preußen kostet. Der Herr Hochmeister mag zu beklagen sein, da ihn so viel Unglück trifft, das er selbst doch gewiß nur zum kleinen Teil verschuldet, und euer Mitleid will ich nicht schelten. Daß Ihr aber seine Gegner ungerecht verdammt, darf ich nicht ohne Widerrede anhören, wenn nicht meinet=, so doch meines Vaters wegen."

„Und warum verfolgt er mit so grimmer Feindschaft den edlen Herrn?" rief Ursula, jetzt glutrot im Gesicht. „Ich hasse ihn deshalb, und das mag auch sein Sohn wissen, der mit ihm die Waffen gegen meinen Wohltäter trägt."

Jost zuckte die Achseln. „Warum —? Das läßt sich hier nicht in einer Stunde erörtern, teures Fräulein, und ich fürchte, ich könnt' Euch auch Tage und Wochen lang alle Gründe darlegen, so würd' ich Euch doch nicht von Herzen überzeugen. Denn es ist der Frauen Art, Recht und Unrecht nicht mit dem Kopf, sondern mit dem Herzen abzuwägen. Wem ihr Gemüt sich zuneigt, dessen Partei ergreifen sie auch. Laßt mich Euch lieb und wert werden, und Ihr werdet mit mir auf jener Seite stehen."

„So denkt Ihr recht klein von mir, Herr Junker," entgegnete sie. „Wär' auch sonst nichts zwischen uns, dies eine schon müßt' uns ewig scheiden, daß ihr in Waffen steht gegen euren fürstlichen Herrn und seinen treuen Freund, unsern gnädigen Herrn Bischof."

„Das ist nun so, weil's ist," sagte er, das Kinn aufwerfend. „Ihr dürft mir's nicht so schwer zurechnen, wenn's schon ein Unrecht sein sollte. Bin ich doch in einem Hause aufgewachsen, in dem ich nie etwas anderes gehört, als daß es ein Verdienst sei, den Orden zu be= kämpfen und um seine verderbliche Herrschaft zu bringen. Ich selbst hab' mir übrigens diese Dinge wenig zu Ge= müt gehen lassen — kaum einmal meine Gedanken recht ernstlich damit beschäftigt. Sondern ich nahm als richtig und männlichen Mühens wert, was mein Vater, der am höchsten geachteten Bürger einer, so kraftvoll ver= teidigte. Ich leugne nicht, daß ich stutzig wurde, als der Bund nach vergeblichem Anrufen der kaiserlichen Ge= rechtigkeit nicht nur dem Orden absagte, sondern den König von Polen zum neuen Herrn annahm. Es ging mir nicht in den Sinn, daß dieses deutsche Land unter polnische Herrschaft kommen sollte, gegen die es sich in so vielen blutigen Kriegen gewehrt. Es solle deshalb nicht polnisch werden, wurde mir zur Beruhigung gesagt; wohin aber die Polen treiben, muß doch jetzt auch dem Vertrausamsten schon zu denken geben. Glaubt nur, auch meinem Vater gefällt manches nicht, was in letzter Zeit geschehen ist. Sein ganzes Streben geht eben dahin, die Städte so stark zu machen, daß sie jeden Übergriff Polens abwehren können. Sie sollen nach seinem Willen allezeit deutsch bleiben. Dem Orden freilich dürfen sie nie wieder gehören."

„Und weshalb dem Orden nicht," eiferte Ursula, „der doch gerade der deutsche Orden und so ihres Deutsch= tums bester Schützer ist?"

„Mein Vater hat einen Haß gegen ihn," antwortete der Hauptmann, „der mit ihm ins Grab gehen wird. Ich weiß nicht, woher er stammt; aber oft schon hab' ich gedacht, er müsse einen tieferen Grund haben, als der den andern Bürgern ihre Feindschaft gegen ihn einge= geben. Immer wieder hat er das Feuer geschürt, wenn es schon am Erlöschen war, einen großen Teil seines Vermögens hat er geopfert, um dem Orden den Prozeß

am Kaiserhof zu machen, und für den Waffenkampf. Alle
die anderen Häupter des Bundes haben sich bereichert,
Ämter zuteilen und Güter verschreiben lassen; er allein
hat für sich keinen Ersatz gefordert, keinen Gnadenbeweis
verlangt. Es sollte klar vor Jedermanns Augen liegen,
daß er nicht aus Ehrgeiz und nicht aus Habsucht handelte.
Woher dieser Stolz, den seine besten Freunde belächeln?
Ich glaub's zu wissen. Weil er am Orden etwas zu
rächen hat und seine Rache rein halten will, damit sie
ihn befriedige."

Frau Regina, die gegenüber den Kopf aufgestützt
und den Sprechenden unverwandt angesehen hatte, ließ
bei diesen Worten den Arm auf den Tisch fallen und das
Kinn auf die Brust sinken, als ob alle Kraft aus ihren
Muskeln gewichen sei. Ihr Atem wurde kurz und
stoßend. Sie unterdrückte gewaltsam den keuchenden Ton,
der sich aus der Kehle drängte, wie wenn sie gegen einen
Hustenanfall kämpfte. Der Hauptmann, der meinen
mochte, daß ihr diese Äußerung über seinen Vater miß=
fallen habe, fuhr fort: „Es ist eine bloße Vermutung,
werte Frau, die sich aber doch auf mancherlei Andeu=
tungen stützt. Ich war viel mit ihm allein, und er hat
Stunden, in denen er die gewohnte Herrschaft über sich
nicht behauptet. Ich täusche mich wohl nicht: es ist der
gegenwärtige Hochmeister, Herr Ludwig von Erlichshausen,
den er aus tiefster Seele haßt. Den Grund hat er mir
nie genannt."

Noch mehr entfärbte sich die Frau; ihr Gesicht hatte
etwas Leichenhaftes. Sie stand auf, stützte sich eine kurze
Weile auf die Stuhllehne, um den Schwindel zu über=
winden, und verließ das Zimmer.

„Was fehlt eurer Mutter?" fragte Jost, seinen Sessel
umwendend. Er war mit dem Frühstück längst fertig.

„Es überfällt sie manchmal so," antwortete Ursula,
„und geht auch vorüber. Ich will aber nachsehen —"

6*

Sie wollte sich gleichfalls erheben. Er hielt sie aber am Arm fest und sagte rasch: „Nein, bleibt, Ursula! Ich muß ein Wort mit Euch allein sprechen. Ihr wißt, daß ich Euch liebe. Alles, was ich Euch damals gesagt habe, gilt auch heut'; die Zeit hat darin nichts gewandelt. Nur noch deutlicher spricht's in meinem Herzen: ich kann nicht leben ohne Euch — Ihr müßt die meine sein!"

Ursula suchte sich frei zu machen. „So hat sich auch in meinem Gefühl nichts geändert," entgegnete sie. „Eure Werbung verletzt mich. Denkt an Magdalene! Sie ist meine Freundin."

„Magdalene —" wiederholte er mit leichtem Zucken der Lippe. „Es ist wahr; damals verging ich mich gegen sie. Sie war meine verlobte Braut und ich achtete ihr Recht nicht. Ich hätte erst diese Fessel, die ich mir so unbedacht auflegte, wieder lösen sollen, bevor ich Euch gestand, daß ich Euch liebte. Aber die Leidenschaft riß mich hin, und das solltet Ihr verzeihen können. Wenn Ihr damals ernstlich zürntet, Ursula, wenn Ihr der Freundin so strenge die Pflicht hieltet, daß Ihr Euch meinen Blicken gänzlich durch die Flucht entzogt — das mag Euch damals Bedürfnis gewesen sein, und ich will's als gerecht erkennen, so schwer ich darunter gelitten habe. Aber heut' ist's anders. Magdalene hat mein Wort nicht mehr — Ihr könnt der Freundin Anspruch nicht kränken, wenn Ihr mir angehört — Ihr habt keinen Grund mehr, Euch über mich zu erzürnen. Seid gütig und wendet Euch zu mir!"

Er glitt vom Sessel hinab und sank vor ihr nieder, ihre Hände in die seinen zwängend und sie mit heißen Küssen bedeckend. Ursula stieß ihn zurück. „Ihr täuscht Euch noch immer in mir," rief sie. „Ich lieb' Euch nicht — Ihr könnt mir nichts sein. Mein Herz gehört einem andern — mein ganzes Herz. Wisset es denn, damit

eure unsinnige Leidenschaft für alle Zeit ihre Hoffnungs=
losigkeit erkennt, ich liebe —"

„Marcus!" schrie er auf.

„Marcus," bestätigte sie, und der Name klang aus
ihrem Munde lieblich wie Flötenton, „ja, ja — Marcus."

Er lachte wild auf, indem er sich vom Boden erhob.
„Marcus! Ich wußt's damals schon, daß Ihr's ihm an=
getan hättet. War das auch ein Wunder? Ihr aber,
Ursula, Ihr . . . .! Nein, ich glaub's nicht, und wenn
Ihr mir's tausendmal wiederholtet. Wie hätte euer Auge
Gefallen finden können an diesem täppischen Gesellen?
Seine Art ist nicht eure Art. Wie bei Euch alles zur
Höhe aufstrebt über das Gewöhnliche hinaus, so zieht's
ihn zum Staube hinab, und auch eure Liebe könnt' ihn
nicht beschwingen. Er ist gut und tüchtig und brav und
zuverlässig — ja wohl! ich wüßt' ihm noch mehr der=
gleichen Lob. Aber wenn er ein Heiliger an Tugenden
wäre, das brächt' ihn eurem Herzen nicht näher."

„So lieb' ich ihn ohne sein Verdienst," sagte sie,
„und um so inniger."

„Macht mich nicht toll!" rief er, „es kann nicht sein.
Wie ich ihn kenne, wie ich Euch verehre — es kann nicht
sein. Eure Gutmütigkeit hat ihn geduldet — Ihr waret
ihm Dank schuldig — Ihr hattet mit seiner Schwester
Freundschaft geschlossen . . . Das konnt' Euch irren. Aber
Ihr liebtet ihn nicht, Ursula."

Sie legte die Hand aufs Herz. „Nur zu sehr!
Wir haben einander das Wort gegeben. Glaubt mir,
Junker, Ihr habt keine Hoffnung."

„Und wenn Ihr so töricht sein konntet — das ist
lange her. Hat er Euch Wort gehalten?"

„So viel in seiner Macht stand."

„Ha, ha! Genügt Euch das? Wenn er Euch nicht
halten kann, wollt Ihr an ihn gebunden sein? Ihr seid
frei, Ursula! Mag er kommen und für Euch eintreten

gegen mich. Ich will ihm zu jedem Kampf stehen. Nein,
Ursula! mein seid Ihr, und die Macht der Hölle selbst
soll mich Euch nicht wieder entreißen. Ergebt Euch in
euer Schicksal, von einem Manne geliebt zu sein, der in
Euch aller Schönheit und Vollkommenheit Muster sieht,
und widerstrebt seinem Werben nicht. Bei Gott! ich kann
mich so nicht abweisen lassen."

Er näherte sich ihr wieder und wollte sie mit seinen
Armen umfangen. Sie aber richtete sich stolz auf und
sah ihn, ohne einen Schritt zurückzuweichen, mit einem
so strafenden Blick an, daß ihm der Mut sank, ihr
etwas abzutrotzen. „Ursula —" zischelte er, die Hände
zusammenkrampfend, „Ihr macht mich toll!"

Jetzt öffnete sich auch wieder die Tür und Frau
Regina trat in Begleitung des Kaplans ein. Ursula
atmete auf. Sie begrüßte den geistlichen Herrn mit dem
freudigsten Ausdruck.

Der Hauptmann merkte bald, daß auf dessen Ent=
fernung, so lange er selbst weilte, nicht zu rechnen war.
Die Frauen wendeten ihm alle Aufmerksamkeit zu. Er
selbst begann ein Gespräch über die Zeitläufte, des Kriegs=
volks Verwilderung und der Kirche Bedrängnis, das ihn
langweilte. Es war nicht die mindeste Aussicht mehr,
Ursula oder auch nur ihre Mutter allein zu sprechen. Er
knirschte innerlich vor Wut.

Nach einer knappen Stunde zog er sein Pferd aus
dem Stall und ritt ab. Ursula hatte er beim Abschied
zugeflüstert: „Ich laß Euch nicht! Dem Pfaffen geht's
schlecht, wenn er mir noch einmal in die Quere kommt."

Fünftes Kapitel.

Mutter und Sohn.

Das Bundesheer brach von Bischoffstein auf und setzte seinen Marsch nach den befestigten Grenzorten des Ermlandes fort. Es fand nirgends ernsthaften Widerstand. Trotzdem geriet manches Dorf dort in Brand und wurde manches kleine Landstädtchen ausgeplündert. Die Schlösser erhielten Besatzungen, nachdem des Bischofs Leute ausgetrieben waren. Die meisten wurden gefangen genommen, einige entkamen nach Heilsberg und berichteten dem Vogt, daß alles verloren sei.

Dorthin führte nun wieder auf Umwegen Jost den Kern seines Heerhaufens. Er verstärkte die Mannschaft in der Stadt und legte sich selbst vor die Vorburg, dem Schloß jede Verbindung mit dem Lande abschneidend. Von einer Schanze aus ließ er das Geschütz spielen. Tat er den Bauern damit wenig Schaden, so beunruhigte er doch fortwährend die schwache Besatzung. Sie mußte bald müde werden.

Im Waldhause blieb man indessen in großer Sorge. Von den nach Heilsberg Flüchtenden erfuhren die Frauen, wohin die Kriegsfurie sich wendete und daß die Söldner des Ordens ihr nicht Einhalt zu tun wagten. Ursula selbst dachte an Flucht. Aber wo ein sicheres Obdach finden, da ja sogar die Burgen keinen Schutz boten?

Auf ihrem schnellen Pferde die Grenze zu gewinnen, hätte ihr freilich leicht gelingen können. Doch wie die Mutter ungefährdet durchbringen? Und Frau Regina hatte auch nicht einmal Neigung, ihre Hütte im Stich zu lassen und für ihre Person Sicherheit zu suchen. Sie befand sich wie in einem Traumzustande. So schweigsam, so verschlossen, so abgekehrt von der ganzen Außenwelt hatte Ursula sie lange nicht gesehen, als seit des Hauptmanns Besuch. Sie schien sein Wiederkommen bestimmt zu erwarten, aber die Beängstigung darüber hatte offenbar noch einen anderen, doch ganz unfaßlichen Grund, als daß Ursula durch ihn eine Kränkung erfahren könnte.

Nach kurzer Zeit schon wäre es ihnen auch gar nicht mehr möglich gewesen, sich zu entfernen. Jost vom Wege mochte eine solche Absicht geargwöhnt haben, denn auf seinen Befehl geschah es, daß eines Tages eine Rotte von seinen Söldnern vor dem Waldhause erschien und sich zu längerem Bleiben einrichtete. Der Anführer meldete Frau Regina, daß der Hauptmann befürchte, es könne ihr von verlaufenem Kriegsvolk leicht ein Schade zugefügt werden, weshalb er beauftragt sei, Haus und Hof zu bewachen. Er ließ auch merken, daß er die Entfernung der Insassen nicht dulden werde, die unter seinem Schutz ganz sicher seien, auf der Landstraße aber jetzt überall Gefahr laufen könnten. Er baute nicht weit vom Hoftor ein Paar Laubhütten und aus Steinen einen Kochherd. Von dieser Lagerstelle aus konnte er unschwer beobachten, was im Hause vorging. Einer von seinen Leuten umstrich stets mit dem langen Spieß auf der Schulter den Graben und Zaun.

Ursula sprach sich über diese versteckte „Gefangennahme" sehr ungehalten aus. Wäre es nach ihrem Willen gegangen, so hätte nun der offene Versuch gemacht werden müssen, das Haus zu verlassen, schon um festzustellen, daß man wirklich gefangen sei. Frau Regina ging jedoch auf ihr Schelten nicht ein und sprach auch jetzt gegen den Hauptmann kein unfreundliches Wort. Wie betäubt durch eine unsichtbare Einwirkung, schien sie die Fähigkeit verloren zu haben, einen Entschluß zu fassen. Sie war krank und fand für sich selbst kein Heilmittel.

Ein paar Wochen vergingen so. Die Waldwege waren von den warmen Sonnenstrahlen völlig getrocknet, die Bäume mit dichtem Laub bekleidet; von allen Zweigen sangen die Vögel. Nur die Eichen hatten sich nach ihrer Gewohnheit lange besonnen, ob sie dem schönen Frühlingswetter schon trauen sollten, und vorsichtig ihre Knospen erst wenig geöffnet. Es war dies die Zeit, in der Ursula sonst am liebsten durch den Wald schweifte, alle die vertrauten Plätzchen aufzusuchen und die heimgekehrten Sänger zu begrüßen. Jetzt kam sie sich vor wie ein in den Käfig eingesperrtes Vöglein. Sie wäre so gern ausgeflogen — weit, weit über Wald und Feld, über Hügel und Tal, über Dorf und Stadt bis Warienburg, nach dem einen zu schauen, an dem ihr Herz hing.

Sobald Jost vom Wege mit seinem Heerhaufen nach Heilsberg zurückgekehrt war, ließ er sich auch wieder im Waldhause blicken. Die Frauen sollten ihm dankbar sein für seine Obsorge. Aber Ursula sagte ihm's gerade ins Gesicht, daß sie deren Grund wohl erkenne und sich der Freiheit beraubt fühle. Seine Bemühungen, ihre Neigung zu gewinnen, wurden von Tage zu Tage leidenschaftlicher und dreister. Er umfaßte sie und wollte sie nötigen, sich seine Küsse gefallen zu lassen; aus seinen Blicken leuchtete ein verzehrendes Feuer, das sie erschrecken mußte. Er sprach es schon deutlich aus, daß er sie besitzen müsse, und wenn er dafür dem Teufel seine Seele verschreiben solle; nicht ohne sie werde er von Heilsberg abziehen, das ihm durch ihre Eroberung erst wahrhaft ein Berg des Heils werden müsse.

In einer Nacht stand Ursula auf, nachdem sie bis

dahin nicht geschlafen hatte, sattelte ihren Gotländer, führte ihn leise vom Hof, schwang sich auf und jagte davon. Aber sie war von der Wache bemerkt worden, wurde von den Reitern verfolgt, die der Hauptmann am Abend zu= vor ohne ihr Wissen zurückgelassen hatte, bald eingeholt und gezwungen, die Flucht aufzugeben.

In derselben Nacht war das Schloß Heilsberg be= schossen, die Vorburg gestürmt; der Vogt hatte sich er= geben. Der Zweck des Kriegszuges war erreicht. Als Jost von Ursulas Fluchtversuch erfuhr, sprengte er sofort, obgleich er die Nacht kein Auge geschlossen hatte, nach dem Waldhause. In seinem Siegerstolz fühlte er sich be= rechtigt, auch hier seine letzte Forderung zu stellen. „Ich höre," sagte er mit einem Anflug von Spott, „daß Ihr diese Nacht einen Ritt in den Wald gemacht habt, mein schönes Fräulein. Warum bei Nacht? Gestern bei Tage hätt' ich Euch so gern begleitet. Das lehntet Ihr eigensinnig ab. Ei! wär's Euch am Ende darum zu tun gewesen, gar nicht mehr wiederzukehren? Ihr seht, meine Reiter sind wachsam und flink. Aber was dachtet Ihr Euch denn? Wenn Ihr ihnen entschlüpft wäret, meint Ihr, ich hätt' Euch ziehen lassen? Überallhin wär' ich Euch gefolgt, und es hätt' Euch nicht gelingen können, Euch vor mir zu verbergen. Mit solchem Goldhaar kommt man nicht weit, ohne der Leute Aufmerksamkeit auf sich zu ziehen. Eure Spur wär' bald aufgefunden gewesen, und bis in die unwirtlichen Länder der Littauer und Russen hätt' ich sie verfolgt, wenn euer Unstern Euch dahin verleitete. Gottlob! Euch sind die Fährlichkeiten einer solchen Reise erspart. Rüstet Euch nun aber zu einer anderen, die nicht so bedrohlich ist. Ich kehre morgen nach Thorn zurück; mein Auftrag hier ist erledigt. Ich will nicht vom Waldhause scheiden, ohne auch hier der Sieger geblieben zu sein. Ihr sollt wissen, daß Ihr mir angehört mit Banden, die unzerreißbar sind. Wollt' ich selbst sie lösen, ich könnt' es nicht, oder es wär' mein Tod. Eher schnitt ich mir das eigene Herz aus der Brust, als daß ich von Euch mich trennen müßte! Deshalb nehm' ich Euch mit mir. Fügt Euch willig diesem Spruch und Ihr sollt gehalten sein wie eine Königin!"

Ursula riß sich los von ihm, flüchtete zu ihrer Wutter, sauk vor ihr nieder und verbarg das Gesicht in ihren Schoß. „Wutter, Mutter —!" rief sie, „schütze mich vor diesem Schrecklichen!"

Frau Regina streichelte mit der schmalen weißen Hand ihr Haar. „Fürchte Dich nicht," sagte sie, „der Herr Hauptmann meint's nicht ernst. Er will Dich strafen für das nächtliche Wagnis und spiegelt Dir nun so ein Schreckbild vor. Wie sollt' er's übers Herz bringen können, Dich von mir zu reißen, deiner Wutter? Er ist· edel und keiner Gewalttat gegen eine arme Witwe und Waise fähig. Was könnt' es ihm auch nützen, Dich zu ihm zu zwingen, wenn doch dein Herz ihm abstrebt? Das war meine Beruhigung alle die Zeit. Ich bitt' Euch, Herr Hauptmann, nehmt es als eine ernste Weisung des Himmels, abzulassen von dem, was Euch versagt sein muß. Muß! Glaubt meinem Wort —: muß. Nehmt Abschied von uns in Frieden und laßt uns ein reines Angedenken an Euch zurück."

Jost lachte hell auf. „Ihr irrt, Frau, Ihr irrt doppelt und dreifach und in allem, was Ihr da als eure Weinung zu erkennen gebt. Es ist mir ernst mit der Reise, zu der ich Ursula einlade. Und doch ist nichts Schreckhaftes dabei. Bin ich so häßlich und widerwärtig, daß sie sich vor mir entsetzen müßte? Hab' ich ihr nichts zu bieten für ihre Zärtlichkeit? Freilich! wenn sie nicht gutwillig folgt, muß ich sie von Euch reißen. Denn wie mit einem schüchternen Knaben soll sie nicht spielen dürfen; des Himmels Weisung aber kenn' ich besser. Sie hat sich mir offenbart in Nächten voll schlafloser Sehnsucht —;

da ist dein Glück! Wähnet mich nicht umzustimmen mit euren Klagen der Verlassenheit. Ist's Euch doch damals nicht so gar schwer geworden, Euch von Ursula zu trennen, als sie Gast sein sollte in Blumes Haus zu Marienburg. Und daß sie Euch Marcus für alle Zeit entführe, schien Euch nicht furchtbar. Steh' ich zurück in eurer Schätzung, Frau? Bei dem Sohne Tilemans vom Wege dürft Ihr euer Kind gut aufgehoben halten, auch wenn der Pfaffe nicht seinen Segen spricht. Und darum — sagt Ursula Lebewohl. Meine Reiter warten schon draußen, die ihr das Gefolge geben sollen wie einer Fürstin. Ich bitt' Euch, schönste Herrin, erhebt Euch und nehmt meinen Arm."

Er faßte Ursula an. Sie schrie auf. Ihrer Mutter schien nun doch ernstlich bange zu werden. Sie schleuderte des Junkers Hand zurück und sah ihn aus den tief= liegenden, gespensterhaften Augen streng an. „Weichet!" sagte sie mit dem Ton eines Geisterbeschwörers. „Noch ist euer Gewissen rein — ich darf nicht zulassen, daß es sich mit unsühnlicher Schuld belade."

Aber über Jost hatten alle Dämonen der Leidenschaft schon Gewalt. Er hörte auf ihre Beschwörungen so wenig als vorhin auf ihre freundlichen Vorstellungen. Er zog mit Gewalt Ursula an seine Brust und war bemüht, sie zur Tür zu schleppen, da sie sich mit aller Kraft wider= setzte. Bald mußte sie ermatten, zu ungleich war der Kampf. Da war's als ob Frau Regina von einer un= sichtbaren Hand in die Höhe gerissen und geschüttelt würde. Der Kopf schwankte auf den Schultern, die Finger griffen in die Luft wie nach einem Halt. Ächzende Laute drangen aus ihrer Brust über die bebenden Lippen. „So rettet denn nichts, als die Wahrheit," jammerte sie. „Laßt ab — laßt ab! und hört mich an. Ich will Euch ein Ge= heimnis enthüllen, daß Euch vor einem furchtbaren Ver= brechen bewahren soll. Hört mich an, eine Unglückliche, eine Schuldige. Ich bin . . . O mein Gott, mein Gott!"

Sie warf die Hände vor das Gesicht und wühlte ihr
weißes Haar auf. Jost blieb nicht unerschüttert von diesem
Ausbruch tiefsten Schmerzes. Er ließ Ursula aus seinem
Arm gleiten und hielt nur ihre Hand fest, daß sie ihm
nicht entrinne. Den Kopf zurückwendend zu der Leidens=
gestalt fragte er: „Warum verlängert Ihr Ursula die
Pein? Was soll's mit eurem Geheimnis?"

„Jost —" rief Regina mit hinsterbender Stimme,
„ich bin — ich bin deine Mutter!"

Sie sank in die Kniee und hob flehend die Hände.
Aus ihren eben noch so starren Augen stürzten die
Tränen. Sie sah zu ihm auf mit einem Blick voll un=
endlicher Liebe und stammelte: „Vergib, vergib — ich
bin deine Mutter!"

Der Eindruck, den ihre Worte auf Jost machten,
äußerte sich zuerst in einem erschreckten Zurückweichen, wie
man sich vor einem Wahnsinnigen entsetzt, der plötzlich von
einem Anfall gepackt wird. Die Zumutung, einer solchen
Aussage zu glauben, war so ungeheuerlich, daß er nur
im Zweifel sein konnte, ob er an eine plötzliche Zerrüttung
ihres Verstandes, oder an ein gewissenloses Spiel glauben
solle. Aber aus diesen Augen blickte nicht der Wahnsinn
und nicht die Verstellung. Noch mehr wurde er verwirrt,
als Ursula mit gewiß ungeheucheltem Entsetzen aufschrie:
„Seine Mutter —? Nein, nein! meine, meine Mutter!"

„Seine und deine Mutter," sagte Frau Regina sanft
und wiederholte die Worte, da sie nun beide offenbar
ganz ratlos sah, wie sie sich zu dieser wundersamen Er=
öffnung stellen sollten.

Endlich faßte sich Jost und sprach, als ob er die
Waldfrau einer Entgegnung gar nicht würdigen mochte,
vor sich hin: „Meine Mutter ist seit langen Jahren tot
— es hat ein jeder nur die eine."

„Ich wollte, sie wäre tot und begraben und in der
Erde bereits längst zu Asche zerfallen," hauchte Regina.

„Aber sie lebt zu ihrem Unglück, und ihr schwerstes Leid soll nun dies sein, daß sie sich dem Sohne zu erkennen geben muß, um ihn vor einer furchtbaren Schuld und ihr anderes Kind vor dem Verderben durch seine blinde Leidenschaft zu bewahren. Du bist getäuscht, Jost — o wie oft haben meine reinen Lippen selig deinen Namen genannt —! Du bist getäuscht —"

„Mein eigener Vater —" warf er ungläubig und vorwurfsvoll ein.

„Durch deinen Vater bist Du getäuscht. Er wollte, daß ich tot sei, und er . . . mußte es wollen. Ich klage ihn nicht an — mich nur, mich. Er glaubte vielleicht auch, was er wünschte, aber Gewißheit hatte er nicht. Und ich lebe, ich stehe vor Dir — deine Mutter."

„Und Ursula wäre — meine Schwester?"

„Sie ist mein Kind, wie Du mein Kind bist."

„Das soll heißen . . ." Er zog die Schulter auf und bewegte die Hand abweisend. „Ich merke. Erzählt eure Märchen Andern, Frau; mir kommen sie lächerlich vor, da sie sich gar zu ernst nehmen."

„O mein Gott!" rief Frau Regina, die Hände rin=gend, „woher nehme ich die Kraft und das Rüstzeug der Wahrheit, diesen Ungläubigen zu überzeugen? Ich muß es wohl einsehen, daß es von Euch zu viel gefordert ist, lieber Junker, Ihr sollet mir in einer so wichtigen und das tiefste Gemüt berührenden Sache aufs Wort Glauben schenken. Waret Ihr doch erst ein Kind von wenigen Jahren, als Euch die Mutter genommen wurde — wie solltet Ihr Euch ihrer erinnern nach den Zügen ihres Gesichts oder dem Klang ihrer Stimme? Ist mir selbst doch mein Sohn ganz fremd geworden, daß ich ihn nicht hätte aus andern herausfinden können und sagen: Dieser ist's! Da ich aber von Ursula erfuhr, Ihr seiet Tile=mans Sohn, meint' ich freilich in euren Augen und um euren Mund etwas zu finden, das mich an das liebe

Knäblein mahnte, dem ich auf meinem Schoß so oft das Schlummerlied gesungen. Darum vermochte sie mich auch nicht gegen Euch zu erzürnen, daß Ihr sie mit euren Anträgen bedrängtet und peinigtet. Denn Ihr waret mir schon gar lieb geworden, und ich bedachte auch, der Himmel könne es so gewollt haben, daß der Bruder unwissentlich die Schwester herausfände und in sein Herz aufnähme zu anderem Bündnis freilich, als er gemeint."

Jost wehrte sich mit allem Trotz gegen den Druck, den diese Reden auf sein Gemüt üben wollten. Aber es war etwas darin, das sich nicht überhören und fortspotten ließ. Er begriff sich selbst nicht, wie es ihn nun doch so eigen anpackte und auf der Stelle festhielt, daß er Ursula nicht mehr mit Zwang hinauszuführen und seinen Reitern zu übergeben vermochte. Er glaubte der Waldfrau nicht, aber er wagte auch nicht, sie der Lüge zu beschuldigen. Und je mehr er in dieses bleiche Antlitz sah, das sich ihm jetzt ganz unverschleiert zeigte, desto deutlicher meinte er etwas von sich selbst darin wieder zu erkennen — eine schattenhafte, aber um so erschreckendere Ähnlichkeit. „Ihr werdet Euch nicht wundern, Frau," sagte er nach einigem Bedenken sehr kühl, „daß mir eure Eröffnungen, zumal unter diesen Umständen und zu dieser Zeit, sehr verdächtig erscheinen. Wenn Ursula . . . Aber was rede ich darüber. Haltet mich nicht für ein Kind, das man mit dem schwarzen Wann schrecken kann. Nach einer Wutter, die sich so lange um mich nicht gekümmert hat — sollte sie wirklich nicht tot sein, wie Ihr sagt — hab' ich wenig Verlangen. Von einer Schwester hab' ich nie gehört — und mag wohl mein Vater selbst nicht wissen. Es sind auch nur Behauptungen, die Ihr mir entgegenwerft. Wie wollt Ihr mir zumuten, daß ich sie als erwiesen annehme, da sie nicht einmal in sich selbst wahrscheinlich gemacht sind. Haltet mich daher nicht auf oder — gebt mir die Beweise."

„Die Beweise —" wiederholte Regina schmerzlich. „O mein Sohn! was verlangst Du von mir! Recht geflissentlich hab' ich ja jede leiseste Spur zu verwischen gesucht, die zu einer Entdeckung führen könnte. Ich wollte für tot gelten, um Ursula leben zu können. Du — hattest noch einen Vater!"

„Weshalb aber für tot gelten, weshalb?" fragte er ungeduldig.

Frau Regina kämpfte schwer mit sich. „Wohl —" antwortete sie dann, „ich sehe, daß ich mir auch das Bitterste nicht sparen darf, meinem eigenen lieben Kinde . . . Du sollst hören, was geschehen ist. Wie wenig liegt an mir. Du sollst wissen . . . Aber nicht hier! Ursula darf nicht Zeugin dieser Bekenntnisse sein, die ihr der Mutter Bild für alle Zeiten trüben müßten."

„O sprich, sprich —!" rief Ursula. „Ich kann Alles hören. Wie ich Dich liebe, kann ich Alles hören. Wie Du mich liebst, gibt es nichts, das ich Dir nicht von Herzen verzeihen müßte!"

„Nein," sagte Frau Regina mit Entschiedenheit, „es ist nichts für dein Ohr."

Ursula aber ließ sich nicht so rasch zum Schweigen bringen; ihr selbst war es wie ein Licht aufgegangen und sie haschte danach mit eiliger Hand. „Ich kann Alles hören," wiederholte sie, „und ich ahnte es längst . . . Nicht wahr — der Herr Hochmeister ist mein Vater?"

Sie fühlte an ihrem Handgelenk, das Jost umfaßt hielt, wie er bei diesen Worten zusammenzuckte. Ihre Mutter starrte sie eine Weile an, als müßte sie dieser überraschenden Erkenntnis auf den Grund gehen. Dann wendete sie sich, ohne etwas zu entgegnen, zum Hauptmann. „Kommt in die Kammer," sagte sie, „da sind wir allein, und die Wände hüten das Geheimnis. Jetzt sehe ich wohl, daß vor Euch nichts verhüllt zurückbleiben darf."

Sie öffnete die Kammertür. Jost war einen Augen=

blick unschlüssig. Dann ließ er Ursula los, stieß das Fenster auf und winkte die Reiter herbei, die auf dem Hofe Wache hielten. „Setzt euch auf die Schwelle," rief er, „und laßt niemand aus ohne meinen Befehl, wenn euch euer Kopf lieb ist!"

Dann folgte er der Waldfrau in die Kammer.

Wohl eine halbe Stunde blieben sie dort eingeschlossen.

Als der Hauptmann ins Zimmer zurückkehrte — er kam allein — sah er sehr verstört aus. Er hielt den Kopf gesenkt und ließ die Blicke am Boden umherirren. Sie schienen Ursula vermeiden zu wollen, die auf der Ofenbank kauerte. Endlich richteten sie sich doch auf ihre ängstlich fragenden Augen. „Ursula," stammelte er, „wenn es doch sein sollte . . . Nein, nein! es ist nicht."

Er wollte sie umfassen, aber seine Arme sanken wie plötzlich gelähmt nieder. Er kehrte sich ab und wischte mit der Hand über die Stirn. Dann eilte er hinaus.

Den Reitern gab er eine kurze Weisung zu bleiben. Er schritt über den Hof und aus dem Tor und in den Wald, bis die dichten Stämme ihn völlig deckten. Dann warf er sich unter einer Linde ins Gras, das Gesicht gegen den Boden gekehrt und auf die untergeschlagenen Arme gestützt. Er ächzte wie ein Schwerkranker, und nach einer Weile schluchzte er wie ein Kind, und dann wieder wurde er ganz still.

So lag er lange — zweifelnd, verzagend, mit sich beratend, was jetzt zu tun. Wenn sein Vater sich so unmenschlich gerächt hätte — wenn die Waldfrau seine Mutter war — Ursula seine Schwester . . . und ihretwegen Magdalene geopfert . . . Es war nicht auszudenken!

Der Kopf war ihm schwer. Nur mit Mühe hob er sich auf den Ellenbogen. Und wieder starrte er lange ins Weite. Endlich gab er sich einen Stoß von der Erde auf. „Ich muß Gewißheit haben," rief er. Dann richtete er sich vollends auf und ging nach dem Hause zurück.

Er fand die Stube leer. In der Kammer lag Frau
Regina auf dem Bett und Ursula kniete neben ihr, un=
aufhörlich ihre Hände küssend. Als er eintrat, wendete
sie ihm erschreckt das Gesicht zu und gab ihm mit den
Augen einen Wink fern zu bleiben.

Jost ließ sich aber nicht zurückhalten. „Steht auf,
Frau," sagte er in befehlendem Ton, „und auch Ihr, Ur=
sula. Ich hab's überlegt — ich muß Gewißheit haben.
Es ist nur einer auf der Welt, der sie mir geben kann,
und den will ich befragen —: mein Vater."

Regina schrie entsetzt auf. „Dein Vater —! Was
willst Du tun?"

„Euch zu ihm führen," antwortete er mit fester Stimme.

„O mein Gott! Das ist grausam . . ."

„Aber unvermeidlich. Ihr sollt Ursula begleiten.
So wißt Ihr am besten, daß ihr durch mich kein Leid
geschieht. Ich will sie halten wie eine Schwester, bis es
gewiß ist, daß Ihr — mich hintergeht."

„Ihr glaubt noch nicht . . .?"

„Die Beweise, Frau, die Beweise! Es fehlen die
Beweise. Ihr habt die Pflicht, sie mir zu geben. Be=
greift Ihr das nicht? Kein Widerspruch weiter! Steht
auf und folgt mir. Ich muß Gewißheit haben!"

Es half kein Bitten und Weinen. Frau Regina
wurde auf einen mit Stroh gefüllten Wagen gehoben,
Ursula erhielt Erlaubnis, ihren Gotländer zu besteigen;
aber sie ließ ihn an die Letter binden und setzte sich zu
ihrer Mutter. Ein Trupp Reiter umringte das Gefährt.

In raschem Trabe ging's durch den Wald nach Heils=
berg und am andern Morgen auf Marienburg zu.

Sechstes Kapitel.

In Gefangenschaft.

Die deutschen Soldhauptleute hatten gegen die Böhmen
einen schweren Stand. Der Graf von Gleichen vergaß
nicht, was er dem Spittler zugesagt hatte und wäre auch
gern seinem Wort treu geblieben. Aber die Dinge hatten
ein gar anderes Gesicht bekommen seit dem letzten Unfall
des Ordens in Thorn. Es war jetzt weniger Hoffnung
als je, daß er sich wieder zu Kräften bringe und seine
Schulden tilge. Es mußte auch mit der Stimmung der
deutschen Söldner gerechnet werden. Sie fürchteten, die
Böhmen könnten sich einen Vorzug sichern und sie hinterher
auslachen. Deshalb setzten sie ihren Führern täglich zu, mit
den Böhmen Hand in Hand zu gehen, drohten wohl gar
auch, die Hauptleute im Stich zu lassen und durch ge=
wählte Vertreter zu unterhandeln. Sie meinten im Schloß
einige Vermummte bemerkt zu haben, die sie für Thorner
Ratsherren oder königliche Sendeboten hielten. Nun war's
ihnen gewiß, daß Heimlichkeiten betrieben würden.

Herr Ulrich Czerwonka hatte sich bemüht, Georg von
Schliwen auf seine Seite zu bringen, der ihm in seiner
Behäbigkeit zugänglicher schien, als der stolze und starr=
köpfige Graf. Es gelang ihm, den immer durstigen
Ritter durch die Lockung mit einem Fäßchen vinum
Hungaricum zu sich heranzuziehen. Als dem Gast dann

7*

schon die Augen glänzten, sagte er ihm vertraulich:
„Sperrt Euch nicht — es nützt euch Deutschen doch nichts.
Was wollt ihr? Könnt ihr dem Orden wieder auf die
Beine helfen, wie er jetzt darniederliegt? Und meint ihr
denn mit uns fertig werden zu können, wenn's hart auf
hart kommt? Wir sind die dreifache Zahl. Ich sag's
Euch ins Ohr, Brüderchen, weil ich Euch liebe und
Schaden von Euch abwenden möchte: was wir nicht
mit Euch tun können, das tun wir ohne Euch! Schreit
nicht los, sondern bedenkt's ruhig. Wir tun, was wir
tun müssen, und dürfen uns von niemand in den Weg
treten lassen, auch von unsern Freunden nicht. Dazu sind
wir entschlossen.“

„Wir halten das Pfand wie ihr,“ antwortete Schliwen,
„versucht's, uns abzudrängen.“

„Das täten wir ungern,“ meinte Czerwonka. „Wa=
rum sollten wir uns mit unsern Waffengenossen raufen,
statt friedlich zu teilen, was uns gesamt von Rechts=
wegen gebührt. Aber wenn ihr uns zwingt . . . Macht
uns hinterher keine Vorwürfe, wir handeln ganz ehrlich
mit euch.“

„Verdammt!“ rief Schliwen, den leeren Becher fest
auf den Tisch setzend. „Wir haben uns dem Spittler
mit solchen Zusagen verpflichtet, daß wir jetzt wie in
einer Falle stecken. Wenn ihr Böhmen freilich mit Ge=
walt droht . . .“

„Das tun wir, Brüderchen, das tun wir — und
zu eurem Besten. Verteidigt euch damit gegen den
Spittler. Er muß ein Einsehen haben, daß ihr gegen
den Stachel nicht löcken könnt. Wir selbst haben keine
Wahl. Der König rüstet ein großes Heer. Steht es
erst im Land, so werden wir genötigt sein, die Schlösser
entweder für ein Lumpengeld herzugeben, oder für den
Orden ohne einen Pfennig Lohn zu verteidigen. Das

eine sagt uns so wenig zu wie das andere. Begreift Ihr das, Brüderchen?" Er goß den Becher wieder voll.

Schliwen ließ den schweren Kopf sinken. „Ich begreif's schon," stöhnte er, „aber die Pfänder sind uns auf Treu und Glauben übergeben. Auf Treu und Glauben —! und ein deutscher Edelmann —"

„Pah! wollt Ihr den Hans Großmut spielen, wo doch der andere Teil allein auf seinen Vorteil bedacht war, als er Euch verpflichtete! Was! Ist das unsere eigene Sache? Haben wir irgend einen Groll gegen die Bündischen oder gegen die Polen? Schlagen wir uns für die Jungfrau Maria oder um des Papstes Segen? Wir haben vom Orden Handgeld genommen und dienen ihm, so lange er uns den Pakt hält. Siud seine Kasten leer, so wollen wir nicht die Narren sein, mit ausgekehrten Taschen für ihn zu fechten. Wir verkaufen die Schlösser an den, der sie uns füllt. Das ist ein ehrlicher Handel, denk' ich, dessen auch ihr Deutschen euch nicht zu schämen habt."

Herr Georg von Schliwen war sehr nachdenklich geworden. Er blickte über das Bäuchlein hinweg auf die nach außen gewendete fleischige Hand, an der sich die Finger einzeln nach einander fortstreckten, als ob der Ritter im Stillen etwas abzählte. Das geschah auch; nur daß er in Gedanken nicht Zahlen, sondern Gründe an einander reihte. Dann ergriff er hastig den Becher, den Czerwonka wieder gefüllt hatte, leerte ihn auf einen Zug und setzte ihn umgekehrt — es floß kein Tropfen mehr aus — auf den Tisch. „Euer Wein ist gut, Herr Ulrich," sagte er, sich mit dem Rockärmel den Schnauzbart wischend, „und euer Rat mag auch gut sein. Aber euren guten Wein hätt' ich nicht trinken sollen, und euren guten Rat kann ich nicht befolgen. Die Schlösser dem König übergeben, nachdem wir sie gegen ihn zu halten dem Orden versprochen haben . . . äh —! es geht uns gegen das Gewissen — ich will nicht sagen gegen das Gewissen, aber gegen die Ehre, oder sonst etwas, womit wir uns abzufinden haben. Ist's Euch schon einmal bei einer Anforderung so zu Mut gewesen, als kehrte sich Euch alles im Leibe um, Herz und Leber und Milz und das ganze Eingeweide, so daß Ihr einen Widerwillen hattet, Euch darein zu geben, wär's Euch auch noch so nütze? Nicht? Nun ja — euch Böhmen geht's nicht so nahe. Zumal dies —! Aber die Schlösser dem König übergeben . . . Zum Teufel! wenn's nur nicht gerade der König wäre."

Czerwonka blinzelte listig. „Ist Euch der Bund lieber?"

„Das ist dasselbe, Herr Ulrich, das ist dasselbe. Verdamm mich Gott —"

„Schwört Euch nicht in die Torheit hinein, Brüderchen. Ich merke wohl, wie's mit Euch steht. Die Sache möcht' Euch schon gefallen, aber die Form ist Euch nicht wohl anständig. Hört denn, ich will Euch aus gutem Herzen einen letzten Vorschlag tun. Übergebt uns böhmischen Hauptleuten das Pfand allein auf solches Ehrenwort, daß euch Deutschen der Mangel des Besitzes nicht zum Schaden gereichen und die Verschreibung gleichwohl gehalten werden solle. Ihr könnt euch ehrlich entschuldigen, daß ihr in der Bedrängnis so gehandelt habt. Was wir aber mit den Pfändern machen — das geht euch hinterher nichts mehr an. Ihr habt's nicht zu verantworten. Wollt Ihr?"

„Hm — hm — hm . . ." knurrte Schliwen, „das ist ein Anderes. Ich will nicht fragen . . . Zum Teufel! was brauch' ich's zu wissen? Viel Wissen beschwert. Die Schlösser euch Böhmen übergeben, unsern Kumpanen, auf solchen Beding . . . Hm! Darin ist guter Verstand, und wüßt' ich auch nicht, wie dabei unsere Ehre . . . Über Möglichkeit kann keiner. Und der Handel hat eine

Form . . ." Er stand auf und rückte sein Wams zurecht. „Laßt mir Zeit, Herr Ulrich, mit dem Grafen Adolf und den andern zu beraten — ich denke, wir bringen's auf solche Art zum guten Ende."

„Vierundzwanzig Stunden —"

„Drei Tage — das ist das mindeste. Wir müssen uns auch mit denen auswärts ins Einvernehmen setzen."

„Gut denn! Drei Tage." Er hielt ihm die Hand hin. „Wir werden uns einigen — es ist beider Teile Vorteil."

Er begleitete den Gast höflich bis zur Tür. Als sich dieselbe hinter ihm schloß, lachte er auf. „Sie wollen nicht durch's große Portal, aber die Hintertreppe hinab schleichen sie ohne Bedenken. Pah! Uns ist's gleich, wie wir sie auf die Straße setzen."

Georg von Schliwen begab sich sogleich zum Grafen von Gleichen. Er hatte bei ihm einen schweren Stand. „Sollen wir uns mit den Böhmen um die Marienburg schlagen?" fragte der Ritter. „Wir ziehen dabei den Kürzeren, so gewiß drei stärker sind als einer." Der Graf mußte das einsehen. „Aber der Spittler soll es erfahren, daß wir in drei Tagen abziehen," sagte er, „vielleicht schafft der Herr Hochmeister doch noch Hilfe."

Plauen war kaum noch überrascht. Es geschah, was er längst befürchtet hatte. „Ihr kehrt das Gesicht gegen die Waub," sagte er, „wißt aber gar gut, was hinter euch vorgeht. Ihr fragt nicht, braucht aber auch keine Antwort."

Der Graf von Gleichen sah finster vor sich hin und zuckte die Achseln.

„Gibt es denn keinen Ausweg?"

„Denkt darauf! Ich will bis morgen warten."

Der Spittler verhandelte mit dem Treßler. Im günstigsten Fall ließen sich in einigen Monaten fünfund=

zwanzigtausend Gulden aufbringen. Das war ein Tropfen auf den heißen Stein.

So gingen denn Boten an die anderen Hauptleute ab. Sie gaben ihre Einwilligung zum Abzuge, da es doch nicht anders sein könnte.

Und dann eines Morgens in der Frühe räumten die deutschen Söldner die Marienburg. Nun waren die Böhmen darin unbeschränkt die Herren, und sie bewiesen nur zu bald zum Schrecken des Hochmeisters und der Brüder, wie zügellos sie ihr Herrenrecht zu üben ent= schlossen waren.

Heinrich Reuß von Plauen hatte die Burg verlassen, um wenigstens rechtzeitig die Verteidigung vorzubereiten, wenn der Hochmeister nun doch in Königsberg seinen Sitz zu nehmen genötigt würde. Mit ihm war der einzige Mann entfernt, vor dem die rohen Söldner noch einigen Respekt gehabt hatten. Gegen die zurückgebliebenen Ordens= ritter und gegen des Hochmeisters Leute glaubten sie sich jetzt Alles erlauben zu dürfen. Er selbst wurde in seinen Gemächern wie ein Gefangener gehalten. Er hätte jetzt das Haus nicht verlassen dürfen, selbst wenn er wollte. Man ließ seine Räte nicht zu ihm, plünderte seine Diener aus und jagte seine Schreiber fort. Selbst zum Lebens= unterhalt erhielt er kaum das Notdürftigste. Vor seinen Fenstern und sogar vor seiner Tür wurde mitunter so wüst gelärmt, daß er einen Überfall befürchtete und sich seines Lebens nicht sicher glaubte.

Nicht ohne Mühe gelang es eines Tages Bartholo= mäus Blume bei ihm Einlaß zu erhalten. Er fand ihn ganz gebrochen, krank und elend, nur noch der Schatten des einst so ritterlichen Mannes. „Ach, ach —! mein gnädigster Herr," klagte er, „es stößt mir das Herz ab, Euch so leiden zu sehen!"

„Weshalb kommst Du?" fragte Erlichshausen mit matter Stimme, ihn aus den halbgeschlossenen Angen

mißtrauisch anblickend. „Ich habe Dich lange nicht ge=
sehen, und schwerlich bringst Du mir jetzt etwas Gutes.
Von allen Freunden bin ich verlassen worden und schmäh=
lich des Feindes Gewalt überliefert. Meine Untertanen
sind untreu und eibbrüchig, die Söldner verschachern mich
an den König. Auch Du wirst bei Zeiten unter Dach
getreten sein. Ich will Dir's nicht übel nehmen: Das
Unwetter war gar zu schwer. Aber warum vermehrst Du
nun meinen Kummer durch dein erheucheltes Beileid?
Geh, geh! Du bist wie alle.“

Der Bürgermeister hob den Ärmel seines Rockes an
die Lippen. „Ach, mein gnädigster Herr,“ antwortete er
mit Tränen in den Augen, „kränkt mich nicht so sehr.
Viele Städte sind Euer Gnaden untreu geworden, aber
die Stadt Marienburg hat nicht gewankt, wie hart die
Danziger ihr auch zugesetzt haben. Von mir selbst will
ich nicht reden. Hab' ich Euer Gnaden Vertrauen ver=
scherzt — ich weiß nicht durch welche Ursache, so werd'
ich mich durch Worte nicht darein zurückbringen, sondern
die Tat muß es beweisen, wie ich Euch unverändert zu=
getan bin. Sehet nun gnädigst ab von meiner Person
und haltet Euch an den Bürgermeister von Marienburg,
der seines Amtes wegen zu Euch kommt. Denn man ist
da unten in der Stadt voll großer Sorge der bösen
Nachrichten halber, die von den Soldhauptleuten ausgehen
und ohne Scheu verbreitet werden. Es heißt, sie hätten
bereits die Schlösser an den König und die Bündischen
verkauft und würden sie in Kurzem übergeben. Wir
können es nicht glauben, gnädigster Herr, daß der deutsche
Orden sein Haupthaus in des Feindes Gewalt sollte
kommen laffen, es sei denn, daß seine Mauern in Trümmer
geschossen und seine Gräben mit Leichen gefüllt wären.
Im Vertrauen darauf hat die Stadt Marienburg sich vom
Buude getrennt und allen Widerwillen eurer Gegner,
ihrer mächtigen Nachbarn und der Polen, auf sich ge=

nommen. Schloß und Stadt gehören zu einander. Wie sollen wir widerstehen, wenn die Burg uns nicht schützt, oder sich gar gegen uns wendet? Beruhigt uns, gnädigster Herr, daß wir den böswilligen Gerüchten keinen Glauben zu schenken haben."

Ludwig von Erlichshausen fühlte sich durch den treuherzigen Ton dieser Rede bewegt. „Ich wollte, ich könnte das," antwortete er, jetzt Blume die Hand zum Kuß reichend. „Aber Du findest uns selbst in großer Bekümmernis, daß nur allzu wahr ist, was die schalkhaftigen Buben ausstreuen. Sie selbst wissen am besten, welcher Nichtswürdigkeit sie fähig sind. Alle unsere Mittel sind erschöpft, und die Schuldsumme ist riesengroß. Sie haben die Schlösser in ihrer Gewalt. Was können wir gegen sie tun? Allen Fürsten und Herren im Reich haben wir die Schlösser angeboten gegen das Lösegeld — vergeblich. Sie können einen solchen Betrag von sich selbst nicht aufbringen, oder wollen ihn nicht wagen: denn wer die Schlösser übernimmt, muß sie auch verteidigen. So sehe ich das Schlimmste kommen und kann es nicht abwenden. Das ist mein bitterstes Elend!"

„Und könnt es nicht abwenden . . ." wiederholte Bartholomäus Blume düster. Er stützte das breite Kinn in die Hand. „Weiß der Herr Spittler weiter keinen Rat?"

„Er ist auswärts, die Burgen Balga und Königsberg in Stand zu setzen. Wir müssen versuchen von dort aus das Verlorene zurückzuerobern."

Der Bürgermeister wiegte bedenklich den Kopf. „Wenn die Marienburg gefallen ist . . ."

„Wie kann ich sie bewahren mit wenigen alten und kranken Brüdern und mit der geringen Dienerschaft, die man mir gelassen hat? Sie ist von den böhmischen Söldnern besetzt."

„Nur das alte Schloß und die Vorburg. Das Hoch=
meisterhaus in der Mitte gehört Euch noch,"

Erlichshausen seufzte. „Gehört uns . . ."

„Gnädigster Herr — Ihr wohnt darin, der Hoch=
meister deutschen Ordens!"

„Wie ein Gefangener. Man läßt mich nicht hinaus."

„Und warum wollen Ew. Gnaden hinaus? Hier in
der Marienburg sind Ew. Gnaden ein Herr."

„Höhne nicht meine Ohnmacht, Bartholomäus!"

„Da sei Gott vor!" Blume trat dicht zu ihm und
beugte sich vor, um auch beim leisesten Sprechen ver=
standen zu werden. „Vertraut Euch den Bürgern von
Marienburg, gnädigster Herr! Laßt uns heimlich in das
Mittelhaus ein — wir wollen es mitsamt der Stadt
für Euch halten, bis Entsatz kommt. Des Hochmeisters
geheiligte Person in des Ordens Haupthaus zu schützen,
gibt jeder gern Blut und Leben hin. Die deutschen
Söldner sind nur widerwillig abgezogen; die draußen sind
zum Teil sehr unzufrieden damit. Bernhard von Zinnen=
berg, der sich schon damals bei Konitz so tapfer gehalten,
hat sich verlauten lassen, er wolle dem Orden treu bleiben
und erachte den Verkauf der Schlösser als eine Schmach.
Herzog Balthasar von Sagan steht trotz allen Murrens
seiner Leute fest zu Euch, nicht minder Bot zu Eulenburg,
Wessenberg, Warnsdorf — ich weiß nicht alle ihre Namen,
aber es sind auch noch andere, die Euch wohl wollen.
Sie werden vor das Schloß rücken, und wir können dann
die Böhmen in die Mitte nehmen, wenn wir Marien=
burger das mittlere Haus halten. Ruft uns, gnädigster
Herr, und wir werden nicht fehlen."

Der Hochmeister hielt die müden Augen gesenkt. Nur
ganz flüchtig nahm das bleiche Gesicht einen lebhafteren
Ausdruck an; gleich wieder erstarrten die Muskeln.
„Lieber Getreuer," entgegnete er, „ich will mich des guten
Zuspruchs freuen und ihn für wohlgemeint halten. Aber

daß Du selbst diesen Plan für ausführbar hältst, glaube ich nicht. Wie sollt' ich euch das Haus öffnen, da ich nicht so viel Mannschaft bei mir habe, ein Tor oder eine Brücke zu besetzen? Und wenn's gelänge . . . Die Marienburger Bürgerschaft überschätzt weit ihre Kraft. Dieses Hochmeisterhaus ist wenig zur Verteidigung ein= gerichtet, und eure Schar viel zu gering, es auch nur wenige Tage gegen die Söldner im Hochschloß zu halten. Wär' ich dann aber mit den Waffen überwältigt, so müßte der Orden seines Hochmeisters Niederlage schwer büßen; zu seiner Lösung könnten leicht auch die Schlösser Königs= berg und Balga gefordert werden. Nein, nein! Es ist Unheil bei allem, was ich unternehme. Blicket auf die Gemeinen von Thorn und Danzig, wie übel es denen ergangen ist."

Blume mochte einsehen, daß er doch vergeblich zu einem gefährlichen Wagnis raten würde; er drang in den Meister nicht weiter. „Gnädigster Herr," begann er nach einer Weile zögernd und offenbar in schmerzlicher Verlegenheit, „wenn es denn nicht anders sein soll, als daß die Marienburg ohne Schwertschlag fällt und den Polen verraten wird — was ist euer Wille wegen eurer treuen Stadt Marienburg?"

Erlichshausen wurde unruhig. „Wie meinst Du das?" fragte er, mehr um Zeit zu gewinnen, als weil er Blumes Meinung nicht verstand.

„Bedenket die Not, in die wir kommen," antwortete derselbe, „wenn das Schloß von den Feinden besetzt ist. Nur ein Graben trennt die Stadt von seinen Mauern. Wie sollen wir uns gegen ihr Geschütz behaupten?"

„Ah —! dahin also zielt ihr," sagte der Hochmeister vorwurfsvoll aufblickend. „Ihr Marienburger holt euch den Dispens zum Abfall vom Orden — jetzt versteh' ich Dich."

„Gnädigster Herr," rief Blume erschreckt, „wie mögt

Ihr uns dies ansinnen? Ich komme, um euren Befehl zu vernehmen. Ist es euer Wille, daß die Stadt Widerstand leistet, trotzdem das Schloß sie nicht mehr deckt, so sind wir zu gehorsamen bereit. Wir verhoffen uns dann aber auch von Eurer Gnade freundlichen Trost, daß der Orden uns nicht verlassen und in gemessener Zeit vom Norden mit Heeresmacht anrücken wolle, uns Beistand zu leisten. Müßtet Ihr uns den versagen, so wär's grausam, zwecklos ein so großes Blutvergießen herbeizuführen. Sagt mir deshalb eure Meinung, gnädigster Herr, so lange ich sie aus eurem eigenen Muude vernehmen kann. Wer weiß, ob man mich noch einmal durch diese Tür lassen wird."

Der Hochmeister rieb sich die Stirn. „Zwecklos — zwecklos — zwecklos . . . ." murmelte er in den Bart. „Was nennst Du zwecklos, Bartholomäus? Wie kurzsichtig sind wir Menschen — oder übersichtig! Wie wenig haben wir die Dinge in der Gewalt, daß wir bestimmen können, da hinaus sollt ihr und nicht weiter und mit solcher Wirkung! Die Vorsehung verfolgt ihre Zwecke und weicht nicht von ihrem Wege. Was wissen wir davon? Sie allein ist sehend — wir sind blind. Wie wollen wir uns unterfangen zu sagen, daß irgend etwas zwecklos geschieht, was Gott geschehen läßt, oder ihm vorzugreifen, daß er nach unserer schwachen Vernunft das Geschehene nutze?"

„Aber wir Menschen müssen uns doch entscheiden, gnädigster Herr, so kurz oder so weit wir blicken mögen," antwortete Blume, beängstigt durch diesen Rückhalt. „Es wird uns nicht erspart. Ich bitt' Euch ernstlich, gnädigster Herr, gebt mir eine sichere Weisung."

„Wie kann ich das? Es ist vor mir alles dunkel. Wie kann ich das?"

„So überlaßt Ihr die Stadt der Söldner Willkür, wie das Schloß?"

„Nein, nein! Sie ist nicht im Pfand."

„Und Ihr wollt also, daß sie den Söldnern die Tore sperren?"

„Du selbst versicherst mich ja ihrer Treue."

„So rechnen wir auf euren Beistand, gnädigster Herr, wenn Gewalt —"

„Warum drängst Du mich zu Versprechungen, die vielleicht unerfüllbar sind!"

„Aber euer guter Wille —"

„Zweifelst Du an dem? Die Stadt Marienburg ist unser letzter Anker."

„Und Ihr wollt ihn auswerfen in Hoffnung, Euch daran halten zu können?"

„In Hoffnung, Bartholomäus, in Hoffnung. Wie sollten wir aufhören zu hoffen? Es kann sein, daß er dem Sturm widersteht. Und weil es sein kann . . . Aber sehet selbst zu, wie viel ihr noch dem Schiff vertraut. Fehlt euch der Glaube, so wird euch auch der Mut fehlen."

„Stärkt unsern Glauben, gnädigster Herr," bat Blume inständig. „Ihr könnt's durch ein gerades Wort. Was soll ich den Bürgern von Ew. Gnaden sagen?"

Erlichshausen seufzte. „Daß ich ein armer verlassener und verratener Mann bin, der nichts zu bieten hat. Was man ihm tut, das tut man ihm aus Liebe und dafür will er dankbar sein, so lange sein Herz schlägt. Sagt ihnen das!"

Der Bürgermeister hob ein wenig die Hände und ließ sie wieder an den Leib zurücksinken. Es mußte ihm nutzlos scheinen, den kranken Herrn noch länger mit Fragen zu belästigen, auf die dieser doch keine bestimmte Antwort geben wollte. So nahm er denn seinen Abschied „mit bekümmertem Herzen." Es mochte ein Abschied fürs Leben sein. Der Bürgerschaft konnte er keinen Trost mitbringen.

Als er langsam in tiefen Gedanken über die Brücke ging, nach der Stadt zurückzukehren, wurde er von zwei böhmischen Rottenführern aufgehalten und angewiesen, ihnen ins alte Schloß zu folgen. Ihr Hauptmann, Herr Ulrich Czerwonka, hätte mit ihm zu reden. Das war ihm sehr unlieb, aber sie kümmerten sich darum nicht, nahmen ihn in die Mitte und führten ihn wie einen Ge= fangenen durch das schräge Tor auf den Hof und nach ihres Herrn Gemach.

„Ihr kommt vom Hochmeister," sprach ihn Czerwonka an, indem er ihn mit einem stechend forschenden Blick be= trachtete. „Wir wußten, daß Ihr dorthin ginget und hinderten es diesmal nicht: Ihr solltet Euch selbst über= zeugen, mit wem Ihr's da zu tun habt. Was er Euch gesagt hat, weiß ich nicht und will ich auch von Euch nicht hören. Was ich Euch aber zu sagen habe, Herr Bartholomäus Blume, das beachtet wohl, denn es soll nicht in die Luft gesprochen sein. Weiß Gott, wir hätten das Geld lieber vom Orden als vom König genommen. Könnt Ihr dem Orden dazu verhelfen, so räumen wir die Marienburg oder halten sie auch ferner für ihn. Wenn nicht, so wisset, daß der König binnen wenigen Wochen einziehen und Euch zur Übergabe der Stadt auf= fordern wird. Es wäre Wahnsinn, wenn Ihr Widerstand versuchen wolltet — das muß ein Kind einsehen. Darum rat ich Euch zu eurer Stadt Bestem, kommt seinem Zorn voraus und gewinnt Euch durch entschlossene Tat seine Gnade. Ihr werdet sie brauchen gegen der Städte Thorn und Danzig Feindschaft, die nimmer vergessen, daß Ihr das Siegel vom Bundesbrief zurückgefordert habt. Ich erwarte Herrn Tileman vom Wege noch diesen Abend. Er bringt die Unterschrift des Königs und des Landesrats von Preußen. Ihr habt keine Zeit zu versäumen. Ent= schließt Euch kurz und öffnet uns die Tore, damit wir die Stadt für den König besetzen. Wir wollen sie dann gern vor ungerechter Bedrückung hüten.“

„Vorher aber selbst ausplündern,“ fügte Blume spöttisch hinzu. „Wir haben wohl vernommen, daß es euch im Schloß schon an Lebensmitteln fehlt. Kommt der König, so fürchtet ihr, daß sie gar knapp werden könnten. Deshalb ladet ihr Euch rechtzeitig bei uns zu Gaste. Sitzt ihr erst bei Tisch, so werden wir euch vergeblich zum Aufstehen nötigen.“

Czerwonka lachte aus vollem Halse. „Die Mahlzeit könnt’ euch später doch teurer werden,“ rief er. „Aber im Ernst, seht euch vor! Ihr habt alles auf einen Wurf zu gewinnen oder zu verlieren. Handelt klug!“

Ich will’s nach Gebühr an den Rat und die Gemeine bringen,“ entgegnete der Bürgermeister gepreßt. „Ihr wißt, daß ich keine Vollmacht habe, Euch oder irgendwem in diesen Dingen endgiltigen Bescheid zu tun. Meine Meinung aber erlaubt mir für mich zu behalten.“

Der Hauptmann entließ ihn mit der Mahnung, sich fortan jeden Verkehrs mit dem Hochmeister zu enthalten. „Man möcht’ Euch sonst vielleicht in Verdacht der Konspiration nehmen und im Hause festhalten!“

Als Blume in den Kreuzgang hinaus trat, war’s gerade die Zeit, in der die Ordensritter ihrer Pflicht gemäß in die Kirche gingen, das Gebet zu verrichten. Sie schritten in ihren weißen Mänteln langsam paarweise über den Hof, meist alte gebrechliche Männer mit hageren Gesichtern und grauen Bärten. Sie hatten die Hände gefaltet und sangen leise einen Psalm. Nahe dem Kreuzgang sperrte ihnen ein Hanse Söldner den Weg. Denen winkten nun die vordersten, Platz zu machen, wurden aber mit rohen Worten abgewiesen und, als sie gleichwohl weiter vordrangen, mit Schultern und Ellenbogen zurückgestoßen. „Geht herum,“ rief einer von den Böhmen, „und seht zu, wie ihr an der Maner entlang die Tür er-

reicht. Hier stehen wir und mögen eure Litanei nicht hören."
Er hielt dabei einem Weißbart, der am eifrigsten sang,
das Bein vor, so daß er stolperte und zu Fall kam. Die
andern lachten und sangen höhnisch mit meckernden Stimmen
das Lied mit.

Der Alte richtete sich mit Beistand eines Bruders
auf. Zornig rollten seine Augen. „Schweigt, ihr ver=
dammten Hussiten," schrie er die nächsten an, „ihr lästert
Gott!"

Darüber entstand ein heftiger Wortstreit. „Nennt
ihr uns Hussiten, so nennen wir euch Pfaffenknechte!
Was, verdammt? Schmäht ihr die reine Lehre? Selbst
seid ihr verdammt — ihr treibt Götzendienst!"

„Heilige Mutter Gottes, steh' uns bei — Jungfrau
Maria, steh' uns bei gegen diese Frevler!"

„Die hilft euch nicht — sie ist von Stein und Glas
draußen an der Wand — ha, ha, ha —! ruft sie doch
an, sie rührt sich nicht vom Fleck!"

„Schweigt, ihr Lästerer! Gott wird euch strafen."

„Schweigt selbst! Er achtet nicht auf solcher alter
Weiber Gezeter, wie ihr seid. Zahlt uns unsern Sold."

„Den habt ihr von alten Weibern nicht zu fordern."

„Kränkt euch das? Reißt ihnen die Bärte ab —
sie sind falsch! Ja, reißt ihnen die Bärte ab!"

Einer von den Böhmen faßte wirklich den langen
weißen Bart des Ritters, wickelte ihn um die Hand und
zog daran so kräftig, daß derselbe vor Schmerz laut auf=
schrie. „Laß los, du Hund!" befahl ein anderer, seinen
Arm packend.

Der Böhme warf ihn zurück, zog einen Dolch und
trennte mit einem Schnitt den Bart vom Kinn. Die
Schneide traf das Kinn, das Blut tropfte auf den weißen
Mantel.

Empört über diese Roheit, trat Bartholomäus Blume
dazwischen. „Was tut ihr Unmenschen," rief er. „Ist

euch das Alter nicht mehr ehrwürdig? Vergreift ihr euch an diesen frommen Männern, deren Unglück euer Mitleid wecken sollte?"

Nun wandten die Söldner sich gegen ihn. „Was wollt Ihr? Wer seid Ihr? Warum mischt Ihr Euch ein?"

„Ich bin der Bürgermeister der Stadt Marienburg," antwortete Blume, „und bitt' euch um des Heilands willen von solchem Frevel abzulassen, dessen ich zufällig Zenge bin."

„Ja, bezeugt uns das!" rief ein alter Komthur, der sich mit zitternder Hand auf einen Stab stützte. „Bezeugt uns das vor der ganzen Christenheit, wie schmählich wir von denen behandelt werden, die uns schützen sollten. Nachts, wenn wir zur Messe gehen, lauern sie uns auf, schlagen uns, reißen uns die Kleider vom Leibe, treiben uns mit Ruten um den Kreuzgang. Unseres Lebens sind wir nicht sicher. Sie bringen in unsere Zellen, berauben unsere Armut, ziehen uns nackt aus, und ihre Hauptleute wehren ihnen nicht. Um ihr Leben zu retten, sind schon einige in Angst aus dem Fenster gesprungen und haben sich schwer verletzt. Bezeugt uns auch diese Klagen, die Gott als gerecht kennt. Wann ist unseres Elends ein Ende?"

„Macht, daß Ihr fortkommt," herrschte ein Rottenführer den Bürgermeister an, „und seht zu, wie Ihr auf dem Rathause Ordnung haltet. Hier brauchen wir keinen Aufseher." Er schob ihn mit der Hand zurück.

Sein Dazwischentreten hatte doch so viel genützt, daß die Kreuzherren nicht weiter belästigt wurden. Der Weg in die Kirche blieb ihnen freilich versperrt. Dort war eine Schar Söldner mit wüstem Lärm eingebrochen. Sie kamen nun hinaus mit Meßgewändern, Altardecken und Fahnentüchern behängt, schwangen Rauchfässer, hatten die von Leuchtern herabgerissenen Wachskerzen angezündet und zogen so in Prozession durch den Kreuzgang, eine kirchliche

Melodie plärrend, der ein unflätiger Text untergelegt
war. Von den oberen Stockwerken her hatten sich auf
das Beifallsgeschrei noch viele Söldner eingefunden, die
vorher unbeteiligt gewesen waren und jetzt auch ihren
Spaß haben wollten. Sie schlossen sich an, johlten und
pfiffen. Endlich zog der Hanse in die Kirche hinein —
und begann in blinder Zerstörungswut die Holzschnitzereien
an den Chorstühlen zu zerschlagen und die Heiligenbilder
an den Wänden zu besudeln.

Die Kreuzherren hatten die Flucht ergriffen und sich
in ihre Zellen zurück begeben, die leider nicht einmal ver=
schließbar waren, da sie nach der Ordensregel zu jeder
Zeit des Tages und der Nacht offen gefunden werden
mußten. An die Abhaltung des geordneten Gottesdienstes
war ferner nicht mehr zu denken. Sie machten sich da=
rauf gefaßt, das alte Schloß bald verlassen zu müssen, in
dem die früheren Herren nur noch ärgere Mißhandlungen
zu erwarten hatten.

Bartholomäus Blume hatte sich seufzend vom Schloß=
hof entfernt, sobald die Söldner sich der unheiligen Pro=
zession zuwendeten und ihn unbeachtet ließen. Er konnte
sich nur die schlimmsten Verdrießlichkeiten zuziehen, wenn
er länger blieb, den Kreuzherren aber nicht nützen. Er
sah wohl, wie es um den Orden stand, und schlich be=
kümmerten Gemütes nach der Stadt, bei sich überlegend,
was sie selbst zu gewärtigen habe, wenn erst die Burg
dem Feinde ausgeliefert wäre.

Am andern Morgen meldeten sich die Abgesandten
des preußischen Landesrats, unter ihnen Tileman vom
Wege, Gabriel und Stibor von Baisen, bei den böhmi=
schen Hauptleuten. Es war wegen des Lösegeldes eine
Einigung zwischen den Stäuben und dem König erzielt.
Er übernahm die Hälfte desselben, so leer auch seine
eigenen Kassen waren. Sie sollten durch die Städte Thorn
und Danzig gefüllt werden, für die nun die ersehnte Ge=

8*

legenheit gekommen war, sich besondere Privilegien und die zu den abgebrochenen Schlössern gehörigen Ordens= ländereien zu erkaufen. Sie hatten jetzt den König in ihrer Gewalt und wollten vorsorgen, daß er nie ihrer Freiheit gefährlich werden könnte. Deshalb mußten sie Herren der früheren Komthureien sein und das Zuge= ständnis erwirken, daß stets einer ihrer Ratsmitglieder zum königlichen Burggrafen ernannt werde, den sie selbst wählten und präsentierten. Ihre eigenen Münzen wollten sie schlagen und ihre Briefe mit rotem Wachs siegeln. Tileman vom Wege hatte die Verhandlungen klug geführt und sich versichert, daß der König, wenn er diesmal ins Land käme, seine Versprechungen würde halten müssen. Er stand schon mit einem Heerhaufen an der Grenze.

Die Hauptleute zeigten sich durch die Verschreibungen, die ihnen vorgelegt wurden, befriedigt. Gegen Zahlung der ersten beträchtlichen Rate wollten sie dem König die Marienburg übergeben. „Wollt ihr den Hochmeister mit= haben?" fragte Wolfsdorf übermütig.

„Wenn er nichts extra kostet —" entgegnete Stibor von Baisen lachend.

„Das ist doch zu bedenken," meinte sein Bruder Gabriel. „Der deutsche Orden macht sich nicht viel aus ihm. Ihn auszulösen hat er kein Geld. So müssen wir ihn unnütz füttern und obendrein in der Gefangenschaft wohl gar fürstlich halten."

„Es könnte doch sein," wendete der Kulmer Bürger= meister ein, „daß wir schneller zum Frieden kommen, wenn des Ordens Oberhaupt in unsern Händen ist."

„Das glaubt doch nicht," entgegnete Gabriel von Baisen, der Woywode. „Es wäre nicht das erste Mal, daß der Orden einen unbequemen Hochmeister abgesetzt und bei dessen Lebzeiten ein neues Haupt gewählt hätte. Er wird den gefangenen Ludwig von Erlichshausen ohne

Bedenken im Stich lassen, wenn er sich dadurch freie Hand schafft. Wir haben an ihm etwas Rechtes."

„Das Geschrei wär' auch zu groß," sagte Czerwonka, mit dem Knebel den Schnauzbart nach rechts und links ausstreichend. „Wir verkaufen unser Pfand — das ist unser gutes Recht. Darüber hinaus wollen wir nicht. Soll's heißen, wir hätten unsern Kriegsherrn verraten und seinen Feinden ausgeliefert? Und denen nützt's nicht einmal. Was will der König mit ihm anfangen, wenn er ihn hat? Er ist ihm eine große Last. Nein! lassen wir ihn laufen, ihn und die Brüder, die noch im Schloß sind. Die Mauern sollt ihr haben."

Tileman hatte sich nicht eingemischt. Auch jetzt äußerte er nur: „Wir sind nicht befugt, euch darin Vorschrift zu machen. Wie ihr uns das Schloß zu übergeben habt, steht in den Briefen. Ich weiß nicht, ob es dem Herrn König genehm wäre, einen solchen Gast vorzufinden. Die Städte mögen ihn nicht."

„Lassen wir ihn laufen," entschied Ulrich Czerwonka, mit der Hand in die Luft schlagend.

Siebentes Kapitel.

Die Abrechnung.

So wurde nun kurz vor Pfingsten Herrn Ludwig von
Erlichshausen angekündigt, daß er in Frieden abziehen
dürfe, wohin es ihm beliebe. Der König sei schon unter=
wegs und könne jeden Tag eintreffen, deshalb solle er
sich beeilen.

Der kranke Hochmeister mußte froh sein, seiner qual=
vollen Gefangenschaft entledigt zu werden. Freilich wußte
er nicht, wohin er sich wenden sollte. Die Hauptleute
in Konitz hatten kürzlich einen Sieg über die Polen er=
fochten und ihn eingeladen, zu ihnen zu kommen; sie
wollten Gut und Blut daran setzen, ihn gegen seine Feinde
zu sichern und alles mit ihm teilen. Gern wäre er
ihrem Ruf gefolgt, doch erklärten die Böhmen, daß sie
ihn jetzt nicht geleiten könnten. Allein durfte er sich über
die Weichsel nicht wagen. Die anderen Schlösser im
Rücken waren ebenfalls verpfändet oder von den Bün=
dischen bedrängt und in großer Not. Bleiben konnte
und wollte er aber nicht. So bat er denn nur, daß
man ihm erlaube, die Heiligtümer der Marienburg,
Bilder der Jungfrau Maria und der heiligen Barbara,
aus der Kirche das heilige Kreuz und die anderen Ge=
räte mitzunehmen. Dies wurde ihm von den Hauptleuten
zugestanden.

Am Pfingstabend tief in der Nacht kam ein Heer=
haufe von sechshundert Polen und Verbündeten vor das
Schloß, Einlaß begehrend. Ulrich Czerwonka öffnete die
Tore.

Am Pfingstsonntage, als eben Ludwig von Erlichs=
hausen unter reichlichen Seufzern seine Gebete verrichtete,
ließen die Hauptleute ihm sagen, er solle sich am andern
Tage zum Abzug bereit halten.

Er berief nun sogleich seine wenigen Diener und trug
ihnen auf, ein Fuhrwerk zu besorgen und die Bilder,
Kreuze, Heiligtümer und Kirchengeräte aufzuladen. Das
geschah im Lauf des Vormittags. Der Wagen stand vor
der Tür des Hochmeisterhauses.

Die Heiligtümer mußten zum größten Teil aus
der zum alten Schloß gehörigen Kirche fort, über den
inneren Schloßhof, durch das große Tor und über die
Brücke nach dem mittleren Schloß getragen werden. Dies
konnte den Söldnern nicht unbemerkt bleiben. Die Polen
und Bündischen waren von den Böhmen mit großem
Jubel empfangen worden. Nun feierte man gemeinsam
das Pfingstfest schon früh durch einen guten Trunk. Was
von Tischen, Bänken und Stühlen aufzutreiben war, wurde
in den Kreuzgang und auf den Hof gestellt, über dem
sich der klarste blaue Himmel wölbte. Aus den Kellern
wurde hinaufgeschafft, was sich noch von Vorräten auf=
finden ließ. Es war bekannt geworden, daß der Orden
das Schloß räumen sollte. Darüber frohlockten die Polen
und Bündischen, tranken den Böhmen eifrig zu und füllten
immer wieder die Becher. Die Böhmen, die nun gewiß
waren, zu ihrem Solde zu kommen, taten ihnen willig
Bescheid und stießen auf das Wohl des Königs an. Beide
Teile tranken über den Durst, und es herrschte bald bei
dieser Verbrüderung große Trunkenheit.

Eine Weile hatten sie's ruhig mit angesehen, daß
die hochmeisterlichen Diener ab= und zugingen und zum

Gottesdienst gehörige Gegenstände unter Führung einiger Priesterbrüder aus der Kirche entfernten. Auf die Heiligen= bilder legten die Böhmen keinen Wert, und die Polen blickten darauf mit abergläubischer Scheu. Als nun aber auch die großen Altarleuchter, die silbernen Kirchengeräte und vergoldeten, mit Edelsteinen besetzten Kreuze aus der Schatzkammer fortgetragen wurden, entstand merkliche Un= ruhe unter den betrunkenen Zuschauern in der Nähe. Von einem Tisch zum andern lief die Nachricht, der Hoch= meister lasse allerhand Kostbarkeiten fortschleppen, die mit dem Schloß verpfändet seien. Das dürfe nicht geschehen. Es kam zum Streit mit den Dienern, die sich auf des Hauptmanns Czerwonka Erlaubnis und ihres Herrn Be= fehl beriefen. Man ließ sie diesmal noch aus, untersagte ihnen aber das Wiederkommen. Als sie sich gleichwohl wieder auf dem Hof blicken ließen, erhielten sie Schläge. Darüber erhoben sie ein großes Geschrei und wollten vor den Hauptmann geführt sein. Zu diesem hatten sich schon die Wortführer der Söldner begeben, klagten über Be= raubung und forderten lärmend, es solle Einhalt geschehen. Ulrich Czerwonka suchte sie zu beschwichtigen. Es handele sich um alten Plunder, der dem Hochmeister am Herzen liege; man habe nicht so hart mit ihm verfahren wollen, ihm eine billige Bitte abzuschlagen. Das wollten sie nicht gelten lassen. Es sei nicht von altem Plunder, sondern von Silber und Gold die Rede, das zur Kirche gehöre. Er möge selbst herauskommen und nach dem Rechten sehen. Um den Lärm nicht noch mehr anwachsen zu lassen, folgte er ihnen auf den Hof. Dort fand er schon die Massen in wildester Erregung. Man schrie, drohte und schwang die Waffen, die rasch herbeigeholt waren. Es fielen anzügliche Reden, daß die Hauptleute zum Schaden des Königs geheime Abreden getroffen hätten, um es mit dem Orden nicht ganz zu verderben. Czerwonka sah ein, daß leicht sein Ansehen gefährdet sei, wenn er für den Hochmeister Partei nehme. Er versuchte lieber gar nicht, sich Gehorsam zu erzwingen, sondern stieg auf einen Tisch und rief in die aufgeregten Massen hinein: „So ist's nicht gemeint gewesen, daß die Buben uns die kahlen Wände lassen. Wir reichen dem Herrn Hochmeister den kleinen Finger und er scheint die ganze Hand nehmen zu wollen. Oder vielleicht weiß er auch nicht einmal, was seine Diener tun. Seid ganz unbesorgt, wir werden die Wagen revidieren, ehe sie abfahren. Es soll kein Stück ausgeführt werden, das dem abziehenden Herrn nicht ausdrücklich zugesichert ist."

Er befahl auch gleich, alle Ausgänge zu schließen. Das geschah nun freilich sehr tumultarisch, aber es genügte der Menge nicht. Sie wußte jetzt, daß der Hauptmann den Zügel nicht straff hielt und riß ihm denselben ganz aus der Hand. Die Böhmen wollten sich vor den Polen etwas sehen lassen, warteten deshalb nicht ab, wie ihnen Czerwonka Wort halten werde, sondern stürmten zu Haufen durch das Tor und über die Brücke bis vor das mittlere Haus. Hier schlugen sie die Knechte nieder, die bei den Pferden standen, warfen die Bilder und Geräte vom Wagen, trieben mit den Heiligtümern allerhand Unfug und plünderten die Priester, die sie davor schützen wollten, nackt aus.

Darauf lärmten und tobten sie auf der Treppe und in dem oberen langen Gange, warfen die alten Rüstungen von den Wandhaken, sodaß es ein gewaltiges Gepolter gab, und rissen die Türen auf, die zu den Prunkgemächern und zu den hochmeisterlichen Kammern führten. Ein betrunkener Lanzknecht rief lallend: „Wo steckt seine Gnaden? Wo hat man die durchlauchtigste Puppe versteckt? Sucht sie, sucht sie! Wir wollen unsere Kurzweil mit ihr haben. Sucht sie, liebe Gesellen!"

Ein anderer, der einen tückischeren Rausch hatte, spannte seine Armbrust und schob einen Bolzen ein. Es waren da noch Mehrere ebenso bewaffnet. Denen befahl er das Gleiche zu tun und schrie unaufhörlich: „Vorwärts, ihr Schützen, vorwärts! Schießt die Füllung der Tür ein, sucht die Diebe, die ihren Raub heimlich ausführen wollen, geht dem gnädigen Herrn zu Leibe, der uns bestiehlt! Vorwärts!"

Die Genossen machten ihre Armbrüste fertig, andere hatten die Schwerter gezogen und schlugen sie gegen einander, noch andere bemächtigten sich der Fahnenstangen, die zur Erinnerung an erkämpfte Siege in eisernen Ringen an der Wand hingen, und brauchten sie als Spieße. Es war, als ob sie mit wildem Geschrei eine feindliche Schanze stürmen wollten.

Ludwig von Erlichshausen vernahm in seiner Kammer den Lärm. Er näherte sich der Tür. Jetzt hörte er dicht vor derselben die einzelnen Stimmen. Er sprang auf und öffnete sie weit. „Hier ist der, den ihr sucht," rief er, das Kleid über der Brust aufreißend, „hier steht der Meister des deutschen Ordens unbewehrt und unbeschützt — ein Unglückseliger. Trefft ihn gut — trefft ihn mitten ins Herz! Es ist am besten so. Dann hat alle Not ein Ende."

Das hatten die Angreifer nicht erwartet. Sie stutzten und blieben dicht gedrängt vor der Tür stehen. Einige Armbrüste hoben sich wohl, aber niemand wagte abzudrücken. Es war, als ob sie plötzlich ernüchtert würden, da sie die hohe Gestalt des Meisters vor sich stehen und seine großen dunkelblauen Augen traurig auf sich gerichtet sahen. Auch die rohesten Gesellen überlief etwas wie ein Schauer vor der gebeugten Majestät. Viele wendeten sich zurück und schlichen fort. Einer von den Vornstehenden legte seinen Spieß vor die Türöffnung, die Armbrüste senkten sich, es entstand eine Minute lang tiefes Schweigen. Endlich sagte der Anführer: „Wir wollen Euch nicht ans Leben. Gebt die Schätze heraus, die Ihr geborgen habt, und zieht ab."

„Ich habe nichts," antwortete der Meister, „ich bin bettelarm. Reißt mir den Ring vom Finger, meiner entwürdigten Würde Zeichen, und ihr habt alles, was ich an Kleinodien besitze. Da liegt mein Mantel — da mein Ritterschwert. Nehmt sie — aber tötet mich zuerst!"

„Kommt fort," mahnten einige, „es ist da für uns nichts zu holen." Andere waren ungläubig und murrten. Der erschütternde Eindruck fing sich schon an zu verwischen. Es wurde gelacht und geflucht. Zum Glück marschierte jetzt eine geordnete, von ihren Rottmeistern geführte Schar im Gang auf und drängte die Aufrührer von der Tür ab. Den Hauptleuten war bange geworden; sie hatten die nüchternsten Leute zusammengesucht und als Schloßwache abgeschickt, den unglücklichen Fürsten vor der äußersten Schmach zu bewahren.

Nun wichen die Angreifer. Der Gang leerte sich allmählich, nur noch auf der Treppe setzte sich der Lärm fort. Einer der Rottmeister trat vor und sagte: „Herr Ulrich Czerwonka schickt mich zu Ew. Gnaden. Er will nicht, daß Ew. Gnaden ein Übeles geschehe, bittet Euch aber zu bedenken, daß es vielleicht nicht lange mehr in seiner und der anderen Hauptleute Macht steht, Euch vor Beschimpfung zu bewahren und gegen Lebensgefahr zu schützen. Zu groß ist der Zorn gegen euren Orden. So eben ist wieder ein Kriegshaufen von Polen und Bündischen vor der Burg angelangt. Sie haben ein Lager bezogen, des Königs Ankunft zu erwarten. Unter ihnen sind die Komissarien, denen das Schloß übergeben werden soll. So dürfen wir euren Abzug bis morgen nicht verschieben. Herr Ulrich Czerwonka ersucht deshalb Ew. Gnaden, zu eigener Sicherheit heute noch nach Dirschau abzureiten. Wenn es Ew. Gnaden gefällt, sollen die Pferde in einer Stunde bereit stehen, auch ein

Fähnlein zur Begleitung mitgegeben werden. Von Dirschau möget Ihr Euch wenden, wohin es Euch gefällt."

„Ich muß mich wohl fügen," antwortete Erlichs=hausen, „und obendrein eurem Hauptmann danken. Es geschehe nach seinem Willen, da es doch nicht anders sein kann."

Nun wurden seine Diener zu ihm gelassen. Sie rüsteten die Abreise. Er selbst schritt noch einmal durch die Gemächer, oft seufzend und die Hände ringend; er trat an die Fenster und schaute auf den Strom. „Soll ich der letzte Hochmeister sein, der hier Haus hält — der letzte?" Er überrechnete die Zahl seiner Vorgänger, die Zahl der Jahre. Siebzehn Hochmeister hatten hier residiert und fast anderthalb Jahrhunderte waren darüber vergangen. „Der letzte — der letzte!" Er hoffte nicht mehr, als Sieger wieder einzukehren; sein Mut war völlig gebrochen.

Sein alter Kämmerer meldete ihm in ehrerbietiger Haltung, daß die geringe Habe dem Packpferde aufge=laden sei und die Reiter auf ihn warteten. „Ist's schon so weit?" seufzte er. „O mein Gott, mein Gott, so hast du mich verlassen." Er hing den Mantel über die Schultern und schritt über den Gang nach der Hauskapelle, dort sein letztes Gebet zu verrichten. „Geht voraus," sagte er, „ich folg' Euch auf dem Fuße."

Als er nach einigen Minuten aus der Kapelle zurück=kehrte und um den Pfeiler bog, trat ein Mann auf ihn zu, der sich hinter demselben verborgen gehalten hatte. Es herrschte in dem Gange ein Dämmerlicht, aber der Hochmeister erkannte ihn doch. „Tileman —!" schrie er auf und taumelte zurück.

„Ganz recht, Herr Ludwig von Erlichshausen — Tileman vom Wege," entgegnete der Mann mit schneidender Stimme.

„Was willst Du hier?" fragte der Hochmeister ent=
setzt, als ob er ein Gespenst gesehen hätte.

„Nicht dein Leben," antwortete Tileman, ohne sich
von der Stelle zu rühren. „Hätt' ich deine Schmach
kürzen wollen, lange wär' mir's verfallen gewesen. Nein!
lebe und schleppe sie weiter, bis Gott Dich erlösen will.
Ich komme, Dir den Abschied aus diesem Hochmeisterhause
zu geben, Herr Ludwig von Erlichshausen — ich — ich!
Du weißt, was das bedeutet. Ich!"

„So wollt' ich, Du hättest einen Dolch im Ärmel
versteckt und bohrtest ihn mir in die Brust — das Eisen
wär' mir weniger schmerzhaft, als deine Blicke und Worte.
Weißt Du, wo Du stehst, Tileman?"

„Wo stehe ich?"

„Auf derselben Stelle, wo Werner von Orseln er=
mordet wurde durch eines tückischen Bruders spitzen Stahl."

Tileman zuckte ein wenig mit den Schultern und
schob den Fuß zur Seite. Weshalb erinnerst Du daran?"
fragte er mit gedämpftem Ton. „Ich bin dein Bruder
nicht, sondern dein geschworener Feind, und ich trage
nicht Mordgedanken, sondern komme Dir zu sagen, daß
ich meine Rache genommen habe."

„Du mordest meine Seele," ächzte der Hochmeister,
„das ist schlimmer als Brudermord."

„Sei's denn so!" rief Tileman vom Wege sich hoch
aufrichtend. „Dies ist der Augenblick, nach dem ich wie
ein Verdurstender gelechzt habe alle die Jahre. Du hattest
mir den Becher von den Lippen gerissen, da sie am be=
gierigsten nach dem Weine des Lebens verlangten, und
deine Sorge war's nicht, daß ich mich vor dem Ver=
schmachten rettete. Weißt Du, was mich aufrecht hielt?
Die Hoffnung, daß ein gerechter Gott im Himmel sei —
die Hoffnung, Dich elender vor mir zu sehen, als ich je
vor Dir gestanden hatte. Ich ließ Dich aufsteigen zum
Gipfel irdischer Herrlichkeit, um Dich desto tiefer hinab=

zustürzen. Und da liegst Du im Staube, Herr Ludwig von Erlichshausen, Hochmeister deutschen Ordens. Ich sehe Dich ausziehen aus dem Hause, in dem deine Vorfahren mit Ruhm und Glanz regiert haben, einen verlassenen, gebrochenen, schmachbeladenen Mann. Dein Orden hat Land und Leute verloren, der Bund triumphiert — und ich bin sein Haupt gewesen. Klein, jämmerlich klein bist Du vor der Welt geworden, wie lange schon vor mir. Das ist meine gerechte Rache!"

Erlichshausen ließ das Kinn auf die Brust sinken. Er streckte die Hände aus und rief: „Es ist dein Werk, dein entsetzliches Werk, und ich will glauben, daß Gott mich gestraft hat durch Dich. Aber jetzt verzeih' dem Gefallenen, dem ganz Unseligen, verzeih' —"

„Nein!" antwortete Tileman mit eisiger Kälte. „Ich habe Deinetwegen Blutschuld und Meineid auf mich geladen — ich kann nicht verzeihen. Gedenke meines Weibes, das Du zu Grunde gerichtet hast, gedenke der Toten, die vor Gottes Richterstuhl gegen Dich zeugt. Fluch Dir in Ewigkeit!"

„Tileman" — rief der Hochmeister in furchtbarer Seelenangst, „nimm den Fluch zurück, daß er Dich nicht treffe als den Schuldigsten. Dein Weib steht nicht vor Gottes Richterstuhl, mich anzuklagen. Wisse — dein Weib lebt!"

„Du lügst!" donnerte Tileman ihm entgegen. Seine Faust ballte sich wie zum Schlage; er war blau im Gesicht. Dann wischte er mit der Hand über seine Stirn, wie wenn er einen lästigen Gedanken fortweisen wollte, und sagte tief seufzend: „Lassen wir die Toten ruhen — Du und ich. Und nun geh'! Deine Zeit ist um. Geh'! Ich gebe Dir das Geleit aus diesem Hause!"

Er trat zur Seite bis dicht an den Pfeiler. Der Weg war frei. Erlichshausen zögerte noch unschlüssig. Da kam der Kämmerer von der Treppe her, ihn zum

Aufbruch zu mahnen. Nun deckte er die Hände über die Augen und eilte an Tileman vorüber.

Der Hochmeister mußte aufs Pferd gehoben werden, so schwach war er. Gebeugt saß er im Sattel, der Zügel hing lose in seiner Hand. Die Diener hielten sich dicht an seiner Seite, ihm zu helfen, wenn ihn eine Ohnmacht anwandeln sollte. Einige Reiter in ganzem Harnisch folgten.

So ging's dem mächtigen Brückentor zu zwischen dem alten Schloß und dem Hochmeisterhause hin. Es war ihm, als ob jeder Schritt des Pferdes ihn dem Grabe seiner Ehre näher brächte. Wer ihn reiten sah, blieb stehen und schaute ihm nach. Selbst die Polen schämten sich das Unglück zu höhnen und ließen ihn unbeleidigt vorüber. Die Torwache grüßte ehrerbietig. Nun schallte das Gewölbe von den Hufschlägen der Rosse — nun hatte Erlichshausen das Fallgatter über sich: er wünschte, daß es sich von den Ketten löste und ihn zerschmetterte. Nun hatte er rechts und links die gewaltigen halbbogenförmigen Außentürme, die noch jedem Sturm widerstanden hatten und jetzt kampflos aufgegeben wurden — nun polterten die Pferde über die Nogatbrücke; er meinte, er höre die Erde auf seinen Sarg fallen.

Jenseits auf dem hohen Damm hielt er an, wendete sich und schaute noch einmal zurück auf den herrlichen Bau. Von Westen her zogen Wolken auf, aber sie hatten die Sonne noch nicht erreicht. Ihre Strahlen fielen auf die farbigen Dachsteine, blitzten auf den vergoldeten Spitzen, Kugeln und Fähnlein, röteten die hoch aufstrebenden Mauern des Hochschlosses und legten tiefe Schatten hinter die Fensterpfeiler und unter die weitvorragenden Gesimse des Hochmeisterhauses.

Erlichshausen hob die Arme auf und wendete die Handflächen dem Himmel zu. Die Tränen stürzten ihm aus den Augen und er wehrte ihnen nicht. „Lebe wohl

— lebe wohl!" rief er schluchzend, „ich weiß es, ich sehe dich nicht wieder, stolze Marienburg. Leb' wohl für immerdar!"

Der Kämmerer faßte den Zügel und zog das Pferd herum. „Gott wird Euch siegreich zurückführen, gnädigster Herr," sagte er tröstend.

Der Hochmeister schüttelte schweigend das Haupt. Auf dem ganzen Wege hörte er nicht auf zu weinen.

Als der Thorner Ratsherr ins Lager vor der Stadt kam, wo für ihn und die anderen Kommissarien Zelte aufgeschlagen waren, fand er alles in freudiger Bewegung. Es war nicht nur des Pfingstfestes wegen. Eben war ganz unerwartet von Elbing her ein Kriegshaufe, Reiter und Fußvolk mit vielen beutebeladenen Fuhrwerken an= gelangt. Der Woywode Gabriel von Baisen empfing ihn mit der frohen Nachricht, daß sein Sohn, nach Unter= werfung des Ermlandes, das Heer zurückführe und hier den König erwarten wolle. „Das trifft sich, so gut es kann," meinte der Alte. „Ich hoffe, der Herr König wird ihn mit freundlichen Augen ansehen."

Bald darauf kam Jost vor das Zelt geritten, sprang ab, warf den Zügel einem von den Troßbuben zu und trat hastig ein. „Es ist mir lieb, daß ich Euch allein treffe, Vater," sagte er, sich mit unruhigen Augen um= schauend.

Tileman ging ihm entgegen und umarmte ihn. Jost ließ es geschehen, erwiderte aber die Begrüßung nicht so warm. Er sah bleich und wie übernächtig aus; seine Lippe zuckte fortwährend nach den Mund= winkeln hin.

„Du hast Dich brav gehalten," lobte der Alte. „Der Bischof wird an das Wiederkommen nicht eher denken, bis er sich dem König unterworfen hat."

„Es war da wenig Ruhm zu verdienen," ant=

wortete Jost. „Die Städte und Schlösser ergaben sich meist auf den ersten Anlauf. Ich bringe keine Wunden heim, außer . . ."

Er brach ab und zog die Augenbrauen finster zu= sammen. „Um so besser," meinte Tileman. „Wir haben's wohl gehört, Du bist der Gefahr nicht ausgewichen. Gerade deshalb war die Einbuße gering. Der Erfolg ist vollständig. Setze Dich zu mir und berichte im Einzelnen —"

Jost schüttelte heftig den Kopf. „Nein, es muß erst etwas vom Herzen herunter . . . etwas vom Herzen, Vater . . ."

Der Alte betrachtete ihn verwundert. „Du bist heut' sonderbar," sagte er. „Ich merke nicht, daß Du einen frohen Tag hast, wie man doch vermuten sollte."

„Vater . . ."

„Sprich nur, ich höre. Was muß vom Herzen herunter? Ich hab' mich soeben auch erleichtert. Ah —! das tut wohl, wenn man's so lange Jahre getragen hat. Ich sprach den Hochmeister, kurz bevor er die Marienburg verließ. Ich war der Letzte, den er dort sprach — und jetzt treibt er sich als ein Ausgestoßener auf der Land= straße um. Mein Viatikum wird ihm unvergeßlich sein!" In den Augen loderte ihm aufblitzendes Feuer.

„Er ist ein Unglücklicher, Vater — eher eures Mit= leides als Hohnes wert."

„Weißt Du das? Ein Bube . . . Mein Haß hat tiefen Grund. Nennst Du ihn einen Unglücklichen? Ihm wird vergolten nach der himmlischen Gerechtigkeit. Ich aber, der ich Mensch gegen Mensch ihm gegenüberstehe, frohlocke: Wie Du mir, so ich Dir!"

„Vater —!"

„Gut, gut! Du kannst das nicht begreifen — sollst auch nicht. Was hattest Du mir zu sagen?"

Er ließ sich auf einen Holzschemel nieder, stützte den Arm auf den Feldtisch und sah zu ihm auf.

Joſt ſuchte ſeine Bruſt durch einen Seufzer von dem ſchweren Druck zu befreien, der ihm das Herz einſchnürte. „Eine Frage iſt's, Vater . . .“

„Frage!“

„Wenn ſie Euch erzürnen ſollte . . .“

„Heut' erzürnt mich nichts.“

„Wohl denn, Vater . . . Nicht wahr — — meine Mutter iſt tot?“

Tileman fuhr zuſammen. „Deine Mutter . . . Wie kommſt Du darauf?“

„Laßt das! Aber nicht wahr — meine Mutter iſt tot?“

„Sie iſt tot.“

„Und Ihr habt ſie tot geſehen, Vater?“

Der Alte rang nach Atem. „Was ſoll's? Ich ſage, ſie iſt tot. Kannſt Du zweifeln?“

„Wo iſt ihr Grab, Vater?“

„Ihr Grab . . .“

„Es hieß immer, ſie ſei auf einer Reiſe geſtorben.“

„Ja, auf einer Reiſe . . .“

„Wo iſt ihr Grab? Ich muß es wiſſen.“

„Du mußt —?“

„Glaubt mir, daß ich's wiſſen muß. Ich beſchwör' Euch, Vater — ſo wahr ein Gott lebt —!“

„Nochmals: was ſoll's?“

Joſt fiel vor ihm nieder und ergriff ſeine ſchlaff niederhängende Hand. „Gebt mir Gewißheit über meiner Mutter Tod! Es gibt Zweifelſüchtige . . .“

„Ah!“ Der Ratsherr entfärbte ſich, ſeine ſchmalen Lippen wurden weiß. „Wer könnte . . . Aber gleich= viel.“ Er ſchwieg eine Weile, während Joſt geſpannte Blicke auf ihn richtete. Es war ſichtlich ein ſchwerer Kampf, den er mit ſich zu beſtehen hatte. „Steh' auf! Wer hätte Dir verraten können . . .? Aber gleichviel, ſag' ich. Setze Dich da gegenüber — höre mich an. Es

ist heute ein Tag . . . Ja wohl! so recht gemacht zu
solcher Eröffnung. Der Bube in den Staub getreten
und mein Sohn als Sieger heimgekehrt. Du bist ein
Mann geworden — Du hast ein Recht zu wissen . . .
Wisse denn: ich kenne deiner Mutter Grab nicht.

„Vater —! Ist's möglich?"

„Aber sie ist gewißlich tot — ich zweifle nicht, sie
ist tot."

„Und Ihr habt sie —?"

„Ich habe sie nicht getötet, obschon sie's verdiente
— obschon ich's wollte. Ich habe sie . . . Mein Sohn,
das ist nichts für dein Ohr."

„Sprecht, Vater, sprecht! Es ist mir um Tod und
Leben."

„Ich habe sie auf jener Reise — nicht nach West=
falen, wie es hieß, sondern nach Littauen — ich habe sie
im Walde verlassen und ihrem Schicksal preisgegeben."

Jost erhielt sich nur mit Mühe aufrecht. „Ihrem
Schicksal? Dem Frost des Winters, dem Hunger und
den wilden Tieren?"

„Dem Frost des Winters, dem Huuger und den
wilden Tieren."

Jost ächzte. „So furchtbar grausam konntet Ihr —"

„Wirf keinen Stein auf mich — es war verdient."

„Verdient? Womit war es verdient?"

„Deine Mutter wurde mir untreu. Ich traf sie mit
ihrem Buhlen —"

„Und dieser Buhle . . .? Sagt mir auch noch das
letzte, Vater."

Tileman erhob sich vom Schemel und richtete die
Hand mit ausgestrecktem Finger auf den Erdboden, als
deutete er auf Jemand. „Ludwig von Erlichshausen, den
ich heut' von der Marienburg ausgetrieben!"

Er vernahm einen Fall. Auf der Stelle, die sein
Finger wies und sein Blick anstarrte, lag Jost. Sein

9*

Kopf hatte sich in den Sand gebohrt, vor seinem Muude stand Schaum, die Hände waren zusammengeballt. Er röchelte.

„Um Himmels willen! mein Sohn —!" schrie Tileman entsetzt. Er sprang zu, hob ihn auf, trug ihn auf das Feldbett. „Was ist geschehen? Wenn ich hätte ahnen können ... Deine Mutter freilich, deine Mutter —! Aber was dein Vater gelitten hat ... Komm zu Dir, mein Sohn! Vergiß die Unwürdige. Sie ist tot ...."

Jost regte sich nicht, das Röcheln wurde leiser. Den alten Mann überkam eine furchtbare Angst. Er riß die Zeltwand auf und stürzte hinaus, nach dem Feldscheer rufend. Endlich fand er ihn, faßte seinen Arm und zog ihn fort; er konnte nicht sprechen. Vor dem Zelt hatte sich ein Haufen Menschen angesammelt, Lanzknechte, Polen, Weiber von den Bagagewagen. Es verbreitete sich das Gerücht, es sei jemand ermordet, der Hauptmann Jost vom Wege wurde genannt. „Platz da!" schrie Tileman, „mein Sohn stirbt — mein Sohn!"

Der Feldscheer schlug dem Ohnmächtigen die Ader. Das rote Blut spritzte weit fort. „Es hat noch keine Gefahr," sagte er. „Ein Krampf der Herzadern, eine plötzlich Stockung der Säfte — in einer halben Stuube wird er wieder auf sein. Das war Hilfe zur rechten Zeit."

„Gott sei Dank!" lallte Tileman.

Der Arzt setzte Jost aufrecht, rieb ihm die Schläfe mit Essig. Allmählich kam er wieder zu sich.

Gabriel von Baisen, dessen Zelt in der Nähe stand, eilte hinzu, sich nach dem Grund des Unfalls zu erkundigen. Nie noch hatte er Tileman vom Wege in solcher Verwirrung, so ganz haltlos gesehen. „Was ist denn vorgegangen," erkundigte er sich teilnehmend und neugierig zugleich.

Nun faßte der Ratsherr alle seine Kraft zusammen. „Nichts —," sagte er, „nichts. Ihr seht, nichts. Über-

anstrengung im Dienst — der Ritt in der Sonne um
die Mittagszeit . . . Ihr seht, nichts." Er bemühte sich
zu lachen, und es gelang. „In unserer Jugend focht uns
das nicht so leicht an. Ja, ja! Die Zeit ändert die
Menschen. Aber er hat sich im Felde sehr brav gehalten,
das soll der König erfahren."

„Das soll er erfahren," bestätigte Baisen. „Er ist
in Danzig, wie mir eben ein Bote meldet, und nimmt
dort die Huldigung ein. In den nächsten Tagen haben
wir ihn in der Marienburg zu erwarten."

„In der Marienburg — ja," sagte Tileman.
„Dann ist Jost wieder ganz wohl." Er hielt immer seine
Hand. „Wie fühlst Du Dich, mein Sohn. Ihr seht, es
ist nichts, edler Herr. In der Marienburg . . . Ich
wollte, die Danziger hätten mit der Einholung gewartet,
bis wir hier in Ordnung gekommen. Sie möchten gern
dem König etwas ablisten . . ."

„Ich denke, das argwöhnt ihr Thorner nach eurem
eigenen Bemühen," spottete Baisen im Abgehen.

Achtes Kapitel.

Gewißheit und Wandel.

Der Feldscheer hatte nicht zu viel versprochen. Die halbe
Stunde war noch nicht verstrichen, als Jost wieder auf
den Füßen stand. Sein Vater redete ihm zu, den Arm
zu schonen, an dem die Ader geschlagen war, und lieber
noch eine Weile liegen zu bleiben. Aber er achtete nicht
darauf. „Es hat mich im Augenblick so überwältigt,"
sagte er, „fast schäm' ich mich meiner Schwäche. Aber
nein! Das . . ."

Er setzte sich an den Tisch, stützte den Kopf auf den
gesunden Arm und starrte vor sich hin. Der Ratsherr
bot ihm einen Becher Wein zur Erfrischung der Lebens=
geister; er wies ihn zurück. „Speise und Trank soll nicht
über meine Lippen," murmelte er, „bis . . . ja bis —!"

„Mein armer Junge," sagte der Alte, ihm die Schulter
streichelnd. „Es hat Dich scharf gepackt. Aber Du be=
standest darauf, alles wissen zu wollen. Und einmal mußte
doch . . ."

„Vater, es kann nicht sein," rief Jost. „Trotz alledem
. . . Das ist noch keine Gewißheit. Meiner Mutter Fehl
freilich — daran muß ich glauben." Er schüttelte sich
schaudernd. „Aber daß jene Frau — und das Mäd=
chen . . ." Er sprang wieder auf, ging vors Zelt und be=
fahl dem Troßbuben, sein Pferd vorzuführen, auch noch

ein zweites herbeizuschaffen. „Ich muß Gewißheit haben,“ sprach er immer halblaut vor sich hin.

„Ich bitt' Euch, Vater, begleitet mich,“ sagte er, nachdem er zurückgekehrt war.

„Wohin?“

„Aufs nächste Dorf. Ich hab' dort meine Gefangenen einquartiert. Es sind einige darunter, die Euch gut zu kennen behaupten. Vielleicht ist's Euch von Nutzen, sie zu sehen und zu sprechen. Sie versichern, viel zu wissen. Auf euer Wort will ich sie ausliefern oder freilassen.“

Das konnte kein bloßes Vorgeben sein. Warum hätte der Kriegshauptmann nicht widerspenstige Edelleute oder Magistratspersonen, und vielleicht gar Priester aufheben sollen, über die er nun doch nicht selbst verfügen mochte. Aber warum nannte er sie nicht sogleich? Und sein sonderbares Wesen —! „Es ist wohl nicht so eilig,“ wendete der Ratsherr ein.

„O doch, Vater, es ist sehr eilig.“

„Was sind denn für Leute unter den Gefangenen, die nicht einen Tag warten können?“

„Ihr werdet es sehen, Vater.“

„Schone Dich, Jost. Du darfst mit dem Arm in der Binde nicht reiten.“

„Es ist eine kurze Strecke bis zum Dorf, und wir reiten Schritt.“

„Du bist so bringend. Und wenn ich Dich ansehe ... Du gefällst mir gar nicht, Jost. Was hast Du denn?“

„Ich will mir's aus dem Kopf bringen.“

„Was?“

„Das wegen meiner Mutter — nun ja, das.“

Der Alte zog die Stirn in Falten. „Ich hätte Dir's doch verschweigen sollen.“

„Nein, nein! Ich hatte das beste Recht ... Und

es steht ja auch noch nicht fest, daß alles vorbei ist. — Kommt mit mir, Vater!"

„Wenn Du's denn durchaus so willst . . ."

Sie stiegen auf und ritten durch die Lagergassen, in denen zwischen den mitgebrachten Zelten auch Buden von Strauchwerk und abgerissenen Zaunbrettern aufgebaut wurden. Überall lagen die Materialien im Wege, so daß sie nur langsam vorwärts kamen. Draußen auf der Landstraße aber spornte Jost sein Pferd sogleich zum Galopp. Tileman kam im Trabe kaum mit. „Du wolltest Schritt reiten," rief er ihm zu.

Jost ließ sich aber nicht aufhalten; er schien nicht einmal zu hören, daß er angesprochen wurde. Im Dorf wendete er sich dem Hause des Schulzen zu. Es standen vor demselben Wachen; sie hüteten mit ihren Spießen die Tür und die Hofeinfahrt. Auf dem Hof, wohin er lenkte, stand des Bauers Vieh unter freiem Himmel angebunden. Im Stall hatten einige Reiter ihre Pferde untergebracht; die Scheune war mit Mannschaft belegt. Nicht weit vom Ziehbrunnen brannte ein helles Kochfeuer. Jost betrat das Haus durch die hintere Hoftür. „Ich will Euch den Weg zeigen, wenn Ihr's erlaubt," sagte er.

Tileman folgte ihm auf dem Fuße. An der Stubentür machte Jost einen Augenblick Halt. Er hielt die Schnur der hölzernen Ziehklinke in der Hand. Endlich gab er ihr einen heftigen Ruck und drückte zugleich gegen die Tür, daß sie weit aufsprang. Er trat zur Seite und schob seinen Vater hinein.

In dem halbdunkeln Raum befanden sich zu dessen Verwunderung nur zwei Frauen. Die eine saß auf der Bank zwischen den beiden Fenstern, an die Holzwand gelehnt; die andere kniete vor ihr und hatte den Kopf in ihren Schoß gelegt. Sie sah bei dem Geräusch auf und nach dem fremden Manne hin, der eintrat. Als sie Jost hinter ihm erblickte, versteckte sie wieder ihr Gesicht. Ein

matter Lichtschein fiel auf ihr Goldhaar und ließ es er=
glänzen.

„Das sind deine Gefangenen?" fragte der Ratsherr,
sich zurückwendend, im Ton der Ungläubigkeit. „Wir
scheinen fehlgegangen zu sein."

„Nein, nein!" antwortete Jost, „wir sind an der
rechten Stelle — das sind meine Gefangenen, die Ihr
sehen solltei, Vater."

Er faßte seinen Arm und zog ihn der Gruppe näher.

Die sitzende Frau hatte sich erschreckt aufgerichtet.
Sie starrte den Mann, der ihr arglos entgegenschritt,
versteint eine Weile an. Dann kreischte sie plötzlich auf,
warf Ursula ab, erhob sich rasch und wollte flüchten.
Aber schon nach dem ersten Schritt sank sie auf die Bank
zurück, ihr Kopf suchte an der Waud eine Stütze. „Tile=
man —" keuchte sie.

Jetzt wurde ihr Gesicht vom Fensterlicht gestreift.
Der Ratsherr, der seinen Namen hörte, war durch den
Klang der Stimme betroffen, ging schnell vor und prallte,
wie gegen Stirn und Brust gestoßen, zurück. Sein ganzer
Körper schüttelte sich. Die Hände mit den ausgespreizten
Fingern hoben sich unwillkürlich gegen die Stirn, auf der
die Aderu anschwollen. „Stehen die Toten auf —"
lallte er fast unverständlich.

„Kennt Ihr die Frau, Vater?" rief Jost in furcht=
barer Aufregung, die gespannten Blicke von dem einen
zum andern irren lassend.

„Paula . . ." ächzte der Ratsherr. „Aber ich weiß
nicht, ob ein Blendwerk des Teufels . . ."

„Ah —!" schrie Jost auf. „Doch — doch! Barm=
herziger Gott — doch!"

Die Frau ließ sich zur Erde niedergleiten, schob sich
auf den Knieen weiter an Tileman vom Wege heran und
hob flehend die Hände auf. „Kein Blendwerk eurer Sinne,"
sagte sie, „ich bin's — ich lebe. O, verzeiht, daß ich

lebe. Ihr solltet es niemals erfahren, kein Mensch . . .
Nur die äußerste Not preßte mir das Geständnis ab, daß
Jost mein Sohn. Das Mädchen dort — meine Tochter
— seine unselige Leidenschaft . . . Wie durfte ich ge=
schehen lassen, was Beider Verdammnis werden mußte?
Jetzt wissen sie — die Wahrheit. Sie kennen ihre schuld=
beladene Mutter — sie mögen ihr fluchen. Ihr aber,
Tileman vom Wege, Ihr habt Euch euer Recht genommen
vor langen Jahren, und ich hab' mich eurem Recht ge=
beugt. Es war Gottes Wille, daß ich leben sollte, den
Kelch der Leiden bis zur Neige auszukosten. Diese letzten
Tropfen sind die bittersten. Laßt mich ungekränkt zurück
in die Vergessenheit. Ich darf nicht bitten: verzeiht,
was ich getan! aber ich bitte nochmals — verzeiht, daß
ich lebe!"

Tileman stand unbeweglich, die gekrümmten Finger
ins Haar eingewühlt, den Mund halb geöffnet, die ver=
glasten Blicke auf sie gerichtet. Jost mochte erwarten,
daß er sie ansprechen werde. Da das nicht geschah, trat
er zwischen beide und fragte mit Donnerstimme: „Vater,
ist das meine Mutter?"

„Sie ist's," antwortete Tileman.

„Und Ihr habt sie — töten wollen, Vater?"

„Ich habe sie töten wollen — Gott hat es nicht
gelitten."

„Und nun sie lebt . . . Ihr hebt sie nicht vom
Boden auf, Vater?"

„Sie ist auch jetzt tot für mich."

„Unmenschlicher!" schrie Jost. „Meine Mutter —
meine Mutter?"

„Dieses Kindes Mutter, das mein Kind nicht ist."

„Aber meine Schwester. Gott, Gott! meine Schwester."

Er umfaßte die Waldfrau und riß sie von der Erde
auf. „Kniet nicht vor dem Schrecklichen, Mutter," rief
er, „Ihr habt nicht Verzeihung von ihm zu erbitten,

denn er nahm seine Rache, nicht sein Recht. Ihr dankt ihm nicht das Leben; Gott aber, der es Euch gegen seinen Willen schenkte, hat Euch verziehen, was euer menschlicher Fehl war. Mutter — Mutter —!" Er umarmte sie und zog sie stürmisch an seine Brust. „Meine Mutter!"

„O, mein teurer Sohn —" hauchte sie, wie hin= sterbend unter seinen Küssen.

Tileman trat zu und legte die Hand auf seine Schulter. „Jost —" stöhnte er, „Du wendest Dich ab von deinem Vater — zu ihr . . . Wenn Du nun weißt, daß sie deine Mutter ist, so weißt Du auch —"

Jost schüttelte seine Hand ab. „Vater," fiel er ein, „könnt Ihr's ermessen, was Ihr mir getan habt? Mir! Was kümmert's mich, ob euer Zorn gerecht war? Die Mutter habt Ihr mir genommen — getötet! Ja, ge= tötet. Denn die ich jetzt wiederfinde nach diesen langen Jahren, kann mir nimmer werden, was eine Mutter dem Kinde ist. Und daß ich Ursula nicht als meine Schwester kannte . . . daß ich ihretwegen meinem Gelöbnis untreu ward . . . daß ich nahe daran war, mich mit unsühn= barer Blutschuld zu beflecken . . . Vater! das habt Ihr vor eurem Sohn zu verantworten. Ganz unselig habt Ihr mich gemacht! Seht, so rächt sich eure Rache an Euch selbst."

Er ließ seine Mutter auf die Bank nieder und trat zu Ursula, die sich scheu in die Ecke am Ofen geflüchtet hatte. Die Tränen stürzten ihm aus den Augen. Er hielt ihr die Hand hin und sagte: „Fürchte Dich nicht mehr vor mir, Ursula — ich bin dein Bruder. Wie ich Dich liebte . . . nein! das ist fort aus meinem Herzen. Ein eisiger Windhauch hat das wildlodernde Feuer aus= geblasen, die Funken sind zerstoben. Schwester — liebe Schwester, laß mich nicht ganz in Frost erstarren." Er beugte sich vor, ihre Stirn zu küssen. Ursula zuckte zurück.

Dann aber sah sie ihm in das tieftraurige Gesicht und bot ihm den Mund. „Bruder . . ." flüsterte sie.

Er berührte ihre Lippen. Und dann war's, als ob noch einmal die frühere Wildheit über ihn kam. Er zog sie an sich, preßte sie an seine Brust, küßte sie wieder und wieder. Sie ließ es geschehen. Und dann hatte er sich auch schon selbst beruhigt. Seine Arme sanken herab, sein Atmen wurde gleichmäßiger, sein Blick klarer. Er führte Ursula zur Mutter. „Sie gehört uns gemein= sam," sagte er, „in ihr werden wir einander lieben."

Tileman vom Wege hatte seine Festigkeit wieder er= langt. Stolz und trotzig hob er das Haupt. „Du wolltest mich überraschen," sagte er, „ — ich sehe noch nicht klar, zu welchem Zweck eigentlich, und ob diese da mit Dir . . . Aber gleichviel! es ist Dir gelungen. Was weiter ist dein Begehr? Dieses Weib — will ich nicht kennen. Dieses Mädchen — geht mich nichts an. Wenn das deine Gefangenen sind, meinetwegen magst Du sie freigeben und ziehen lassen. Auf der Landstraße irrt ein Ausgestoßener, ein fürstlicher Bettler, dem ich aus der Marienburg die Tür gewiesen. Ludwig von Erlichshausen heißt er. Zu dem gehören sie. Mein Sohn aber —"

„O, Vater — Vater! seid menschlich," fiel Jost ihm ins Wort, „wir sind alle Sünder vor dem Herrn."

„Und erwarten sein Gericht," setzte Tileman frostig hinzu. „Ich will abwarten, ob m e i n S o h n mich an= klagt."

Er wendete sich hochaufgerichtet nach der Tür; da er nun aber über die Diele schritt, zitterten ihm die Knie und die Hand fand nur mühsam die Klinke. Als er in den Flur hinaustrat, taumelte er gegen die Wand und stand eine Weile an dieselbe gelehnt, nach Atem ringend. Er bestieg das Pferd nicht, sondern entfernte sich zu Fuß vom Hofe.

Die Zurückgebliebenen verhielten sich eine lange Weile

schweigend. Ursula hatte sich zu ihrer Mutter auf die
Bank gesetzt, sie umarmt und mit der Schulter ihren Kopf
gestützt. Jost ging unruhig umher, blieb öfters am Fenster
oder gegenüber am Ofen stehen, wandte sich den Frauen
zu und wieder ab. Er schien zu erwarten, daß sie ihn
anredeten, und ihr Schweigen doch wieder ganz natürlich
zu finden. Was hatten sie einander auch jetzt noch zu
sagen? Endlich kam er ganz ab davon, die Dinge, die
sie so tief erschüttert hatten, nochmals zu erörtern. „Ihr
könnt hier mit Ursula nicht bleiben, Mutter," begann er
deshalb. „Das Dorf ist von Kriegsvolk besetzt, das Lager
ganz in der Nähe —, ich kann nicht immer zu eurem
Schutz bei euch sein, wie ich möchte . . ."

„Laßt uns zurück in unsere Waldeinsamkeit," bat
Frau Regina.

„Auch das wird nicht geschehen können," antwortete
er, „wenigstens nicht sogleich, vielleicht für längere Zeit
nicht. Das ganze Land ist in Kriegsunruhe versetzt. Es
scheint freilich so, als ob der furchtbare Kampf beendet
sein soll, nachdem die Marienburg dem König übergeben,
das letzte mächtige Bollwerk des Ordens gesunken. Aber
noch nennt er eine Anzahl Städte und Burgen sein; er
wird sich nicht verloren geben, so lange noch ein Strahl
der Hoffnung leuchtet. Und das Kriegsglück ist launisch.
Ich sehe voraus, daß um das Ermland noch ein schlimmer
Kampf entbrennen wird. Der Orden, sowie er notdürftig
wieder zu Kräften kommt, kann seinen alten treuen Freund,
den Bischof Franziskus, nicht im Stich lassen. Dann
werden sich die Kriegshaufen um Heilsberg sammeln und
die ganze Umgegend unsicher machen. Eure Waldhütte ist
gefährdet. Und zwei schwache Frauen . . . Nein, nein!
Ihr dürft nicht vergessen, Mutter, was Ihr Ursula
schuldig seid."

„Was aber sonst anfangen?"

„Ich will für euch beide ein Unterkommen in der

Stadt Marienburg suchen. Man wird es meiner Bitte nicht versagen."

„Dem Feinde? Die Stadt steht zum Orden."

„Sie stand zum Orden. Das wird sie in Vergessen=heit bringen müssen, wenn sie nicht des Königs Gnade ganz verscherzen will."

„Laßt mich nach der Stadt gehen, uns ein Obdach zu erbitten," sagte Ursula. „Ich weiß da ein Haus . . ."

Sie stockte und senkte die Augen, da sie ihn die Farbe wechseln sah. „Freilich —," setzte sie hinzu, „Ihr könnt nicht wollen . . ."

Er nickte ihr traurig zu. „Doch kann ich wollen, was Ihr im Sinn habt. Verlaßt Euch auf mich. Das Haus . . . ich weiß es selbst zu finden. Es ist ein schwerer Gang dorthin, aber — zu schwer soll er mir nicht sein. Jetzt nicht. Bleibt hier, bis ich weitere Nachricht bringe."

Er küßte seine Mutter und drückte Ursula die Hand. Draußen warf er sich aufs Pferd und jagte nach der Stadt.

Trotz der späten Abendstunde war die Brücke noch nicht aufgezogen. Zwischen den Bürgern und den Kriegs=leuten im Lager fand ein lebhafter Verkehr statt. Lebens=mittel, Stroh, Decken wurden verlangt und geliefert. Man wollte so lange als möglich ein gutes Einvernehmen aufrecht erhalten, wohl auch etwas verdienen. Wußte doch niemand, was der folgende Tag für die Stadt bringen könne. Jost sah überall Krämer und Handwerker in er=regtem Gespräch zusammenstehen. Er stellte sein Pferd in einem Gaststall unweit der Mauer ein und ging durch die Gäßchen und Straßen an ihnen vorüber. Kurze Sätze ihrer Reden fing er auf und stellte sich daraus leicht einen Sinn zurecht. Man war allgemein in großer Be=sorgnis, wie es der ordenstreuen Stadt ergehen werde. Der Aufforderung vom Schloß her, Besatzung aufzunehmen,

war nicht Folge gegeben. Nun aber sollte der König
mit einem polnischen Heer anrücken; die Marienburg
würde ihm geöffnet werden; er werde sicher sogleich die
Stadt auffordern. Wie sei es denkbar, ihm Widerstand zu
leisten? Und doch —! Dem Orden in der Not ab=
sagen — mit den Verrätern gemeinsame Sache machen?
Das war eine harte Zumutung. Die Ratsherren saßen
noch spät im Rathause; es waren die Älterleute der
Zünfte zugezogen. Auch dort standen vor der Tür Leute
mit besorgten Gesichtern.

Jost vom Wege schritt unter den Lauben hin bis
zum Hause des Bürgermeisters. Er sah von Weitem
schon Frau Christine und Magdalene auf dem Bänkchen
sitzen, und immer heftiger schlug ihm das Herz, je mehr
er sich näherte. Er selbst wurde im Dämmerschein unter
den Gewölben nicht erkannt. In einiger Entfernung
blieb er stehen und lehnte sich an einen Pfeiler, sein Ge=
müt erst zu beruhigen.

„Geh' hinein, Kind,“ sagte Frau Christine. „Es
wird schon recht kühl. In der Nacht wird Dich wieder
das Fieber heftiger schütteln.“

„Wir wollen den Vater hier erwarten,“ entgegnete
Magdalene.

„Aber er bleibt zu lange aus,“ meinte die Frau.
„Wenn die Beratung geschlossen ist, werden gewiß noch
Briefe zu schreiben sein. Dann sitzt er mit dem Rats=
schreiber zusammen vielleicht· noch bis tief in die Nacht.
Du kennst ihn. Er hat nicht Schlaf, bis alle Geschäfte
besorgt sind.“

„Ich wüßte doch gern, wie man sich entschlossen
hat,“ sagte das Mädchen. „Seinetwegen! Es geht ihm
sehr nahe!“

„Wir können in der Stube noch eine Weile auf=
bleiben,“ riet die Bürgermeisterin. „Es ist sonst schon
niemand mehr unter den Lauben.“ Da Magdalene doch

nicht Anstalt machte, sich zu erheben, zog sie ihr das Tuch
fester um die Schultern. Dabei sah sie seitwärts und
stutzte plötzlich. Wenige Schritte entfernt stand ein Kriegs=
mann und hielt den Hut mit der langen Feder auf der
Brust. Das Gesicht . . . Sie stieß einen Laut aus, der
wie „Jost" klang.

Magdalene verstand ihn so, fuhr zusammen und blickte
nun ebenfalls nach der Gestalt. „Jost —!" schrie sie
auf. Ihr Kopf sank an der Mutter Brust.

„Ich bin's," sagte der Junker hinzutretend. „Ver=
zeiht, wenn ich Euch erschreckte. Ich weiß wohl, daß ich
auf freundlichen Empfang nicht zu rechnen habe. Es
war auch nicht meine Absicht, Euch aufzusuchen, werte
Frau — nur im Hause nach Marcus zu fragen . . . Da
ich Euch aber hier die Tür hüten sah, mocht' ich nicht
feige davonschleichen. Daß ich noch einmal dieses Haus
betrete, mag Euch ein Zeichen sowohl meiner Friedfertig=
keit, als der Dringlichkeit meines Anliegens sein. Seit
ich geschieden, hat sich gar viel in und außer uns ver=
ändert. Den Ihr hier vor Euch seht, der ist ein anderer,
ein ganz anderer, als der Euch damals kränkte. Alle
Verblendnis ist von ihm gewichen — nicht durch seines
Willens Kraft, der ganz ohnmächtig war, sondern durch
des Himmels gewaltsame Lösung. Doch davon laßt mich
Euch durch eures Sohnes Mund berichten. Nicht meinet=
wegen geh' ich Euch mit Bitte an. Die aber, für die ich
sprechen will, finden sicher in ihm den besten Fürbitter."

Frau Christine hatte ihn in würdigster Haltung an=
gehört. Nun meinte sie jede neugierig erscheinende Frage
unterdrücken zu müssen, wie nahe sie auch liegen mochte.
Sie antwortete daher nur kühl gemessen: „Marcus ist
in des Vaters Stübchen mit Arbeit an dessen Büchern
beschäftigt, da ihn selbst sein Amt jetzt übermäßig beau=
sprucht. Wollt Ihr zu ihm gehen, Herr Junker, so ist
Euch der Weg frei."

„Ich dank' Euch, werte Frau," sagte Jost und schritt auch sogleich der Haustür zu. Als er an Magdalene vorüberkam, blieb er aber einen Augenblick stehen, griff mit der Haub nach seiner Stirn und drückte sie zurück. Ein schmerzlich seufzender Laut entrang sich seiner Brust. „Magdalene," rief er, „wenn Ihr alles wissen werdet, werdet Ihr verzeihen können." Sie schmiegte sich nur noch ängstlicher an ihre Mutter.

In der Geschäftsstube hinten war es schon dunkel geworden. Marcus saß bei einer schmauchenden Öl= lampe und schrieb. Er hatte sein Gesicht vom Bart um= wachsen lassen, wie er eben auf Backe und Kinn kräftiger oder spärlicher sprossen mochte, und ihm mit der Schere nicht die Form gegeben. Auch das Haar hatte volle Frei= heit gehabt, sich auf die Schulter zu legen und war selbst über der Stirn nicht kurz gestutzt, auf der sich noch immer die Narbe zeigte, jetzt wieder, wie ein roter Streifen, da ihm bei seinen Rechnungen das Blut zu Kopf gestiegen. Er sah auf und ließ die Feder fallen: „Jost — —!"

Ob sich dem Eintretenden die von dem Öldampf durchzogene Luft so schwer auf die Brust legte, ob ihm sonst allzu beklommen zu Mut war, seine Stimme kang wie erstickt, als er dem alten Freunde einen guten Abend bot. Er ging mit unsicheren Schritten auf ihn zu und hielt ihm die Hand hin. Marcus aber stand auf und trat hinter den Stuhl, ohne sie anzunehmen. „Was willst Du hier?" fragte er mit einem zornigen Blick.

„Dir sagen," antwortete Jost, „daß ich aus dem Walde hinter Heilsberg zwei Frauen gefangen eingebracht habe. Sie sind im Dorf draußen, im Schulzenhause —"

Marcus wurde schreckbleich. Er faßte die Lehne des Stuhls und gab demselben einen so heftigen Stoß, daß er ins Schwanken kam. „Von wem — sprichst Du . . .?"

„Von Frau Regina und ihrer Tochter Ursula."

„Ha —! Die haft Du —?" Der Stuhl hob sich vom Boden.

„Sei ganz ruhig," fiel Jost ein. „Es ist ihnen nichts Kränkendes widerfahren. Ich sage Dir's weil Du sie verehrst und — liebst."

„Und Du?"

„Auch ich verehre und liebe sie — aber anders als Du denkst, als Du ahnen kannst. Ach, Marcus —! Was sich mir enthüllt hat — heute mit unanfechtbarer Gewißheit . . . Die Waldfrau ist meine Mutter."

Marcus schien an seinem Verstande zu zweifeln, so völlig verblüfft sah er ihn an. „Deine Mutter — Frau Regina —?"

„Sie ist meine leibliche Mutter — wahr und wahrhaftig, sie ist es!"

„Aber deine Mutter — ist längst verstorben . . ."

„Mein Vater selbst hat anerkennen müssen, daß diese Frau es ist."

„Und Ursula —?"

„Ist ihr Kind — es bleibt dabei."

„Jost —! Deine Schwester —?"

„Meiner Mutter Kind." Er biß die Zähne aufeinander. „Meine Schwester."

„Und dein Vater —?"

„Er ist ihr Vater nicht."

„Wer aber —?"

„Herr Ludwig von Erlichshausen, Hochmeister deutschen Ordens, jetzt der ärmste und elendeste von allen Brüdern."

Diese Reden waren mit großer Schnelligkeit gewechselt. Jost wollte sogleich alles heraussagen und Marcus irgend einen Anhalt gewinnen, der ihm das Unglaubliche glaublicher erscheinen lassen könnte. Der war ihm nun durch die Erwähnung des Hochmeisters gegeben. Da war eine Tatsache genannt, die mit anderen schon bekannten Tatsachen in Beziehung gestellt werden konnte und plötz-

lich über allerhand rätselhafte Verhältnisse Licht zu ver=
breiten schien. Erlichshausen Ursulas Vater! Wenn das
nun für Jost eine Gewißheit war, warum sollte das andere
nicht . . . Und Ursula Josts Schwester! Das eine
Wort vermochte Berge zu ebnen, die mit eisstarrenden
Häuptern zwischen ihnen standen. Marcus konnte alle die
Eindrücke, die so überraschend auf ihn einstürmten und
seine Phantasie nach allen Richtungen jagten, nicht sofort
bewältigen. Er sank auf den Stuhl zurück, stützte den
Kopf in beide Hände und brütete vor sich hin. Es war,
als ob er Jost selbst ganz vergessen hätte. Der stand
unbeweglich, ebenso unfähig, nach diesen haftigen Er=
öffnungen einen gemäßigteren Ton zu finden. Eine eigene
Mischung von Empfindungen ließ ihn nicht zu klarem
Nachdenken über das kommen, was weiter zu tun. Wie
schwer er selbst litt, Marcus zog den Gewinn davon —
sein Freund und doch zugleich sein verhaßter Rival. Ur=
sula war ihm verloren, aber dem andern gönnte er sie
jetzt doch noch nicht. Bitter, gallig bitter war der Trank,
den er bis zur Neige leeren sollte.

Nach einigen dumpfen Minuten legte Jost ihm die
Hand schwer auf die Schulter und rüttelte ihn ein wenig.
Marcus richtete sich erschreckt auf. „Ja, der Hochmeister
— der Hochmeister," sagte er, „ganz recht, der Hoch=
meister."

„Komm zum Nächsten," mahnte Jost. „Was soll
mit den Frauen geschehen? Sie dürfen unter dem Kriegs=
volk nicht bleiben, und wir wissen sie jetzt auch in ihrem
Walde nicht sicher."

„Deine Mutter — und Schwester . . ."

„Ja! und das Mädchen, das Du liebst — das Dich
liebt. Marcus — Marcus! Es hat mich toll gemacht.
Und noch jetzt krampft sich mir das Herz . . . Nein!
Ursula ist meine Schwester, und Du — kannst wieder

mein Freund sein. Du mußt —! Ursulas wegen mußt Du wieder mein Freund sein!"

Marcus sprang auf und fiel ihm um den Hals. „Sie steht nicht mehr zwischen uns! Aber erkläre mir — sage mir alles. In meinem Kopf dreht sich's . . ."

Jost drückte ihn auf den Sessel nieder. Er selbst lehnte sich abgewandt gegen den Tisch, kreuzte die Arme über der Brust und erzählte, was sich begeben hatte, ohne seinen Vater und sich zu schonen. „Und nun handle Du," schloß er. „Ich weiß nicht, was mein Vater im Sinne hat. Es wird nichts Gutes sein. Frau Regina und Ursula müssen in Sicherheit gebracht werden. Ich weiß ihnen keinen besseren Freund, als Dich. In deines Vaters Hause —"

„Ja, ja!" rief Marcus. „Mein Vater muß sie auf= nehmen, meine gute Mutter . . . Aber darf ich denn ihnen das Geheimnis . . ."

„Du darfst und sollst. Es muß volle Klarheit zwischen uns sein. Magdalene . . . Du begreifst, daß ich mich deiner Mutter und ihr nicht eröffnen konnte, wie eben Dir. Aber Du kannst frei sprechen; durch Dich wollt' ich's an sie bringen. Dir zu Liebe werden sie tun, was sie mir vielleicht verweigerten. Ich weiß wohl, daß ich mir selbst die Tür zu meiner Mutter und Schwester verriegele, indem ich ihnen ein Obdach hier erbitte. Aber sei's drum. Nur ihren Vorteil will ich bedenken, und dazu, Freund, sollst Du mir helfen."

„Vertraue ganz auf mich," sagte Marcus, bewegt seine Hand schüttelnd. „Nicht eher will ich Ursula wieder= sehen, bis ich sie in unser Haus rufen kann. Noch heut' spreche ich . . . Willst Du hier warten, wie sich's entscheidet?"

„Dessen bedarf's nicht," erwiderte Jost. „Warum soll man den Verhaßten länger, als durchaus nötig, dulden? Dein Vater wird bald zurückkehren. Ich mag ihm so nicht unter die Augen treten. Vielleicht später, wenn all' dieses Irrsal . . . leb' wohl!"

Marcus hielt ihn zurück. „Aber erklärt's sich nicht schon jetzt zu deinen Gunsten? Wenn Ursula deine Schwester war . . . Du wußtest es nicht, aber ein geheimer Zwang des Herzens, eine wundersame Regung des Bluts bei ihrem Anblick, ein Zauber der Natur, so überwältigend —"

„Hab' ich Magdalene deshalb weniger weh getan?" fiel Jost ein. „Ach —! ich bin mir selbst so widerwärtig. Wenn ein brüderliches Gefühl dahin verirren konnte —! Nein, es war kein brüderliches. Und auch jetzt macht das Wissen mich nur um so unglücklicher. Mit der Zeit vielleicht . . . ja, ja, mit der Zeit! Wir vergessen unsere geliebten Toten; warum nicht . . .? Wenn ich mir's stündlich vorspreche: Ursula ist meine Schwester, und meine Schwester liebt Marcus Blume, und ich bin sein Freund . . ." Er riß ihn an sich. „Nimm sie, nimm sie aus meinen Händen! Ich kann's überwinden. Und wenn sie dein ist und kein Neid mehr in meinem Herzen und keine Klage mehr auf meinen Lippen — dann werd' ich vor die Deinen treten können und bitten: verzeiht! Jetzt — leb' wohl!"

Er schob ihn mit beiden ausgestreckten Armen zurück, kehrte sich ab und eilte fort.

Marcus schloß die Bücher und löschte die Lampe. Eine Weile blieb er noch im Halbdunkel des letzten spärlichen Tageslichts. Dann, als er beruhigt war, ging er hinauf nach der Frauenstube.

Neuntes Kapitel.

Der König in der Marienburg.

Als Bartholomäus Blume bald darauf nach Hause kam, hatte er den Kopf so voll Sorgen, daß er auf die verstörten Gesichter seiner Frau und Tochter nicht sogleich Acht gab. Er meinte, sie seien durch sein langes Ausbleiben beängstigt worden, und sah sich nun nicht einmal in der Lage, sie mit einem freundlich beschwichtigenden Wort zu Bett zu schicken. Das Abendessen lehnte er ab, setzte sich auch nicht, sondern schritt im Zimmer auf und ab, von den Dingen sprechend, die ihn bekümmerten. „Nun ist's soweit," sagte er, sich nach einigen Worten immer wieder unterbrechend, um aus gepreßter Brust Atem zu schöpfen, „nun ist's so weit, als unsere Gegner es treiben wollten — der Hochmeister verjagt, die Marienburg den Polen geöffnet — der König unterwegs, Besitz zu ergreifen — ein Kriegsheer vor den Toren der Stadt. Und die Bürger verzagen, des Ordens Partei zu halten. Wer wollt's ihnen verdenken? Feinde ringsum. Das ganze Weichselland, das Ermland in ihrer Gewalt — das Schloß dicht vor unsern Mauern zum Kampf gegen uns gerüstet — Tausende im Anzuge, mit Geschütz und Proviant von den Thornern und Danzigern wohl versehen. Wir haben sichere Nachrichten. Was können wir gegen solche Übermacht? Es ist, als ob ein Unwetter

vom Himmel niederfährt — man muß sich bucken und
ihm seinen Lauf lassen. Das meinen auch die Treuesten,
sonst Unverzagtesten. Wahnsinn scheint's, sich gegen das
Unvermeidliche auflehnen zu wollen. Und ich selbst wage
nicht zu raten . . . Aber dem König huldigen —! Ich
kann's nicht — ich kann's nicht."

Frau Christine stand auf und trat an seine Seite,
den Arm um seine Schulter hängend. „Lege dein Amt
nieder, Barthel," sagte sie, „es verleidet Dir das Leben."

„Sie lassen's nicht zu," antwortete er, „und sie haben
ein Recht auf mich. Ich hab' mich ihnen zugesagt für
gute und schlimme Tage, das muß ich ihnen nun treu
halten. Ihr Schicksal ist das meine — ich darf den
Körper nicht ohne Haupt lassen."

„So wollt ihr doch dem König huldigen?" fragte
Marcus erregt.

„Es ist noch nicht fest beschlossen," sagte Blume.
„Die einen wollen ihm entgegenschicken, sich seiner Gnade
besser zu versichern, da sie doch seinen Zorn nicht meinen
auf sich laden zu dürfen, die anderen eine Aufforderung
abwarten, sich gegen den Vorwurf zu eiligen Abfalls zu
sichern. Es ist kein großer Unterschied. In der Haupt=
sache sind die Bürger wohl einig, daß Widerstand jetzt
unmöglich ist. Heut' oder morgen — sie werden sich
fügen. Und sie müssen — ich kann's nicht anders sagen."

„So tut eurem alten Herrn noch eine letzte Liebe,"
rief Marcus, „und nehmt sein Kind in euren Schutz,
Vater."

Blume blieb überrascht stehen. „Meinem alten
Herrn —? Sein Kind —? Ah! Du sprichst . . ."

„Vom Herrn Hochmeister, Vater, und von Ursula."

Es war gesagt und es mußte nun mehr gesagt
werden. Magdalene bot leise ihrer Mutter eine gute
Nacht und schlich in ihre Kammer. „Sprecht Ihr,
Mutter," bat Marcus. „Die Tatsachen gab ich Euch

schon bekannt. Ihr wißt die Worte besser zu setzen. Wo noch etwas fehlt, will ich's hinterher nachholen."

Frau Christine erfüllte gern seinen Wunsch. „Nun ist's jetzt freilich nicht die Zeit," schloß sie, „zu beraten und zu beschließen, wie wir uns in diesen Dingen weiter zu verhalten haben. Ich will nur ans Nächste denken und das ist, daß wir Frau Regina und ihre Tochter nicht unter dem Kriegsvolk lassen dürfen. Hast Du nichts dagegen, Barthel, so will ich sie bei mir herbergen, bis sie in Sicherheit die Rückreise antreten können. Das ist gewiß ein gottgefälliges Werk."

„Ursula des Herrn Hochmeisters Kind —," murmelte der Bürgermeister, „das hatten wir im Stillen vermutet und so erklärt sich nun seine Abweisung. Aber Regina, Tilemans Eheweib, Josts Mutter . . . Damit kann ich so rasch nicht fertig werden. Welch' wundersame Verkettung des Schicksals! Wenn wir sie bei uns aufnehmen — ich fürchte, Herr Tileman vom Wege wird's nicht mit freundlichen Augen ansehen. Und er gilt jetzt viel beim König."

„Vergeßt nicht, Vater," sagte Marcus, „daß es für jeden sonst ein Geheimnis ist und bleibt, wie diese beiden zu einander gehören. Ihr tut Herrn Tileman wahrlich keinen Tort an, wenn Ihr Ursulas wegen die Frau in euren Schutz nehmt, die nur als ihre Muttr gekannt ist. Jost hat guten Grund, unserm Hanse fern zu bleiben und zugleich Schweigen zu beobachten. So hat's für Herrn Tileman keine Gefahr und er mag auch ferner sein Weib verleugnen, das er für tot erklärt hat, jetzt aber lebend weiß. Fühlt er noch menschlich, so wird er Euch eher im Herzen dankbar sein, daß Ihr Euch ohne seinen Schaden der Verlassenen annehmt."

Blume ließ diese Gründe gelten. Er hätte sich vielleicht auch mit noch weniger überzeugenden abgefunden, denn er verehrte Frau Regina sehr und hatte Ursula

lieb wie ein eigenes Kind. Dieses warme Gefühl für
beide wurde wenig abgekühlt durch die Schatten einer
schuldhaften Vergangenheit, die doch gebüßt war. Tileman trat ihm in seinem Haß gegen den Zerstörer häuslichen Friedens menschlich näher; aber zugleich sank in
seinen Augen der Stifter des Bundes, der Bürger, des
Ordens großer Gegner.

Am andern Morgen in der Frühe fuhr Marcus
dann seine Mutter und Schwester nach dem Dorf hinaus.
Im Schulzenhause hatte er selbst vor Jahren die Waldfrau und Ursula einquartiert gehabt, als sie zum ersten
Mal nach Marienburg kamen. Dessen mußte er nun in
der Freude des Wiedersehens gedenken. Er ließ seine
Mutter mit Magdalene voraus ins Haus gehen und
machte sich bei dem Fuhrwerk zu schaffen, bis ihr Kommen
aufgeklärt wäre und die Freundinnen sich begrüßt hätten.
Es war ihm, als ob er Ursula, wenn auch im Beisein
der andern, gleichsam ungeteilt für sich allein haben müßte.
Darauf mußte er leider noch eine keine Weile warten,
so ungeduldig ihm das Herz pochte. Ursula aber ließ
ihn nicht lange in Ungewißheit, wie sie für ihn empfand.
Sie eilte, sich aus Magdalenens Umarmungen losreißend,
schon nach wenigen Minuten aus dem Stübchen hinaus
bis zur Hoftür, öffnete die obere Lade und winkte ihm
ein frohes Willkommen. Er eilte hinein und schloß das
geliebte Mädchen an seine Brust. In diesem seligen
Augenblick waren alle turmhohen Hindernisse ihrer Vereinigung wie schwache Scheidewände von Sand durch
einen Hauch der Liebe fortgeweht. Was kümmerte sie
jetzt die nächste Stunde? Sie hatten einander wieder
und sie wußten, daß sie sich immer angehörten und nie
verlieren könnten.

Dann traten sie Hand in Hand ein; Ursula lehnte
den Kopf mit dem Goldhaar auf seine Schulter, ihr Gesicht strahlte freudigste Befriedigung. So näherten sie

sich den beiden Frauen, die auf der Fensterbank in leisem Gespräch saßen. Frau Regina streckte den Arm vor, als wollte sie trennend dazwischentreten. „Ihr dürft nicht vergessen —" mahnte sie. „Laßt sie," bat die Bürger= meisterin, „sie haben ein gutes Recht auf diese erste frohe Stunde. Wissen wir doch nicht, wie viele ernste und traurige darauf folgen! Es scheint mir, die Dinge außen haben sich gar sehr verändert und vielleicht zu ihren Gunsten gewendet. Nun — sie selbst sind, wie wir sehen, immer dieselben geblieben."

„So ist's," sagte Marcus, indem er ehrerbietig Frau Regina die Hand küßte und seine Mutter umarmte. „Ja, ja, ja! Das Schicksal hat uns trennen wollen, aber nur um so fester verkettet. Kein Einspruch hat Macht gehabt über unsere Herzen; jetzt soll er auch unseren Händen nicht weiter wehren, sich zu vereinigen."

„Da hört Ihr die rasche Jugend," äußerte Frau Regina zur Bürgermeisterin gewendet, lächelnd. „Kaum ist ihr ein Pförtchen der Hoffnung geöffnet, so stürmt sie schon mit wehenden Fahnen auf den Traumgipfel des Glückes. Und ich fürchte, nicht einmal das Pförtchen führt ins Freie."

Ursula begrüßte jetzt erst die liebe Freundin mit zärtlicher Hingabe. Nun mochte Marcus sich's genügen lassen, sie mit begehrlichen Augen von Weitem anzuschauen und von Zeit zu Zeit einen Blick zu erhaschen. Sie hatte den Arm um Magdalene gelegt, streichelte ihr Haar und Wange und gab ihr allerhand Kosenamen. „So hast Du's getrieben," sagte Magdalene, „als ich bei Dir im Walde war, und ich wußte wohl, daß ein ganz anderer gemeint sei. Jetzt möchte der leicht eifersüchtig werden, wenn ich noch immer seine Stelle vertrete."

„Das soll er nur bleiben lassen," antwortete Ursula schalkhaft und fuhr dann ganz ernst fort: „Hätt' ich Dich damals nicht gehabt, Liebe, in der Zeit meiner tiefsten

Traurigkeit, als die böse Nachricht kam, daß der Herr Hochmeister Marcus abgewiesen habe . . . Ach Du mein Gott! ich kann ihm jetzt nicht mehr zürnen; er hat's gewiß mit gutem Bedacht für uns beide tun zu müssen geglaubt. Aber damals —! Und da hatt' ich doch Dich wenigstens, die liebe Schwester, und durft' an deinem treuen Herzen weinen. Du aber, Du hattest nun fremdes Leid zu pflegen und gedachtest des eigenen weniger. Das machte Dich wieder gesund."

„Nein, ich sah, wie Du's trugst," sagie Magdalene, „und trug's nun auch geduldiger. Von deiner Traurigkeit sollt' ich gar nichts wissen und nur immer ein heiteres Gesicht sehen. Weißt Du noch, wie ich Dich deshalb schalt und Dir vorwarf, Du fühltest von rechter Freundschaft nichts?"

„Und weißt Du noch," fragte Ursula zurück, „wie ich da furchtbar an deinem Halse zu weinen anfing — das e i n e Mal? Auf der großen Eiche hinter dem Hause war's. Wir hatten die Letter angesetzt und waren in die Krone hinaufgeklettert, um ganz im Waldlaub zu stecken und von der Erde fort zu sein. Wer da ein Nest bauen könnte, wie die Vögel!"

So plauderten sie, bis die Bürgermeisterin zum Aufbruch mahnte. Frau Regina hatte gern eingewilligt, in der Stadt ihr Gast zu sein. Nur für kurze Zeit, meinte sie, bis das Kriegsvolk sich aus der Gegend fortgezogen hätte. Ursula wollte ihren Gotländer mitnehmen. Er wurde ans Handpferd gebunden; in die Stadt einreiten durfte sie nicht. Jost vom Wege ließ sich nicht blicken. Er hatte dem Rottmeister den Befehl gegeben, dem Abzug der Frauen kein Hindernis in den Weg zu legen, die Trabanten aber fest im Zaum zu halten, daß sie sich nichts Ungehöriges erlaubten. So kam das Fuhrwerk ungefährdet aus dem Dorfe. Die beiden Frauen hatten den hinteren Sitz eingenommen, die beiden Mädchen den

mittleren. Marcus saß vor ihnen und lenkte die Rosse.
Er hatte sie so fest in der Hand, daß er sich ohne Be=
denken öfters umsehen und mit einem Wörtlein ins Ge=
spräch mischen konnte.

Schon am andern Tage kam König Kasimir von
Danzig her, wo er von den reichen Kaufleuten und Schiffs=
herren aufs Festlichste bewirtet worden war. Er war
ein feuriger junger Herr, dessen Augen noch lebhafter
blitzen konnten, als die zahlreichen Edelsteine, mit denen
der Federhalter an seiner Mütze, die Ärmelklappen seines
kurzen Mantels, der Säbelgurt und der Griff des Säbels
dicht besetzt waren. Er ritt einen prachtvoll gezäumten
Rappen von edelstem Blut und hatte nach polnischer Art
die Kniee hochgezogen und die Füße in breiten silbernen,
ebenfalls mit Steinen geschmückten Bügeln. Ein Trupp
Zinkenisten, Trompeter und Pauker ritt dem Zuge voran.
Es folgte der königliche Fahnenträger, umringt von einer
Schar polnischer Edelleute. Zu beiden Seiten des Königs
ritten seine hohen Kronbeamten, die preußischen Woywoden
Gabriel von Baisen und Hans von Czegenberg — der
Gubernator wurde von Elbing erwartet, wo er seinen
Wohnsitz genommen hatte — polnische Bischöfe, Woywoden
und Kastellane, alle in reichster Kleidung und glänzendem
Schmuck, eifrig bemüht, sich in die nächste Nähe des
Königs zu bringen. Es schloß sich ein Schwarm von
polnischen und preußischen Edelleuten, Ratsherren der
großen Städte, Bürgermeistern der kleineren an, die alle
von des Königs Gnade etwas zu erbitten hatten und
nicht zu spät kommen wollten. Ein Heer von mehr als
dreitausend Bündischen und Polen gab das Geleite. Un=
absehlich zog sich der Troß von Fourage=, Zelt= und
Küchenwagen, Knechten mit Reit= und Bagagepferden,
Jägern mit gekoppelten Jagdhunden, Gauklern, Springern
und Musikanten auf der Landstraße hin.

Die aus dem Lager waren entgegengeeilt und er=

warteten mit ihren Fähnlein den König vor der Brücke. Die Soldhauptleute hatten bereits das Schloß geräumt und ließen ihn durch Ulrich Czerwonka begrüßen, der ihm feierlich die Schlüssel der Burg zu überreichen kam. Auch einige Ratsmannen der Stadt Marienburg hatten sich eingefunden, den hohen Herrn willkommen zu heißen, wurden aber kaum eines Blickes gewürdigt; waren sie doch vergeblich schon in Danzig erwartet worden! Auf den Stadtmauern an der Wasserseite standen viele Neugierige und sahen dem Einzug zu. So manchem schlug ängstlich das Herz, wenn er immer neue Fähnlein anreiten sah. Einen solchen Gast hatte die Marienburg noch nicht beherbergt. Jetzt erst fiel's so recht in die Augen, daß sie über Nacht ein königliches Schloß geworden war.

Über dem Brückentor war die polnische Standarte aufgerichtet zwischen den Stadtfahnen von Thorn und Danzig. Als der König einritt, erschien sie auch aus der obersten Fensterluke des hohen Turmes der Marienburg an langer vergoldeter Stange, weit hinaus ins Land kündend, daß es jetzt eine andere Herrschaft habe. Für Kasimir waren die hochmeisterlichen Räume im mittleren Schloß in Eile hergerichtet, doch hatte man nur dem Schlafzimmer ein wesentlich verändertes Aussehen geben können; hier war die einfache Holzbettstelle entfernt und durch ein Prunklager mit Purpurbaldachin ersetzt. Im Übrigen hatte man sich mit einer reicheren Ausstattung von Teppichen und Vorhängen begnügen müssen und das vorausgeschickte silberne Tafelgeschirr des Königs auf Tische und Kamine gestellt.

Der hohe Herr nahm Besitz von der Burg, indem er zuerst in den Hof des rechten Hauses einzog, dort vom Pferde stieg und mit seinem ganzen Gefolge zum Hochamt nach der Kirche ging. Er saß auf dem hochmeisterlichen Stuhl, in der mit prachtvoller Steinarbeit geschmückten Empore, seine Paladine und Räte nahmen

in den Chorstühlen der Ritter Platz, der offene Raum
inzwischen füllte sich mehr und mehr mit der polnischen
Schlachta und den bündischen Söldnern, so daß zuletzt
die Masse Kopf an Kopf gedrängt stand. Neugierig
hatten sie schon an dem Eingangstor beim Kreuzgange,
der „goldenen Pforte“, die sonderbaren Bildwerke von
Stein, Ranken von Weinblättern und Rosen, Drachen,
Greise, Ungeheuer mit Menschenköpfen und Fischleibern,
oder in den Bogenfeldern die fünf törichten und fünf
klugen Jungfrauen angestaunt; neugierig schauten sie jetzt
zu dem die ganze Breite der Kirche überspannenden herr=
lichen Sterngewölbe, zu den achzehn Heiligen unter den
zu Thronhimmeln geformten Kragsteinen, zu den Glas=
malereien der zehn Spitzbogenfenstern auf, wenig auf die
Messe achtend. Dann setzte der König den Umzug durch
die Vorburg fort und trat endlich in den großen Remter
des mittleren Schlosses ein, in welchem die Festtafel ge=
deckt war. Die Söldner wurden im großen Konvents=
remter des alten Hauses, auf dessen Hof und draußen in
den Lagern gespeist. Von Zeit zu Zeit donnerten die
Geschütze ihren Festgruß.

Der Mann allein, der zu diesem Wandel der Dinge
am meisten beigetragen hatte, mußte dem Fest fern bleiben.
Tileman vom Wege lag krank in seinem Zelt, wie gelähmt
an allen Gliedern, von wahnsinnigem Kopfschmerz ge=
quält. Er mußte die letzten Verhandlungen über die der
Stadt Thorn zu gewährenden Freiheiten seinen Kumpanen
Rutger von Birken und Johann von Loë überlassen. Sie
baten ihn, sich zu schonen, damit er wenigstens bei Emp=
fangnahme der Briefe zugegen sein könne. Auch dazu
war nur geringe Hoffnung.

Am nächsten Morgen schon wurde auf dem Rathause
der Stadt Marienburg ein Schreiben mit königlichem
Siegel abgegeben. Es enthielt die Aufforderung, Bürger=
meister und gesammter Rat sollten am andern Tage im

Schloß vor Sr. Majestät erscheinen, die Huldigung zu leisten, und war in strenger Form abgefaßt. So sollte nun geschehen, was Bartholomäus Blume mit tiefster Bekümmernis gefürchtet hatte: von ihm selbst wurde der Treueid verlangt. Er hatte sofort nochmals den Rat versammelt, Mann für Mann abstimmen lassen. Es war nur eine Meinung gewesen: daß es Torheit sein würde, durch Weigerung des Eides den Zorn des Königs auf die Stadt zu laden, die ihren Abfall vom Bunde schon schwer genug zu büßen gehabt. Aber auch darüber hatte sich nur eine Meinung ausgesprochen, daß man lediglich dem Zwang nachgebe und eine durch die Not gebotene Form erfülle, im Herzen aber der alten Herrschaft treu bleibe und sich auch ferner gut deutsch verhalten wolle. Darauf hatten sie ihrem Bürgermeister die Hand gegeben, um ihm die Gewissensnot zu erleichtern.

Doch kam er in großen Ängsten nach Hause. Frau und Kinder baten ihn, er möge sich's nicht so gar nahe gehen lassen. Habe er doch bis zum Letzten getan, was eines braven und treuen Mannes Pflicht sei; darüber hinaus könne niemand. Das stellte ihm auch Frau Regina vor. „Gott führt mitunter ein sonderbares Regiment," sagte sie, „und wir schwache Menschen müssen uns darunter beugen, es gefalle uns oder gefalle uns nicht. Er läßt die Ungerechten zu Ansehen kommen und den Gerechten den Fuß auf den Nacken setzen, sodaß es wohl eine Weile den Anschein hat, als regiere der Teufel auf Erden. Aber über kurz oder lang wird er dann um so strenger Gericht halten und die gute Ordnung wieder herstellen. Vertrauen wir allezeit darauf!"

„Ach, ach —!" klagte er, „wie gern wollt' ich das Bitterste leiden, könnt' ich mein Gewissen rein bewahren. Ich soll einen Eid leisten, von dem mein Herz nichts weiß, und so ist's ein falscher Eid, den Gott strafen muß. Mein ganzes Leben lang bin ich besorgt und bemüht ge=

wesen, gerade Wege zu gehen und mit Aufrichtigkeit den
Menschen zu dienen. Was ich für das Beste erkannt
habe, dafür bin ich mit Wort und Tat eingetreten und
keine Lockung oder Drohung hat mich davon abgebracht.
Jetzt soll ich mich zur Falschheit kehren und Gottes Namen
mißbrauchen. Das überwind' ich in meinem Innersten
nimmer und bin fortan ein gebrochener Mann."

Gegen Abend kam Gabriel von Baisen zu ihm. Sein
Bruder Hans, der Gubernator, schickte ihn, da er eben
von Elbing angelangt war und die Angelegenheit mög=
lichst glatt geordnet wünschte. Der Woywode kannte die
Stimmung der großen Städte gegen Marienburg; man
konnte dort nicht vergessen, daß noch das Siegel Marien=
burgs am Bundesbrief hing, aber mit öffentlichem Protest
zurückgefordert worden war. Man verlangte eine De=
mütigung des Rats, wie die Gemeinen in Thorn und
Danzig gedemütigt waren, weil sie des Ordens Partei
nahmen. Das konnte aber denen nicht erwünscht sein,
die zu vermitteln und einen friedlichen Ausgleich zur Be=
ruhigung der Gemüter herbeizuführen bestrebt waren.
Hans von Baisen, eine von Grund aus edle Natur, fühlte
sich selbst nur zu stark in die Seele Blumes hinein,
konnte er doch am wenigsten jetzt über die peinigende
Erinnerung hinweg, daß er als Jüugling hier in diesem
Schlosse, in dem er nun dem König von Polen huldigte,
sein erstes Hofamt bei dem Hochmeister Heinrich von
Plauen angetreten hatte, dessen ewiger Ruhm war, die
Burg siegreich gegen ein polnisches Heer verteidigt zu
haben. Er mußte, was es ihn gekostet hatte, sich von
den Banden der Dankbarkeit und herzlichen Anhänglichkeit
frei zu machen. Nun wollte er den Streit der Pflichten
nicht an dem Beispiel eines anderen Mannes in die Er=
scheinung treten lassen, zugleich Bartholomäus Blume,
den er achtete und ehrte, vor den Ausschreitungen seiner
politischen Gegner bewahren. Deshalb sendete er seinen

Bruder zu ihm. Er hatte gar nicht ungern gehört, daß Tileman vom Wege krank liege; von seiner Seite hatte er die heftigste Agitation gegen die bundbrüchige Stadt befürchtet.

Gabriel von Baisen fand den Bürgermeister in der gedrücktesten Stimmung. Blume überlegte schon, ob er nicht doch lieber von seinem Amte zurücktreten, sein Hab' und Gut verkaufen und außer Landes ziehen, als den Eid dem König leisten solle. Dies brachte der Wojwode nach kurzem Gespräch leicht heraus. Es mußte um jeden Preis vermieden werden. Er wußte, daß Blume unbestechlich sei; Versprechungen von Gnadenbeweisen konnten hier keinen Nutzen haben.

So suchte er ihn denn bei seiner edelsten Schwäche zu fassen. „Ihr wisset selbst gut genug, werter Herr," sagte er ihm, „daß Ihr nicht seid wie irgend ein anderer Mann, der bleiben oder gehen kann, wie es ihm gefällt. Auf Euch sehen viele Augen. Was Ihr tut oder unterlasset, ist dem ganzen Lande ein Merkzeichen und kann auch außen nicht unbeachtet bleiben. Ich glaube daher nicht, daß Euch der Herr König gutwillig abziehen lassen wird. Ihr seid nun einmal der Bürgermeister dieser Stadt Marienburg, die in seine Hand gegeben ist, und könnt nicht aufhören es zu sein, bevor Ihr ihm die Pflicht erfüllt habt. Versagt Ihr sie, so wird man Euch ins Gefängnis werfen und eure Güter einziehen. Wenn Ihr aber auch solches Schicksal auf Euch nehmen und eure Kinder zu Bettlern machen wolltet, damit wird's nicht abgetan sein. Sondern die Stadt wird eure Halsstarrigkeit schwer zu büßen haben. Bedenket, wie die Thorner die Neustadt Thorn geknebelt und die Danziger gar die vom Orden angelegte und ihm ergebene Jungstadt zugleich mit dem Schloß gebrochen haben. Nicht milder werden sie mit Marienburg verfahren, wenn die Stadt nicht ohne jede Weigerung zum Bunde tritt. Wollet

also ein ganzer Mann sein und ein hartes Geschick von
ihr abwenden."

Diese Mahnung schlug ein. „Ja, ja," rief Blume,
„ich beuge mich dem Zwange der Notwendigkeit. Sagt
dem Herrn König, daß er mich morgen zu erwarten habe.
Mag Gott mir weiter helfen!"

Und so zogen denn Bürgermeister, Ratmannen und
Schöffen in voller Zahl, alle in Feiertagskleidern, wohl=
geordnet aus der Stadt, vorüber am Sperlingsturm
und durch das Schuhtor nach dem Schloß. Die sie
gehen sahen, wußten, daß sie nicht anders könnten, und
waren ihnen mit traurigem Herzen doch dankbar für Ab=
wendung großer Bedrängnis. „Der Herr segue euch!"
rief man ihnen zu.

Der große Remter, dessen Strahlengewölbe hoch auf=
steigend auf drei schlanken Pfeilern ruhte, war festlich ge=
schmückt. Neben den dritten Pfeiler war auf eine Estrade
von drei Stufen ein Thronsessel gestellt, darüber ein Bal=
dachin von Purpur mit langen Goldfransen gehängt. Die
abschließende Waud hinten zeigte die Wappen von Polen
und Preußen dicht nebeneinander. Zur festgesetzten Stunde
füllte sich der weite Saal bis auf den letzten Platz. Auf
der rechten Seite des Thronsessels stellten sich der Guber=
nator und die preußischen Woywoden, auf der linken der
Kanzler und die polnischen Würdenträger auf. Weiter
zurück standen die Bischöfe, die Landesräte von Preußen,
die Abgesandten der großen Städte, unter ihnen in erster
Reihe Wilhelm Jordan von Danzig und Rutger von
Birken von Thoru. Hinter dem Kanzler an einem kleinen
Tisch, auf welchen Pergamentrollen gelegt wurden, saßen
die Schreiber des Königs und des Bundes. Vor der
Estrade blieb ein freier Raum, durch eine von köstlich
gekleideten Pagen gehaltene purpurne Schnur abgegrenzt.
Ebenso war ein Gang bis zur Tür offen gehalten.

Polnische und preußische Edelleute, Eidechsenritter,

Soldhauptleute und Rottmeister, Ratsherren und Bürger, Schulzen und Freie aus den Orten eine Tagereise in die Runde drängten gegen die Schranken, die von königlichen Hellebardieren gehütet wurden. Angekündigt durch die Zinkenisten und Trompeter, geführt von Herolden in Wappenröcken und Bannerträgern, erschien endlich König Kasimir, die Krone auf dem jugendlichen Haupte, das Schwert im Arm, den Purpurmantel mit Hermelinfutter um die Schultern gehängt. Er wurde mit jubelnden Zurufen empfangen und dankte sehr gnädig. Es folgten die Träger der polnischen und preußischen Fähnlein, die das Heer gesendet hatte. Während der König unter den Thronhimmel trat, umzogen sie die Estrade in weitem Bogen und stellten sich an der Wand auf.

Dann winkte König Kasimir dem Gubernator von Preußen und dem Kanzler. Sie traten zu ihm auf die oberste Stufe. Der Kanzler öffnete eine Pergamentrolle und verlas ihren Inhalt. Es stand darin, daß Preußen, nachdem es mit freiem Willen seiner Edelsten zur Krone Polen getreten und von derselben angenommen sei, nun auch nach Übergabe des Ordenshaupthauses tatsächlich ein Glied des Reiches geworden. Der König begrüße seine preußischen Untertanen, die ihm meist schon in ihren Städten und Kreisen gehuldigt, dann aber treu im Kampfe beigestanden hätten, wolle jetzt aber des ganzen Landes Huldigung einnehmen und seinen Dank allen und jedem zu erkennen geben. Preußen solle unter der Krone Polen stehen, wie zugesichert, eine selbständige Regierung haben und alle Privilegien bestätigt erhalten, die ihm die vorige Herrschaft versagt, auch bei der Königswahl als ein Reichsstand beteiligt sein. Solches gelobe der König mit Vollmacht des Reichstages. Kasimir hob darauf die Hand und neigte das Haupt zum Zeichen der Bestätigung.

Darauf kniete Hans von Baisen vor ihm nieder und

11*

gelobte unverbrüchliche Treue Namens des Landesrats und der Stände. Seiner Rede folgte jubelnde Zustimmung der Versammelten.

Nun ließ der König den Hauptmann der Böhmen, Ulrich Czerwonka, herbeirufen. Er hatte ihm die Übergabe der Marienburg schon mit einem ansehnlichen Geldgeschenk gedankt. Um sich seiner Treue um so besser zu versichern, ernannte er ihn jetzt feierlich zum Oberhauptmann auf Marienburg und zum Herrn der Burgen Schwetz und Golub mit allem Zubehör an Land und Leuten. Daraufhin wurde er sein Mann und huldigte ihm, seine Pflicht gegen den Orden ganz vergessend.

Dann erhielten die Vertreter der großen Städte ihre teuer erkauften Briefe ausgehändigt. Danzig fiel Dirschau mit seinem Gebiet zu, Elbing wurde mit Gütern und Dörfern gegen einen Jahreszins beschenkt, Thoru endlich wurde Herr fast des ganzen früheren Komthureibezirks, sollte in ewigen Zeiten frei von allen Lasten und Abgaben bleiben, das Münzrecht ausüben dürfen, mit dem Stapelrecht in ausgedehntestem Maße und vielen anderen wertvollen Privilegien und Freiheiten begnadet sein. Rutger von Birken dankte für die Stadt. Er wußte, daß der König sich arm schenkte und frohlockte innerlich darüber. Tileman vom Wege aber, der ihn reich und arm gemacht, feierte seinen Triumph nicht.

Indessen hatte der Marienburger Rat in der Nähe des Ausgangs gewartet. Die Herren hatten Zeugen aller dieser Gnadenbeweise des Königs sein müssen. Nun wurden sie durch den Gubernator vorgefordert. In der Rede, die er an die Majestät von Polen hielt, stellte er die Sache so dar, daß die Stadt früher treu zum Bunde gehalten, aber durch den Orden schwer bedroht und zum Abfall gedrängt sei, jetzt aber, da die Burg ihr nicht mehr ein Schrecknis, reumütig zurückkehre zum ganzen Lande und

freudig den Herrn annehme, den sich dasselbe gegeben.
Er wolle ihr deshalb gnädig sein und Geschehenes ver=
gessen.

Bartholomäus Blume unterdrückte einen Seufzer.
Er stand da mit gesenktem Haupt, an dem zu beiden
Seiten der gramgefurchten Stirn das graue Haar lang
und wellig hinabfiel, seine Augen deckend. „Allerdurch=
lauchtigster, großmächtigster König und Herr," sagte er,
„Eure Gnade weiß, daß wir von unserer früheren Herr=
schaft, der wir Treue gelobt hatten, noch nicht losgesprochen
worden. Gleichwohl, da es Gott in seiner Allmacht so
gefügt hat, daß Ihr im Kampfe Sieger geblieben und
dieses Haupthaus eingenommen, und weil wir verlassen
sind von unsern Herren und Eure Gnade uns keine
Frist gestatten will, uns des früheren Eides zu entledigen,
hiezu auch volle Macht hat, also sprech' ich's aus als
den Willen der Stadt, daß sie bereit sei, Ew. Majestät
und der Krone Polen zu huldigen, als dem Herrn des
Landes Preußen, so uns Gott helfe, und erbitten uns
dafür Ew. Majestät Gnade und mächtigen Schutz."

Er wendete sich darauf zurück und fragte die Sei=
nigen, ob dies recht gesprochen sei, und da sie mit Ja
antworteten, kniete er unten an den Stufen auf dem
Scharlachtuch nieder, hob die Hand und sprach den Eid,
wie er ihm durch den Woywoden von Kulm vorgesagt wurde.

Dabei wurden ihm die Augen feucht, und es rollte
eine Träne auf sein Wams, als er aufstand. Das sah
der König, drohte ihm mit dem Finger und sagte: „Du
— Du! halte Wort! Es wäre sonst dein Schade."

Der Stadt Marienburg wurden sobann ihre Privi=
legien in Gnaden bestätigt.

Nach diesem feierlichen Akt bewirtete der König
wiederum in den Prachträumen des Schlosses alle seine
Gäste.

Nach einigen Tagen zog er mit seinem Gefolge ab und nahm den größten Teil des polnischen Heeres mit sich.

Tileman vom Wege verzweifelte daran, im Lager wieder zu Kräften zu kommen, und ließ sich, da er kein Pferd besteigen konnte, in einer Sänfte nach Thorn zurück= tragen.

Zehntes Kapitel.

Ein Wagnis der Treue.

Nach dem Abzuge des Königs wurde es in der Marien=
burg bald recht still. Freilich nahm dort der Gubernator
Hans von Baisen seinen Amtssitz, aber das Haus, in
dem die Hochmeister residiert hatten, war ihm unheimlich;
er verweilte ungern darin längere Zeit und hielt sich
lieber auf seinen Gütern auf oder reiste im Lande umher,
wenn ihn nicht sein kranker Fuß ans Lager fesselte.
Mit Vielem, was jüngstens geschehen war, hatte er sich
nicht befreunden können. Die Dinge nahmen einen gar
anderen Verlauf, als zum Nutzen des Landes gut schien.
Jeder suchte sich zu bereichern, wie er konnte; den Löwen=
anteil an der Bente nahmen aber die Städte Danzig
und Thorn hinweg, und es war noch gar nicht abzusehen,
wie weit sie ihre Forderungen steigern würden, wenn neue
Geldvorschüsse von ihnen verlangt werden müßten. Schon
jetzt waren sie fast unabhängige Republiken, mächtiger als
die Landesregierung selbst. Die kleinen Städte lenkten
sie nach ihrem Willen. Die Ritterschaft mußte sie gewähren
lassen; es war nur deren stetes Bestreben, die Lasten nach
Möglichkeit von sich abzuschieben und durch die Gunst des
Königs für sich immer neue Privilegien zu erlangen.
Jeder von den Großgrundbesitzern strebte danach, Herr=
schaftsrechte zu erlangen und sich die kleinen Freien zu

unterwerfen. Es war ihr Stolz, sich der Freiheit des
polnischen Adels rühmen zu dürfen. Hans von Baisen
sah mit Bekümmernis in die Zukunft. Das hohe Ziel,
das ihm vorgeschwebt hatte, dem deutschen Lande Preußen
seine Selbständigkeit zu bewahren, war schon von den
Mitkämpfern aufgegeben. Was dem Orden genommen
wurde, fiel nicht der neuen Herrschaft zu, sondern kam zur
Teilung unter den Gläubigern, die dem unseligen Kriege
ihren Anspruch verdankten.

Und sie konnten nicht einmal befriedigt werden. Die
ungeheuren Summen, die den Söldnern hatten zugebilligt
werden müssen, ließen sich nicht sogleich aufbringen. Sie
behielten die Pfänder. Sollte der Krieg fortgesetzt werden,
so waren neue Mittel erforderlich. Das verarmte Land
konnte sie nicht mehr aufbringen. Die aber reich ge=
worden waren, beanspruchten für weitere Vorschüsse weitere
Berechtigungen. An energische Fortsetzung des Krieges
war vorerst gar nicht zu denken. Der König hatte große
Versprechungen gegeben, brauchte aber sein Heer an
anderer Stelle und war beständig in schlimmster Geld=
not; seine neuen Untertanen sollten sich selbst helfen.
So blieb zwar eine Besatzung in der Marienburg, aber
sie reichte nur eben hin, das Schloß gegen Ueberfall
durch den Feind zu sichern. Das Lager vor der Stadt
war längst aufgehoben. Thorn hatte seine Söldner, so
weit sie nicht zum Schutz der eigenen Mauern in Dienst
gehalten werden mußten, entlassen.

Unter solchen Umständen durfte der Orden, so küm=
merlich auch seine Lage war, noch nicht ganz verzweifeln.

In der Stadt Marienburg herrschte eine trübe und
unzufriedene Stimmung. Jetzt erst wurde den Bürgern
recht klar, was sie durch Vertreibung des Ordens verloren
hatten. Keine andere Stadt des Landes erlitt eine so
große Einbuße. Seit anderthalb Jahrhunderten war das
starke Schloß an der Nogat die hochmeisterliche Residenz

gewesen. Der fürstliche Haushalt dort setzte die Bürger=
schaft in Nahrung. Kein Tag verging, an dem nicht
Fremde anlangten, die im Schloß Geschäfte hatten: Kom=
thure und Vögte der entfernteren Gebiete, Abgesandte von
Lauden und Städten, Sendeboten des Deutschmeisters,
des Landmeisters von Livland, der deutschen Reichsfürsten,
Gäste fürstlichen und abligen Standes. Die meisten
brachten ein stattliches Gefolge mit, das in der Stadt
einquartiert wurde; zu den Festlichkeiten lieferten die
Bürger einen Teil des Bedarfs. Nie fehlte es an Neu=
gierigen und Schaulustigen, die hier aus weiter Ferne
zusammenströmten, das Gepränge des Hofes zu bewundern
und etwas Neues zu erfahren. Die Handelsstädte, die
mit der Hansa in Verbindung waren, hielten hier ihre
Tage ab und führten viel Geld zu; hier wurde über
Landesordnungen beraten; hier hatte auch einer der Groß=
schäffer des Ordens seinen Sitz und Marienburger Bürger
waren seine Agenten bei den wichtigen und umfangreichen
Handelsgeschäften, die er betried. Die Stadt unter den
Mauern des Schlosses war wohlhabend geworden, und
hatte sich darauf eingerichtet, daß dieser Verkehr ein
dauernder sein würde. Nun sollte man nicht nur in den
Jahren des Krieges große Verluste zu beklagen gehabt
haben, sondern sich auch an den Gedanken gewöhnen, daß
die guten Zeiten nie mehr wiederkehren könnten. Ja,
wenn statt des Hochmeisters fortan ein König im Schloß
hausgehalten hätte! Aber künftig war nur in längeren
Zwischenräumen sein Besuch für wenige Tage zu erwarten.
Und nicht einmal einen Statthalter hatte er eingesetzt, der
fürstlichen Aufwand treiben sollte und konnte. Das mittlere
Schloß war wie verödet und nie wieder sollte dort ein
glänzender Hof die Blicke der ganzen Christenheit auf sich
ziehen. Handel und Wandel stockte, die Speicher der
Kaufleute standen leer, die Kahnrheder hatten nichts zu
tun, die Arbeiter waren ohne Beschäftigung, die Hand=

werker erhielten keine Bestellungen. Man zehrte von den
Resten des früheren Wohlstandes und sah mit Schrecken,
daß ihm alle Wurzeln untergraben waren und in Kurzem
alle Säfte stocken mußten.

So hörte Bartholomäus Blume täglich nur Klagen
und Verwünschungen. Ihm freilich konnte man diese
trostlose Wendung der Dinge nicht zur Last legen; aber
er war doch das Oberhaupt der Stadt und sollte Rat
schaffen. Es schien nur geholfen werden zu können,
wenn der Orden wieder Herr des ganzen Landes wurde,
der Hochmeister wieder in seine Burg einzog und von
hier aus die Thorner und Danziger demütigte. Schon
wurden in allen Ständen Stimmen laut, man habe nur
gezwungen dem König gehuldigt und sei ihm von Rechts
wegen zu nichts verpflichtet; man müsse trachten, den
Orden wieder zu Kräften zu bringen und das Schloß in
seine Gewalt zu geben; die Stadt dürfe nicht den ver=
räterischen Buben zu Liebe gänzlich zu Grunde gerichtet
werden.

Blume suchte zu trösten und zu beruhigen, aber ihm
selbst war bange zu Mut. Litt er doch am schwersten
unter der Pein dieser traurigen Verhältnisse. Auch ihm
fehlte es nicht an geschäftlichen Sorgen, aber ohne Klagen
hätte er noch größere Verluste erduldet, wenn er so nur
seinem alten Herrn die Treue hätte bewahren können.
Sein Herz gewöhnte sich nicht daran, von ihm abzulassen.
Die Hoffnung, daß der gnädige und gerechte Gott nach
dieser Zeit der Prüfung ihn wieder in all' seine frühere
Herrlichkeit einsetzen werde, wollte ihm nicht ersterben.
Jede Nachricht, daß des Königs Macht geschwächt sei,
daß die Bündischen Verluste erlitten hätten, daß sie ihre
Streitmacht zu schwächen genötigt gewesen, erfüllte ihn
mit Freude. Daß der Orden auch in dieser furchtbarsten
Not seine Sache noch nicht verloren gab, die Burg
Königsberg befestigte, Marienwerder behauptete, das mit

seinem Gebiet bis an die Weichsel herantrat, Soldhaupt=
leute fand, die seinem Stern vertrauten, gab ihm neue
Ermutigung. Er schickte Marcus ins Land, Erkundigung
einzuziehen und hörte gern, wenn er berichtete, wie überall
Mißvergnügen über das Treiben der Bündischen herrschte,
die das arme Volk betrogen hätten, und die Herrschaft
des Ordens zurückgesehnt würde. Wie lange konnte ein
allgemeiner Aufstand noch auf sich warten lassen? Dann
würde der Orden auch seine Stadt Marienburg wieder
einnehmen und sie des erzwungenen Eides entbinden.

Fran Regina war mit ihrer Tochter in der Stadt
geblieben. Freilich hatte sie die Gastlichkeit des Bürger=
meisters und seiner guten Fran nicht mißbrauchen wollen
und deshalb auf eine Beschäftigung gedacht, mit der sie
sich den Unterhalt verdienen könne. Blume schlug ihr
vor, ihre ärztliche Kunst auszuüben, und räumte ihr mit
des Rats Bewilligung die kleine Wohnung im städtischen
Spittel ein, die vom Aufseher benutzt zu werden pflegte.
Der Apotheker versorgte sie mit Arzneimitteln. Da sie
aber Verlangen nach ihren eigenen Vorräten hatte, machte
Marcus sich auf den Weg nach Heilsberg und in den
Wald. Er fand das Waldhaus verlassen und ausgeplün=
dert, kein lebendes Wesen mehr darin; die alte Magd
hatte flüchten müssen. Die Kräuterkammer war verschont
geblieben. Marcus packte sorgsam zusammen, was er dort
fand, und brachte es nach Hause. Seitdem wurde das
Stübchen im Spittel von Hilfesuchenden selten leer. Frau
Regina hieß nicht mehr die Waldfrau, sondern weit im
Umkreise die kluge Frau von Marienburg. Ursula hatte
Marcus aus dem Walde einen jungen Star mitgebracht.
Den lehrte sie sprechen und singen, daß sich die Leute
darüber verwunderten. Wenn er „Marcus, lieber Marcus"
rief, meinten sie seine Mutter zu hören.

So verging die Zeit bis in den Herbst hinein. Eines
Tages — es war nebliges, unfreundliches Wetter —

melbete sich im Hause des Bürgermeisters ein Graumönch und bat, zu ihm gelassen zu werden, da er von auswärts komme und für sein Kloster etwas zu erbitten habe. Frau Christine wollte ihn mit einer reichlichen Gabe ab= trösten, er blieb aber dabei, daß er den Hausherrn selbst sehen müsse. Nun fiel's der Bürgermeisterin auf, daß seine Haltung für einen Klosterbruder wenig demütig war und seine Stimme rauh wie die eines Kriegsmanns kaug. Sie forschte deshalb nicht weiter, sondern ließ ihn bei Bartholomäus ein.

Sobald die beiden Männer allein waren, warf der Graumönch die Kapuze zurück, die sein bärtiges Gesicht beschattet hatte, und sagte: „Kennt Ihr mich, Herr Bar= tholomäus Blume?"

Der Bürgermeister stutzte. Im nächsten Moment leuchtete die Freude in seinen Augen auf. „Gnädigster Herr Spittler . . .," rief er aus und streckte ihm die Hand entgegen.

„Still!" unterbrach Plauen, „mein Name darf nicht ausgesprochen werden. Die Wände haben Ohren. Ich habe mich nicht ohne Grund in solcher Vermummung in die Stadt eingeschlichen. Eure Stadt hat polnische Be= satzung."

„Gott sei's geklagt," antwortete Blume. „Zwar ist sie nur schwach, aber darum nicht weniger lästig. Herr Ulrich Czerwonka, der Schloßhauptmann —"

„Ich weiß alles," fiel Plauen ein, „die Stadt ist vergewaltigt."

„Und Ihr kommt —"

„Um Euch einen Gruß vom Herrn Hochmeister zu bringen, der Eurer oft in Ehren gedacht."

„Das ist mir eine Freude zu hören. Und wie geht's meinem gnädigsten Herrn?"

„Traurig genug, aber doch so traurig nicht mehr, als da er von der Marienburg schied und von Schloß zu Schloß wanderte, ein sicheres Obdach zu finden, und überall nur Not und Elend traf, daß er nicht mehren wollte. Sein Mut ist wieder merklich aufgerichtet, da ihm von mancher Seite Unterstützung geworden, wo er sie nicht erwartet. Die deutschen Söldner sind ihm meist treu geblieben. Wir haben unsere festen Plätze behauptet und einige Burgen dem Feinde wieder entrissen. Das Glück, das uns schon ganz verlassen zu haben schien, zeigt uns ein freundlich Gesicht. Die Verräter meinten den Lohn ihrer schnöden Tat geerntet zu haben und sind lässig geworden. Sie wagen nicht mehr anzugreifen, nachdem sie wiederholt im Felde geschlagen sind. Ihr Vertrauen auf die Hilfe des Königs ist erschüttert, da der Reichstag ihm die Mittel versagt, den Krieg hier im Norden kraftvoll fortzusetzen. Seine Polen merken wohl, daß sie von den Bündischen arg hinter's Licht geführt sind und der Gewinn den Aufwand nicht lohnt. Der heilige Vater hat auf des edlen Aeneas Sylvius Mahnung von Neuem den Bannfluch gegen alle Feinde des Ordens ausgehen lassen, und man weiß, daß der König mitgetroffen sein sollte. Das macht die polnische Geistlichkeit scheu und einen Teil des Adels bedenklich. So hoffen wir trotz aller Kümmernisse am Ende doch Sieger zu bleiben."

„Das wolle Gott geben," sagte Blume, die Hände faltend. „Täglich bestürm' ich seine Gnade deshalb mit meinen Gebeten."

Der Spittler drückte ihm die Hand. „Wir kennen Euch als treu und unserer guten Sache sehr ergeben," versicherte er, „und vertrauen, daß Ihr nicht nur für uns betet, sondern im rechten Augenblick auch für uns haudeln werdet."

„Wie soll ich das verstehen?" fragte der Bürgermeister, durch den strengen Ton betroffen. Seine grauen Augen forschten im Gesicht des vornehmen Gastes, was dessen Meinung sein mochte.

„Ihr wisset,“ fuhr Plauen heimlicher fort, „daß unseren Orden kein schwererer Schlag treffen konnte, als der Verlust seines Haupthauses. Die Marienburg zurück= zugewinnen, muß das Ziel all' unseres eifrigsten Stre= bens sein.“

„So ist's, gnädiger Herr, so ist's.“

„Euch hat nicht entgehen können, wie's jetzt darin bestellt ist. Meint Ihr, daß uns ein unvermuteter An= griff gelingen könnte?“

Blume hob aufmerkend den Kopf. „Die Mauern sind sehr fest — sie haben bisher noch jedem Ansturm widerstanden. Freilich hat Herr Ulrich Czerwonka zur Zeit noch achthundert Mann ins Schloß gezogen, sehr wider Willen des Herrn Sttbor von Baisen, der eifer= süchtig darüber wacht, daß der Hauptmann sich nicht der Burg als seines Eigentums bemächtige. Doch auch diese Verstärkung reicht zur Verteidigung der aus= gedehnten Werke bei Weitem nicht aus. Aber wie wolltet Ihr unvermutet mit einem Belagerungsheer von vielen Tausenden . . .“

„Es steht uns für jetzt nicht einmal zu Gebot. Nur ein überraschender Überfall kann Erfolg haben. Hört! Unser getreuer Bernhard von Zinnenberg will ihn von der Burg Stuhm aus wagen.“

„Bernhard von Zinnenberg? Der wackere Mann! Ja, er hat bisher Stuhm dem Orden treu bewahrt, wie der König und die Bündischen ihn auch zur Uebergabe drängten. Auf ihn ist Verlaß.“

„Er hat nur zwei gute Meilen Weges bis hieher. Wenn er wüßte . . .“

„Was, gnädiger Herr?“

„Daß er in die Stadt aufgenommen würde . . .“

„In die Stadt —?“

„Nun erschreckt Ihr. Ich glaubte, Ihr wolltet mit

Freuden die Gelegenheit ergreifen, eurem alten Herrn zu dienen."

„Gewiß, gewiß —! aber . . ."

„Das Schloß kann nur von der Stadt her über= rumpelt und rasch eingenommen werden. Es mag ein großes Wagnis sein —"

„Das bedenk' ich nicht, gnädiger Herr, aber . . ." Ihm wurde sichtlich heiß; Schweißtropfen standen auf seiner Stirn unter dem lockigen Haar.

„Was ist's also?" fragte der Spittler.

„Gnädiger Herr," antwortete Blume gepreßt, „die Stadt hat dem König gehuldigt."

„Hoffentlich nur gezwungen. So haben wir's an= gesehen."

„Gezwungen — Gott weiß es! Aber unser Eid —"

„War ein gezwungener Eid. Er hat keine Giltig= keit über die Zeit der Not hinaus."

„So ist er nicht verstanden, gnädiger Herr — vom König nicht verstanden."

„Wie? Und Ihr wolltet Euch durch solchen Zwang in eurer Seele für gebunden halten? Wie könnte das geschehen, Bartholomäus? Dann wahrlich hättet Ihr die Treue dem alten Herrn gebrochen und schmählichsten Verrat geübt. Gott könnt' euer falsches Gebet nicht erhören."

„Und wär's nicht Meineid, den seine Gerechtigkeit strafen müßte . . . ."

„Das fürchtet nicht. Habt ihr Marienburger nicht dem Herrn Hochmeister und seinem ganzen Orden ge= schworen?"

„Von ganzem Herzen."

„Und durftet ihr diesen Eid brechen?"

„Es ist nicht mit unserm Willen geschehen."

„Es ist überhaupt nicht geschehen. Zwang euch der König zu einem Eide, der hob jenen nimmermehr auf."

„Ihr seht meine Gewissensangst, gnädigster Herr —"

„Könnt ich Euch zu einer Todsünde verführen wollen? Ich sag' Euch, dieser Eid ist kein Eid, und das möget Ihr allen denen wiederholen, die ihn erzwungen ge= leistet haben. Er ist null und nichtig hüben und drüben. Hatte der Orden euch eures gelobten Gehorsams entlassen? Nein! Durfte der König euch zu Untertanen annehmen, bevor er uns solche Entlassung abgetrotzt hatte? Nein! Erhielt er der Kirche Beistand, euch zu lösen von dem alten Eide, damit der neue gelte? Nein! Was zagt Ihr also, Manu? Wär's ein Fehl gewesen, der Gewalt zu weichen, den wollt' Euch der Orden verzeihen und der Papst in Rom auf seine Bitte gern abnehmen. Denn eure und der eurigen Schuld ist wahrlich nicht groß."

„So wolltet ihr Kreuzherren uns vertreten, daß Ihr uns bei dem alten Eide festgehalten hättet?"

„Das wollen wir und hoffentlich auch mit gutem Erfolg dem König gegenüber. Das eine nur habt ihr zu bedenken, daß ihr mit ihm brecht. Kann er's, so wird er den Abfall rächen."

„Das mag geschehen," rief Blume, „und soll uns keine Not zu groß sein. Gebt uns nur das Versprechen, daß der Orden uns beistehen wolle mit ganzer Kraft, daß wir das Werk gemeinsam vollbringen."

„Ich geb's, so wahr ich ein ehrlicher Mann bin," entgegnete der Spittler, wuchtig in seine Hand ein= schlagend. „Helft dem Orden, wie ihr's ihm schuldig seid, und er wird seine Stadt Marienburg im Kampf nicht verlassen."

Nun wurde der Plan näher besprochen. Blume sollte davon auf dem Rathause nichts verlauten lassen, bis das Unternehmen reif wäre, indessen aber heimlich alle Vorbereitungen treffen. Das weitere hätte er mit Bern= hard von Zinnenberg zu verabreden, der den Spittler unterrichten werde. Er dürfe ihm vollstes Vertrauen schenken. „Und so stehe uns denn die Himmelskönigin in Gnaden bei," schloß Plauen, „daß wir die Verräter überlisten und ihnen den Raub abnehmen, damit wir der gebenedeiten Jungfrau Maria wieder dienen können in ihrem Hause zu Ehren Gottes und der Menschen."

„Amen," sagte Bartholomäus Blume, die Hände faltend. Der Spittler zog die Kapuze über den Kopf und verließ das Haus, von ihm bis zur Tür geleitet.

Seitdem hatte der treue Mann mehr als je unruhige Tage und Nächte. Er wußte wohl, was er sich über-nommen und wie viel für ihn und die Stadt Marien-burg auf dem Spiel stand. Gelang der Überfall, so mochte des Ordens endlicher Sieg wahrscheinlich sein; mißlang er, so war von des Königs Zorn und der Bün-dischen Rachsucht das Schlimmste zu fürchten. Frau Christine, die ihn sorgend beobachtete, merkte, daß seit jenem Besuch etwas in ihm vorging. Sie sagte es ihm auf den Kopf, das sei kein Mönch gewesen. Er bat sie, ihn nicht zu bedrängen. Da er aber sah, wie sie sich um ihn härmte, meinte er am Ende, es sei am besten, sie ins Geheimnis zu ziehen, zumal er sich doch ohne ihr Wissen nicht aus der Stadt entfernen konnte. So sagte er ihr eines Nachts, da sie beide nicht schlafen konnten, alles und fügte gleich hinzu, er sei entschlossen, seine Pflicht zu tun, es komme, wie es wolle. Darüber erschrak sie anfangs sehr und bat ihn kleinmütig, die Folgen zu bedenken und Weib und Kind nicht zu ver-gessen. Er aber seufzte nur und sagte: „Das ist alles bedacht und liegt nun in Gottes Hand. Will er uns zeitlich verderben, so werden wir doch seine ewige Gnade gewinnen. Wie sollt' ich vor mir selbst noch bestehen, wenn ich feige den Dienst verweigerte, den mein Herr fordert? Groß ist die Gefahr, aber groß auch der Sieg. Was jetzt versäumt wird, kann nie wieder eingeholt werden. Was für ein erbärmliches Dasein ist das unter der Polen

Herrschaft! Deutsch wollen wir sein und bleiben, wie unsere Väter es waren, die ins Land zogen, zur Ehre des deutschen Namens zu kämpfen und zu arbeiten. Vergäßen wir das, uns wäre besser, die Heiden hätten uns erschlagen. Darum hindere mich nicht, liebes Weib, diesen dornigen Weg zu wandeln, der doch allein zum Heil führen kann. Fühlst Du als eine deutsche Frau, so werd' ich deinem Herzen um so teurer sein."

Sie weinte eine Weile still. Dann aber sagte sie: „Du hast Recht, Bartholomäus, und überwindest meine Zaghaftigkeit. Wie könnt' ich deine Treue schelten, die mich doch selbst mein Leben lang beglückt hat. Wo Du gehst, da will ich auch gehen, und was Du zu tragen hast, mit Dir tragen. Mag die Last unsern Schultern nicht zu schwer werden!"

„So hab' ich's von meinem lieben Weibe erwartet," antwortete Blume, „und nun kann ich wieder fröhlichen Sinnes sein, es komme was da wolle."

Am andern Tage verließ er die Stadt. Er sagte der Torwache, daß er nach seinem Gütchen hinauswollte, um dort Marcus zu besuchen, der die Wintersaat bestelle. Dahin ging er auch vorerst. In der Nacht aber begab er sich nach der Burg Stuhm, nannte ein Losungswort, das ihm der Spittler für diesen Fall angezeigt, und wurde nun sogleich zum Hauptmann eingelassen.

Bernhard von Zinnenberg war ein ritterlicher Herr, nicht mehr in den jüngsten Jahren, aber noch vollkräftig und gleich dem Jüngsten beweglich. Er hatte nie das Waffenhandwerk, wie so viele Soldhauptleute sonst, nur als ein Geschäft betrieben, das ihm Geld und allenfalls auch Ruhm eintragen möchte. Es war ihm Ernst damit, seine Ritterehre für die Sache einzusetzen, die er vertrat. Dem deutschen Orden hatte er sich verdungen, weil er dessen Kampf für gerecht und Gott wohlgefällig hielt. Als ein Ritter müsse er den Rittern beistehen, nicht den

Krämern, hatte er gemeint und danach gehandelt. Aus dem Reich brachte er eine starke Abneigung gegen die bündnerischen Städte mit, die sich ihrer fürstlichen und ritterlichen Herren entledigen wollten. Nach seiner Gesinnung war er gut deutsch und haßte die Polen wegen ihrer barbarischen Kriegführung und ihres übermütigen, leichtfertigen Wesens. Sein Körper war voll Narben; nie hatte er sich im Gefecht geschont. Immer ritt er voran und warf sich mit rechter Lust gegen den Feind, die Stärke seines Armes und die Schärfe seines Schwertes zu erproben; er meinte den Sieg nicht verdient zu haben, wenn er nicht mit eigener Hand so und so viele Gegner in gutem Harnisch vom Pferde geworfen. Von den Feuerwaffen hielt er nichts; sie schienen ihm nur erfunden, um der Mannhaftigkeit Abbruch zu tun. Er war rauh von Art, geradezu, oft verletzend in seiner Derbheit und Rücksichtslosigkeit, aber auch durchaus zuverlässig und ehrenfest, zäh ausdauernd, an Entbehrungen gewöhnt und auch in guten Zeiten allem weibischen Luxus abhold. Sein Wams und Mantel waren oft geflickt, aber sein Eisenhut und Panzerhemd immer blank. Seine Leute, so scharf er sie behandelte, hingen an ihm mit schwärmerischer Verehrung; er sorgte aber auch für sie wie ein Vater und hätte lieber selbst die äußerste Not gelitten, als sie darben zu sehen.

Deshalb war es ihm auch gelungen, die Burg Stuhm für den Orden zu behaupten. Sie war jetzt der vorgeschobene Posten, von dem aus das verlorene Gebiet wiedererobert werden sollte.

„Ich weiß, was Euch herführt," redete er den Bürgermeister an, ohne ihn zu Worte kommen zu lassen. „Der Herr Spittler hat mir angezeigt, daß Ihr nicht zu den Hundsföttern gehören wollt, die ihren Gebieter im Unglück verlassen. Das ist brav und hab' ich auch von Euch nicht anders angenommen. Könnt Euch deshalb

12*

die Einleitung sparen und gleich zur Sache kommen. Wie gedenkt Ihr uns bei diesem Wagnis beizustehen?"

„Ew. Edlen sollen erfahren, was ich von der Lage des Schlosses weiß," antwortete Blume, „und was die Stadt Marienburg an Mannschaft und Waffen bieten kann. Machet dann selbst euren Plan und zieht mich in euer Vertrauen. Ihr seid ein erfahrener Kriegsmann und werdet besser als ich des Feindes Stärke und eure Mittel zu schätzen wissen. Wie Ihr uns anstellt, so wollen wir Euch zu Diensten sein."

„Das hör' ich gern," sagte der Hauptmann freund= licher. „Sprecht, lieber Bürgermeister, daß wir für unsere Beratung festen Grund gewinnen. Ich bemerk's Euch im Voraus, daß es sich um kein leichtes Stück Arbeit handelt."

Blume unterrichtete ihn nun getreulich von allem Einzelnen, das ihm zu wissen Not tun möchte, insbe= sondere auch von der Beschaffenheit der Schloßmauern nach der Stadtseite hin. „Es ist die Meinung der Bau= herren gewesen," fügte er hinzu, „daß hier die Stadt das Schloß decke. Vor vierzig Jahren ließ sie der Hochmeister von den Bürgern niederbrennen, damit sich die Polen nicht darin festsetzten und einen Halt fänden gegen die Burg. Ist sie unversehrt in den Händen der Belagerer, so mag sie wohl jetzt den Verteidigern noch mehr be= drohlich sein, da sie seitdem stärker befestigt ist."

„Auf eine regelrechte Belagerung können wir uns nicht einlassen," entgegnete Zinnenberg, „das muß ein Kind einsehen. Die Frage ist nur, ob wir das Schloß von der Stadt her überraschen. Vielleicht ließe sich vom Schuhtor einbringen. Ihr nanntet aber auch eine Lauf= brücke. Sie muß zu einer Pforte führen. Gelingt's uns, die zu besetzen, ehe der Feind die Gefahr wittert, so haben wir viel gewonnen."

„Das scheint mir unsere ganze Hoffnung," sagte

Blume. „Einige hundert Mann können auf dem Johannis=
kirchhof, über den der Weg geht, versteckt werden. Die
Brücke aber ist nur schmal und die Pforte nicht breiter,
als daß zu gleicher Zeit zwei Personen eintreten können.
Gelingt's Euch, eure Mannschaft hindurchzubringen und
auf dem Parchan unter dem alten Hause zu sammeln, so
habt Ihr noch eine Pforte an der Ecke nach dem Herren=
Dansk zu überwinden. Es wär' aber leicht möglich, daß
Ihr sie offen fändet, denn die Polen sind fahrlässig, wenn
sie sich vor Überfall sicher glauben, und Herr Ulrich
Czerwonka kann die Augen nicht überall haben.“

„Darauf müssen wir nun vertrauen,“ erwiderte
Zinnenberg. „Sind wir erst drinnen, so soll's uns nicht
ängstigen, daß die Polen ein paar Hundert Mann mehr
unter Waffen haben als wir. Die deutschen Landsknechte
werden mit ihnen fertig werden, wenn ich sie führe, und
eure Aufgabe ist dann nur noch, uns in der Stadt den
Rücken zu decken. Man muß aber auch den andern Fall
bedenken, daß wir abgeworfen werden. Dann geht der
Tanz für euch Marienburger erst recht los, und möcht'
wohl mancher dabei zu kurzen Atem haben, fürcht' ich.
Denn die Stadt muß sich gegen das Schloß setzen, und
das kann ein absonderlich Schauspiel geben, wie wenn
zwei Ringer mit einem Strick umbunden sind und Brust
an Brust gegen einander drücken, wer beim Fall oben
oder unten zu liegen komme. Überlegt's Euch, Herr
Bürgermeister, ob Ihr eurer Stadt so viel Standhaftigkeit
zumuten und zutrauen dürft. Denn was Ihr nicht mit
Einsatz aller Kraft zum Ende führen könnt, das fangt
lieber gar nicht an. Es wär' mir leid um jeden Mann,
wenn ich den Überfall wagte und hätt' hinterher keinen
Rückhalt an der Stadt.“

„Daran soll's Euch nicht fehlen, Herr Hauptmann,“
versicherte Blume. „Wie wir uns aber gegen Euch ver=
pflichten, im Fall des Mißlingens treulich auszuharren,

so wollet auch Euch gegen uns verpflichten, die Stadt ihrem Schicksal nicht preiszugeben, sondern sie verteidigen zu helfen, wie es die Not verlangt."

„Da habt Ihr mein Ritterwort," antwortete Zinnen= berg und bot ihm die Hand. Blume hielt den Druck aus, ohne mit den Wimpern zu zucken. Das gefiel dem Hauptmann. „Ich merke, wir werden gute Kumpane sein," sagte er lachend.

Dann beredeten sie den Plan genau und setzten die Zeit fest. Bernhard von Zinnenberg wollte den Spittler benachrichtigen, damit er einen Streithaufen möglichst in der Nähe bereit hielte.

Darauf kehrte Blume nach der Stadt zurück und zog einige von seinen Ratmannen, auf deren Verschwiegen= heit er sich verlassen konnte, ins Geheimnis. Sie stimmten ihm freudig zu.

Zinnenberg gewann die andern treuen Hauptleute in Stuhm und auf benachbarten Schlössern, den Grafen Burkhard von Querfurt, Georg von Schliewen, Wend von Eulenburg, Hans von Dohna, Hans von Tettau und andere für seinen Plan. Der Spittler eilte mit einem Fähnlein reisiger Kriegsknechte nach Stuhm. In einer finsteren Herbstnacht brach Zinnenberg mit seinen Rittern, sechshundert Reisigen und sechshundert Mann Fußvolk nach Marienburg auf. Er gelangte bis zu den Mauern der Stadt, vom Schlosse unbemerkt. Blume, der durch einen Boten verständigt war, öffnete ihm sofort die Tore.

Er besetzte die Türme und Wehren. Die polnische Besatzung wurde überrascht, zum größten Teil in den Quartieren niedergemetzelt, der Rest mit ihrem Hauptmann gefangen.

Eine auserlesene Schar besetzte den Johannis=Kirch= hof und den Zugang zur hölzernen Laufbrücke. Auf ein gegebenes Zeichen brachen die vordersten Rotten geschlossen vor und eilten auf den Dietrichsturm zu. Die Wächter lagen im Schlaf und wurden niedergemacht, ehe sie Lärm schlagen konnten. Den Turm besetzte Zinnenberg. Nun aber war noch der offene Weg über den zweiten Teil der Brücke bis zur Mauerpforte zurückzulegen. Sollte der Sturm auf dieselbe gelingen, so mußte eine ausreichende Mannschaft vorgeschoben werden. Die Dunkelheit war nicht so groß, daß die Annäherung so vieler Bewaffneter unbemerkt bleiben konnte, wenn man auf der Mauer nicht alle Wachsamkeit vergaß. Auch knarrte und stöhnte das Holzwerk unter dem Tritt der Männer, und die Eisenplatten der Panzer oder die Ketten der Schwertgehänge rasselten bei jeder Bewegung. Zinnenberg, der mitten unter den Stürmenden war, trieb zur Eile. Die Vordersten hatten Streitäxte und Kolben mit eisernen Spitzen, um im Notfall das Tor einzuschlagen.

Sie gelangten auch im Laufschritt bis an dasselbe. Nun aber war man oben hinter den Zinnen aufmerksam geworden und fragte hinunter, wer da nahe. Da keine Antwort erfolgte und immer neue Rotten über die Brücke vordrängten, erhoben die polnischen Wachen ein Geschrei und weckten ihre Mannschaft, die sich unter dem hölzernen Wehrgange gelagert hatte, aus dem Schlafe. Jetzt hielt's Zinnenberg an der Zeit, Gewalt zu brauchen. Er gab seinen Leuten Befehl, das Tor einzuschlagen und die Leitern anzusetzen. Aber das eisenbeschlagene Eichenholz widerstand eine Weile den wuchtigsten Hieben und die Brücke war zu schmal, um gleichzeitig einer größeren Zahl von Leitern den Stützpunkt zu bieten. Von der Mauer herab wurden Schleudersteine auf die Stürmenden geworfen, mehrere von ihnen verwundet und getötet. Pfeile und Bolzen schwirrten durch die Luft und beunruhigten die ungedeckt auf der Brücke Stehenden. Sie riefen den Vorderleuten zu, sich zu beeilen. Vor den Mauern wurde es laut, wie auf ihnen.

Endlich stürzte das Tor ein, aber ein Gatter sperrte den gewölbten Gang unter der Mauer und veranlaßte neuen Aufenthalt. Darauf waren die Angreifer nicht vorbereitet. Es dauerte lange, bis die Pfähle zersplittert zusammenbrachen, zumal die Polen zwischen den Gatter= pfählen hindurch mit Lanzen gegen die Stürmenden stachen. Zuletzt drängte sich Zinnenberg vor, ergriff selbst eine Art mit nerviger Faust und donnerte die Scheidewand nieder. Über die Holzsplitter und eisernen Riegel hinweg schob sich nun die Masse durch den engen Gang dem Parchan zu. Dort wurde sie von den Polen empfangen, die sich gesammelt und zum Kampf aufgestellt hatten. Da immer nur wenige von ihren Gegnern vorbrechen konnten, hatten sie, obgleich selbst nicht zahlreich, längere Zeit die Übermacht. Viele von den Landsknechten ließen da tapfer fechtend ihr Blut und Leben. Aber andere ersetzten sie sogleich. Nach und nach füllte sich der Platz hinter der Pforte. Die Hauptleute ordneten ihre Kolonnen und warfen die Polen zurück. Nun konnten die auf der Brücke ungehindert den Parchan erreichen und die Streit= schar verstärken. Die Polen waren bemüht, ihn zu sperren, indem sie sich mit dem einen Flügel an die Mauer lehnten, mit dem andern gegen das Schloß hinschwenkten. Sie wichen nur Schritt nach Schritt.

Jetzt kam alles darauf an, die Pforte am Herren= Dansk zu erreichen, bevor von jenseits Zuzug kam. Zinnenberg feuerte die Seinigen an, stellte sich immer wieder selbst an die Spitze. Schon schien die Kraft der Verteidiger zu erlahmen, die jetzt erkannten, daß sie es mit einem übermächtigen Feinde zu tun hätten. Da aber brachte ihnen Ulrich Czerwonka Hilfe. Der Turmwächter war auf den Lärm und das Waffengeklirr unten auf= merksam geworden und hatte in den Schloßhof hinab das Signal gegeben. Vom Parchan her ritten Boten herbei und alarmierten die Schlafenden. Der Hauptmann wurde

geweckt, fuhr in die Kleider und trat halbgerüstet auf
den Hof hinaus. Mit einem Trompeter durchschritt er
die Kreuzgänge und ließ zum Frühauf blasen. Alles
stürzte aus den Schlafstellen und sammelte sich im Hof.
Als Czerwonka einige Hunderte zusammen hatte, führte
er sie um das Schloß nach dem Herren-Dansk und besetzte die Pforte. Eben drängten sich durch dieselbe die
fliehenden Polen. Er trieb sie zurück. Sein Beistand
machte ihnen wieder Mut; sie warfen sich, verstärkt durch
die Nachdringenden, nochmals gegen die Angreifer. Von
der Maner herab wurde mit Pechfackeln und Windlichtern
geleuchtet. Auf dem Parchan entspann sich ein wilder
Kampf Mann gegen Mann. Bald wuchs die Schar der
Polen und Böhmen so mächtig an, daß die Landsknechte
trotz aller Tapferkeit weichen mußten.

Bernhard von Zinnenberg setzte es noch einmal durch,
daß sie standen und zum Sturm vorgingen. Wurde der
Herren-Dansk genommen, so konnte von diesem starken
Außenwerk aus das Schloß beschossen und vielleicht doch
noch, wennschon mit vielem Blutvergießen, erobert werden.
Die nächste Stunde mußte entscheiden, ob alle Mühe
vergeblich gewesen. Die Lanzen splitterten, die Schwerter
klirrten, die Helme barsten, Flüche und Wehrufe erfüllten
die Luft. Einen Augenblick schien's als müßten die
Polen den Parchan räumen. Aber schon waren auch die
Wehrgänge des Schlosses besetzt. Von dort wurden Steine
hinabgerollt, Speere geworfen, hagelbicht Pfeile entsendet.
Sie trafen freilich Freund und Feind. Czerwonka mußte
Leute abschicken und Einhalt gebieten. Nun stürmte
Zinnenberg noch wilder an. Es gelang ihm, die Polen
durch die Pforte zurückzutreiben. Aber sie selbst vermochte
er nicht zu nehmen; das Tor widerstand wie die Maner.

So behauptete er zwar die Nacht hindurch den Parchan
und die Brückenpforte; sein kühner Anschlag gegen das
Schloß jedoch war vereitelt, das mußte er sich zähne-

knirſchend eingeſtehen. Doch gab er noch nicht alles ver=
loren. Er ſendete die Verwundeten nach der Stadt, zog
friſche Mannſchaften heran und gab den Bürgern Befehl,
noch in der Nacht für den Angriff bewegliche Schutzdächer
aus Breitern und Flechtwerk herzurichten. Bei Morgen=
grauen ordnete er wieder ſeine Landsknechte unter den
Holzgerüſten hinter der Mauer.

Aber auch Ulrich Czerwonka war nicht müßig ge=
blieben. Er hatte eiligſt alles grobe Geſchütz, das in der
Vorburg irgend entbehrlich war, nach dem rechten Schloß
ſchaffen und gegen die Stadt richten laſſen. Als nun bei
aufſteigender Sonne der bleigraue Himmel ſich erhellte,
donnerten von dort her die Kanonen. Zum Schrecken
der Bürger ſchlugen die Kugeln in die Dächer ein und
ſegten die Straßen. Niemand wagte ſich unter den
Lauben vor, Weiber und Kinder flüchteten in die Keller.
Die Kriegsleute durchbrachen im Innern der Häuſer die
Zwiſchenwände und ſtellten ſo einen Durchgang her, der
auch von den Bürgern benutzt wurde. Jeder hielt Löſch=
gerätſchaften und Waſſer bereit, einen etwa entſtehenden
Brand ſogleich zu dämpfen.

Nicht ſchnell genug glaubte Bernhard von Zinnenberg
der bedrohten Stadt zu Hilfe kommen zu können. Dies
geſchah unzweifelhaft am wirkſamſten durch den erneuten
Angriff auf das Schloß. Er ließ eine Donnerbüchſe, die
in der Nacht auf den Parchan geſchleppt war, gegen das
Tor am Herren=Danſk richten und die Sturmleitern an=
ſetzen. Aber die Mauer wurde jetzt von den beſten
Mannſchaften Czerwonkas verteidigt und ſie wehrten ſich
wie die Verzweifelten, da ſie wohl mußten, was für ſie
auf dem Spiel ſtand, wenn ſie hier läſſig wären. Immer
wieder wurden die Leitern abgeworfen, die Stürmenden
hinabgeſtürzt. Ihre Verluſte waren groß, da nun auch
ſeitwärts von der Schloßmauer her gegen ſie Steine und
Geſchoſſe geworfen wurden, denen die Schutzdächer nur

schwachen Widerstand leisteten. Vornehmlich richteten die Bogenschützen ihre Pfeile gegen die Bedienungsmannschaft am Geschütz und standen selbst hinter den Scharten so gut gedeckt, daß sie nicht getroffen werden konnten. So konnte die Donnerbüchse nur in langen Zwischenräumen eine Kugel gegen die Pforte absenden. Als sie wieder einmal zum Schweigen gebracht war, wagte Czerwonka einen Ausfall. Es wurde von beiden Teilen tapfer auf dem Parchan gekämpft. Zuletzt mußte Zinnenberg doch der Übermacht weichen. Noch verteidigte er die Brücken=pforte und den Dietrichsturm, aber ohne Hoffnung diese Werke zu halten. Er mußte sie aufgeben, nachdem seine Landsknechte in guter Ordnung den Rückzug über die Brücke nach dem Kirchhof bewerkstelligt hatten. Hinter ihnen wurde sie sofort von den Polen zerstört.

An Verfolgung freilich konnte der geschwächte Feind nicht denken. Aber den ganzen Tag über setzte er die Kanonade gegen die Stadt fort und tat ihr viel Schaden. Es war ein Glück für sie, daß es den Polen bald an Kugeln und Pulver fehlte, da sie den geringen Vorrat rechtzeitig zu ergänzen versäumt hatten. Nach einer Nacht voll Angst und Sorge erneuerte sich daher die Beschießung nicht. Auch unterblieb ein Angriff vom Schloß. Czer=wonka meinte, Unterstützung von Danzig her abwarten zu müssen.

Bernhard von Zinnenberg traf mit Blume auf dem Rathause zusammen. „Der Überfall ist mißlungen,“ sagte er. „Wollet mir das Zeugnis geben, Herr Bürgermeister, daß ich reichlich getan habe, was ich tun konnte. Die Schloßmauern mit unsern Spießen einzurennen, ist un=möglich. Wir mußten darauf gefaßt sein.“

„Ich war darauf gefaßt,“ antwortete Blume mutig.

„Und Ihr werdet die Stadt verteidigen?“

„Mit eurer und des Ordens Hilfe, wie uns zu=gesagt worden.“

„Ich vergeſſe mein Wort nicht,“ ſagte Zinnenberg. „Laſſet uns aber erwägen, wie der Stadt am beſten zu helfen iſt. Es kann nichts nützen, daß ich ſie mit meinen Leuten beſetzt halte. Gegen das Schloß wird ſie ſich vorerſt ſelbſt wehren müſſen. Das kann ſie. Denn ſeine Beſatzung reicht nur ſchwach zur Verteidigung aus. Es kommt alles darauf an, daß ich die Bündiſchen hindere, mehr Truppen hineinzuwerfen, Proviant und Munition anzufahren. Um euch Luft zu ſchaffen, muß ich ſelbſt angreifen, auf dem Lande ſengen und brennen, den Feind, ſowie er von da oder dort anrückt, zu ſchlagen ſuchen, die Thorner und Danziger hinter ihre eigenen Mauern zurücktreiben. Darin wird mich der Herr Spittler nach ſeiner Zuſage unterſtützen, und hoff’ ich guten Erfolg — auch für euch Marienburger. Müßten wir aber am Ende doch hinter Mauern Schutz ſuchen, ſo rüſtet euch, uns aufzunehmen. Wir ſtehen dann zuſammen bis zum Letzten.“

„Bis zum Letzten,“ wiederholte Blume, „wenn alle Bürger meines Sinnes ſind. Euren Kriegsplan muß ich billigen. Mag’s Euch gelingen, die Bündiſchen nieder=zuhalten und den König gänzlich zu entmutigen. Die Hauptſache iſt für jetzt, nachdem dieſe Hoffnung ſchnellen Sieges verloren iſt, daß wir Zeit gewinnen. Vielleicht ſetzt unſere Beharrlichkeit durch, was keine Gewalt er=zwingen könnte.“

„Ihr ſeid ein ganzer Mann, Bürgermeiſter,“ rühmte der Feldhauptmann; „dafür erkenu’ ich Euch in der Not. Hätte der Orden viele ſolcher Untertanen, die Verräter wären nicht obenauf gekommen.“

„Wollt Ihr mit allen euren Lenten abrücken?“ fragte Blume, als achtete er auf das Lob nicht.

„Ein paar Hundert laß ich zunächſt hier,“ ant=wortete Zinnenberg, „damit Herr Ulrich Czerwonka eure Manern beſetzt ſieht und nicht auf den Einfall kommt,

euch auch von der Landseite zu bedrängen. Den Rest
des Fußvolks schicke ich gegen Danzig. Mit meinen
Reitern brech' ich ins Kulmerland ein, den Feind in
Schrecken zu setzen und seine Rüstungen zu stören. Im
Vertrauen und zu eurer mehreren Aufrichtung, werter
· Herr —: Der Bürgermeister Hans Malzkow in Kulm
hat den Bund auch schon satt, dessen eifrigster Vertreter
er doch früher war. Er merkt, daß die Thorner allen
Rahm abschöpfen und den andern Weichselstädten nichts
als die Schlittermilch lassen wollen. Ich hoffe, wir
erleben's noch, daß sich die Thorner und Danziger in
den Haaren liegen aus Neid und Eifersucht. Fressen sie
einander auf, so wollen wir ihnen gute Verdauung
wünschen."

Er lachte ingrimmig, aber Blume stimmte nicht ein.
„So oder so," sagte er, „das unglückliche Land muß es
entgelten. Gott wolle uns gnädig sein!"

Bald darauf verließ Zinnenberg die Stadt.

Elftes Kapitel.

Jost vom Wege.

Raum wußte Czerwonka Marienburg auf sich selbst an=
gewiesen, als er die Aufforderung zur Übergabe ergehen
ließ. Würde sie verweigert, so wolle er die Stadt in
Grund und Boden schießen, daß kein Stein auf dem an=
dern bleibe; füge sie sich gutwillig, so verspreche er sie
der Nachsicht des erzürnten Königs zu empfehlen. Aber
binnen vierundzwanzig Stuuden müsse er eine Antwort
haben.

Bartholomäus Blume versammelte den Rat und die
ganze Gemeine. „Ich habe getan," sprach er sie an,
nachdem er das Schreiben verlesen hatte, „was ich nicht
lassen konnte. Wär' dieser Streich gelungen und das
Schloß für den Orden gewonnen, ich zweifle nicht, daß
ihr mir's gedankt haben würdet. Jetzt ist unser Plan
vereitelt und da wundert's mich nicht, wenn ich vielen als
ein Tor und andern vielleicht noch schlimmer: ein Ver=
brecher erscheine, weil ich die Stadt in diese Not ge=
bracht. Das muß ich tragen. Wenn ihr nun aber fragt:
warum hast Du das getan, ohne des Rats Einwilligung
nachzusuchen oder der Gemeine Willen zu erforschen, so
antwort' ich nicht, wie ich wohl könnte: solche Dinge
dürfen keine Mitwisser haben! Sondern: ich allein wollt'
die Verantwortung dieses gefahrvollen Wagnisses auf mich

nehmen. Und so möget ihr nun nach der Wahrheit Herrn Ulrich Czerwonka und dem König die Versicherung geben, ihr hättet von diesem Überfall allesamt nicht das Mindeste gewußt — ich allein sei der Schuldige. Bindet mich und liefert mich aufs Schloß aus, so habt ihr euren Gehorsam und guten Willen bewiesen und werdet leicht Verzeihung erlangen. Mit mir aber geschehe, was sich nicht abwenden läßt."

Diese Rede erschütterte alle Zuhörer tief. Es waren einige rasch Verzagte aufs Rathaus gekommen, deren Häuser von den Kugeln gelitten hatten und die deshalb Lärm schlagen wollten über des Bürgermeisters Eigenmächtigkeit und Waghalsigkeit. Sie schämten sich jetzt und hielten sich ganz still oder waren wohl gar unter den ersten, die ihm zuriefen, er habe Recht getan und dürfe nicht fürchten, daß sie ihn im Stich lassen. Klaus Engelbrecht schlug auf den Tisch, daß das Tintenfaß aufsprang, und rief: „Was da? Euch den verfluchten Böhmen ausliefern? Waren wir nicht einig, daß der Eid uns abgezwungen sei und brechen müßt' wie ein für den Notfall schlecht zusammengeschweißtes Stück Eisen? Wer von uns hätt' nicht ebenso gehandelt, wie Ihr, wenn's an ihn gekommen wäre? Hätt's doch auch gelingen können. Und noch ist nicht aller Tage Abend. Was wir Marienburger von des Königs Regiment zu erwarten haben, wissen wir nun schon. Soll die Stadt nicht in wenigen Jahren ganz verkümmern, so müssen wir wieder unsern Herrn Hochmeister in der Burg sitzen haben. So ist denn jetzt geschehen, was doch nur eine kurze Weile hinzuhalten gewesen wäre. Und so haltet uns nicht für feige Hunde, die hinterm Zaun bellen und mit eingekniffenem Schwanz fortlaufen, wenn ein Stein gegen sie aufgehoben wird. Euch ausliefern? Da sei Gott vor! Für den Rat will ich gutstehen, daß nicht ein einziger Euch nachgibt."

„Und ich für das Gericht," sagte der Schöppen=
meister.

„Und ich für die Kahnrheberzunft," versicherte Kas=
par Reinke. „Wir wollen's schon eine Weile gegen die
Bündischen aushalten. Im Winter friert uns ja doch das
Wasser zu; da haben wir nichts zu versäumen."

„Sind unsre Mauern und Türme noch nicht fest
genug, dann wollen wir nachhelfen," rief Franz Thielen,
der Maurermeister.

„Und die Kunst, Geschütz zu gießen, ist nicht so groß,"
fügte der Glockengießer Anselm Liebelt hinzu. „Gebt mir
Metall, und ich will euch ein Rohr herstellen, das seine
Kugel durch die Schloßmauer jagt."

Nun wuchs auch den Ackerbürgern der Mut. Sie
meinten, sie hätten die Ernte gut eingebracht und könnten
die Stadt auf ein halbes Jahr versorgen, daß niemand
bei einer Belagerung Not zu leiden brauchte.

Der Schuster=Ältermann Hans Wohlgethan äußerte
sich zustimmend: „Da rissen wir uns ja selbst den Absatz
vom Stiefel und gingen bald barfuß, wenn wir unsern
Herrn Bürgermeister fortschickten!" und der Schneider Veit
Pumpensack stieg auf die Bank und schrie mit seiner dünnen
Stimme über die Köpfe der andern hinweg: „Unser Herr
Bürgermeister hat eingefädelt, nun wollen wir nähen.
Ein Schelm, wer unter den Tisch kriecht."

„Gebt uns Waffen," riefen die andern, „gebt uns
Waffen! Wir wollen die Stadt wohl verteidigen und
lieber in Ehren untergehen, als solche Schmach auf uns
laden."

. Sie drängten zum Ratstisch vor und schüttelten
Blume die Hand, ermutigten sich gegenseitig mit feurigen
Worten und zählten die Meister und Gesellen auf, die
jedes Gewerk zur Stadtfahne stellen könnte. Der Bürger=
meister war bewegt. „Lieben Freunde und Gevattern,"
sagte er, mit der Hand Stille gebietend, „es geht mir

wahrlich sehr zu Herzen. Aber bedenkt, was ihr tut. Heut' ist's noch Zeit, euch die Hände in Unschuld zu waschen, morgen nicht mehr. Laßt ihr mich die Schuld nicht allein tragen, so ist jeder von euch mein Mithelfer, und sie wird tausend Mal so groß in des Herrn Königs Augen. Ihr habt Weib und Kind zu Hause. Müßt ihr um die nicht mehr sorgen, als um euch? Handelt nicht vorschnell — es könnt' euch gereuen."

Die Bürger wollten sich aber nicht bedeuten lassen. Alle waren sie so voll Grimm gegen die Bündischen, daß sie lieber Gut und Leben aufs Spiel setzen, als sich unterwerfen wollten. Da Bartholomäus Blume sie nun auch jetzt so hochgemut sah, wie er sie zu anderer Zeit stets gefunden hatte, nahm er ein altes Schwert von der Wand, hielt mit der Linken den Schwertgriff aufrecht, legte die Schwurfinger der Rechten darauf und rief: „Wohlan denn! so schwöre ich mich zu eurem Hauptmann und will euch in solchem Amt dienen bis zum letzten Blutstropfen — so wahr Gott mir helfe!"

Eine Minute lang herrschte regungsloses Schweigen; jeder wußte, daß Blume halten würde, was er nicht nur mit den Lippen gelobte, jedem von ihnen hatte er sich zugeschworen. Er forderte von den Bürgern keinen Treuschwur, aber es war ihnen allen zu Mut, als ob auch sie ihm in irgend einer Form die Versicherung geben müßten, daß er sich ebenso auf sie verlassen dürfte. Die beiden Ratmannen, die neben ihm saßen, fanden das Rechte. Blume hatte das alte Schwert auf den Tisch sinken lassen; nun legten sie still von rechts und links gleichfalls die Hände auf den Kreuzgriff. Da dies die Schöffen und Älterleute sahen, traten sie unaufgefordert alle zu Zweien und Dreien heran und wiederholten die feierliche Handlung. Es wurde kein Wort dabei gesprochen, aber ihre Gedanken waren dieselben.

Dann ging man ans Werk, die Stadt gegen das

Schloß in bessern Verteidigungszustand zu setzen. Die
fernere Beschießung unterblieb, war aber sicher nicht für
alle Zeit aufgegeben. So wurden denn die Bürgerhäuser
am Schloßgraben entlang von ihren Bewohnern geräumt
und bis unter das Dach mit Steinen und Erde ausge=
füllt, so daß sie nun einen festen Wall bildeten, der auch
den Kugeln der Donnerbüchsen Widerstand leisten konnte.
Davor wurden Erdwerke ausgehoben, hinter denen die
Schützen Deckung finden möchten, und dahinter hölzerne
Gerüste errichtet, die als Wehrgang von Fenster zu Fenster
dienten. In den Schmieden war rege Arbeit Tag und
Nacht; da wurden die eisernen Spitzen für die Spieße
und Pfeile gehämmert. Aus den Gärten waren die trocke=
nen Hopfen= und Bohnenstangen in die Stadt getragen
und zu Schäften hergerichtet. Auch eiserne Brünnen und
Sturmhüte wurden geschmiedet. Schwerter und Arm=
brüste gab die Waffenkammer im Rathause her. Viele
von den vornehmeren Bürgern besaßen eigene Rüstung,
die in Friedenszeiten dort aufbewahrt war. Die junge
Mannschaft wurde in Fähnlein geordnet und unter Rott=
meister und Hauptleute gestellt. Sie blieb fortan im
Dienst und besetzte mit Zinnenbergs Söldnern gemeinsam
die Tore und Türme. Eine Schar stand immer in
der Nähe des Walles bereit, einen Ausfall der Schloß=
leute abzuwehren. So lange die Landstraßen offen blie=
ben, wurde Proviant herangefahren, so viel man in den
Dörfern aufbringen konnte. Fässer mit Mehl und Grütze
gefüllt, Kisten voll getrockneter Fische und gedörrtem
Fleisch lagerten in allen Kellern.

So konnte man abwarten, was der Feind unter=
nehmen werde. Und er war nicht müßig. Im Kulmer=
laude wurde in den folgenden Wochen und Monaten mit
wechselndem Glück gekämpft. Die Bündischen rafften alle
Mittel zusammen, ihre Söldner zu befriedigen und zu ver=
mehren, ihre festen Plätze zu stärken. Zinnenberg und

dem Spittler gelang es nicht, gegen sie einen entschei=
benden Schlag zu führen, so viel Schaden sie ihnen auch
taten. Die Danziger aber konnten einen Teil ihres
Kriegsvolks in die Marienburg werfen und so das Schloß
gegen jeden Angriff eines Ordensheeres ausreichend sichern.
König Kasimir aber hatte in schwerstem Zorn gedroht, er
wolle es den Eidbrüchigen gedenken, und müßte er seine
Krone verpfänden.

Er rüstete auch wirklich noch im Winter sechstausend
Mann Reiter und Fußvolk und schickte sie nach Preußen.
Einer solchen Heeresmacht war Zinnenberg nicht gewachsen,
er mußte das Feld räumen und sich auf Stuhm zurück=
ziehen. Dreitausend Polen verstärkten die Besatzung der
Marienburg. Nun fühlte Czerwonka sich kräftig genug,
zum Angriff überzugehen. Ungehindert schweiften seine
Reiter um die Mauern der Stadt. Tag nach Tag wurde
vor ihren Toren und auf dem engen Raum zwischen
dem Schloßgraben und den städtischen Schanzen gekämpft.
Immer wieder wurde der Sturm auf diese versucht, aber
abgeschlagen. Die kleine Besatzung sollte mürbe gemacht
und zur Verzweiflung getrieben werden. Der Spittler
von Plauen selbst hatte einige Fähnlein glücklich in die
Stadt gebracht und führte den Oberbefehl. Der Haupt=
mann von Troßler mit seinen Söldnern und Marcus
Blume mit der städtischen Mannschaft standen ihm tapfer
zur Seite. Ihren unermüdlichen Anstrengungen gelang es
denn auch, immer wieder den ergrimmten Feind zurück=
zutreiben und die Werke zu behaupten. Aber der Streiter
wurden immer weniger; viele lagen verwundet im Spittel
und in den benachbarten Bürgerhäusern, die zu diesem
Zweck von den Bewohnern geräumt waren. Und schon
ließ sich die Zeit absehen, in der auch den Mutigsten
ermattet der Arm sinken mußte. Plauen erkannte recht=
zeitig diese Gefahr, verständigte sich mit dem Bürger=
meister, übergab dem wackeren Troßler den Befehl und

13*

verließ die Stadt, ehe sie ganz abgesperrt würde, um
zum Hochmeister nach Königsberg zu eilen und ihn zu
beschwören, mit aller nur irgend verfügbaren Mannschaft
der schwerbedrängten Stadt zu Hilfe zu kommen.

In dieser höchsten Not, als die Lebensmittel schon
knapp zu werden anfingen und keine Nacht mehr ruhigen
Schlaf brachte, die Söldner schwierig wurden und viele
von den Bürgern verzagten, erhielt die Stadt ganz un=
vermuteten Beistand. Von Deutschland her kam eine
frische Streitschar von sechshundert Reisigen unter dem
Hauptmann Wilhelm Mutscheibler. Ihm schloß sich ein
Trupp Fußvolk an, den Jost vom Wege befehligte. Er
hatte die Stadt Thorn nicht mehr betreten und außer
Landes die unzufriedenen Söldner gesammelt, die den
Bündischen den Dienst aufsagten, weil sie nicht gelöhnt
wurden. Auch viele von denen, die im Ermland bei ihm
gewesen waren und unter seinen Fahnen Beute gemacht
hatten, stießen jetzt wieder zu ihm. Es war großer
Jubel in der Stadt, als diese Streithaufen einzogen. Sie
brachten viele Wagen mit Lebensmitteln mit. Die Bürger=
schaft belebte neuer Mut.

Wer der Führer des Fußvolks sei, war nicht be=
kannt. Er trug eine Helmkappe mit drei Bügeln über
dem bärtigen Gesicht, von dem sie wenig sehen ließen.
Auch Marcus Blume, der die Torwache kommandierte,
erkannte ihn nicht. An jeden andern hätt' er eher ge=
dacht, als an Jost vom Wege.

Der fremde Hauptmann wartete ab, bis Mutscheibler
mit seinen Leuten untergebracht und der Bürgermeister
in sein Haus zurückgekehrt war. Dann ging er ihm dort=
hin nach.

Im Flur nahm er die Helmkappe ab und ordnete
ein wenig sein Haar, nachdem er auch die Lederhandschuhe
ausgezogen. Im Zimmer trug eben Frau Christine das
sehr einfache Mahl auf, eine Mehlsuppe, in die kleine

Stücke schwarzen Brotes gebrockt waren. Magdalene saß
am Fenster und schnitt aus alter Leinwand Läppchen und
Bandstreifen für die Verwundeten, wie Frau Regina sie
darin unterwiesen hatte. Bartholomäus Blume stand hinter
ihr und streichelte ihr das blonde Haar. Mutter und
Tochter zeigten eingefallene Wangen und auch sonst ein
leidendes Aussehen, wie nach anstrengenden Nachtwachen.
Der Frau lagerte die Sorge auf der sonst so heiteren
Stirn, aber von ihren Augen flog jetzt ein freudiger
Glanz, da Blume eben von dem unerwarteten Zuzuge
Bericht erstattet und die Hoffnung ausgesprochen hatte,
daß nun wieder bessere Zeiten kommen würden. „Der
Herr Deutschmeister denkt noch an uns," hatte er gesagt,
„und Herr Ludwig von Erlichshausen wird seine treuen
Marienburger nicht verlassen." Er nahm an, daß das
Fußvolk von ihm oder dem Spittler geschickt sei. Den
Anführer desselben hatte er auf dem Markt bei der
Musterung seiner Leute angetroffen und deshalb nur
flüchtig mit einem raschen Dankwort begrüßt.

Auf das bescheidene Klopfen an der Tür rief er
ein kräftiges „Herein". Er war daran gewöhnt, zu jeder
Tages= und Nachtstunde heimgesucht zu werden und selten
beim Essen Ruhe zu haben. Als der fremde Hauptmann
eintrat, fühlte er unter seiner Hand Magdalenens Kopf
zurücksinken. Er sah auf und wußte nun, wen er vor sich
hatte. „Ihr seid's Herr Junker —?" sagte er, unwill=
kürlich vortretend und so Magdalene deckend.

Jost blieb unfern der Tür stehen. „Darf ich mich
nach diesem scharfen Marsch bei Euch zu Gast laden,
Herr Barthel Blume?" fragte er. „Es bedarf wahrlich
keiner Umstände."

„Aber sagt mir —," rief der Bürgermeister ganz
verwundert und stockte wieder. „Wenn ich mich nicht
täusche, sah ich Euch schon vor einer halben Stunde an
der Spitze der Landsknechte, die mit den Reitern des

Hauptmanns Mutscheibler einzogen. Wenigstens ein Mann in diesen Kleidern mit roter Binde und solchem Helm, wie Ihr ihn in der Hand tragt . . ."

„Ihr täuscht Euch nicht," antwortete Jost lächelnd, „ich führte die Landsknechte in die Stadt."

„So sind es Söldner der Stadt Thorn oder der Bündischen? Welche heimliche Absicht . . ."

„Befürchtet nichts, Herr Bürgermeister. Ich selbst habe sie geworben — für Euch geworben, und ich führe sie der Stadt Marienburg zu, der ich meine Dienste anbiete."

Bei Blume wuchs die Verwirrung. Er glaubte seinen Augen und Ohren nicht mehr trauen zu dürfen. „Aber Ihr seid doch . . ."

„Jost vom Wege, der altes Unrecht wieder gut zu machen hat. Ich bin dafür vom Schicksal schwer geschlagen — daß wißt Ihr, und auch Ihr, werte Frau, und — auch Ihr, Magdalene . . . Von meinem Vater hab' ich mich getrennt, der Stadt Thorn hab' ich den Rücken gekehrt. Ich bin in der Fremde herumgeirrt und meinte, nie mehr in mein Vaterland zurückzukehren. Da hatt' ich nun eines Nachts einen gar wunder= und wonnesamen Traum, der mich wohl auf andere Gedanken bringen mußte."

„Einen Traum —?" fragte Frau Christine, die am Tisch stehen geblieben war.

„Laßt ihn Euch erzählen," bat Jost. „Es war mir, als läge ich auf freiem Felde unter dem gestirnten Himmel und die Mondsichel tauchte über etwas Dunklem in der Ferne auf. Und da sie nun langsam aufwärts schwebte, wurde es dort heller und aus dem blauen Nebel hob sich die Marienburg, wie man sie sieht, wenn man von Elbing her kommt — der hohe Turm und der vorspringende Kirchenflügel und vorn an der Mauer das große Muttergottesbild. Es schimmerte in den bunten

Farben der Glasſtifte, und von der goldenen Krone ging
ein Glanz aus, der ſich mehr und mehr über die ganze
Geſtalt und das Jeſuskind auf ihrem Arm verbreitete.
Und wunderſam! Je aufmerkſamer ich hinſchaute, deſto
mehr ſchien ſie ſich zu beleben. Sie trat hinaus und glitt
wie auf einer Brücke von Mondſtrahlen nieder und näherte
ſich mir langſam, nicht auf dem Boden ſchreitend, ſondern
über denſelben hingetragen von unſichtbaren Engeln. Als
ſie nun ganz in meine Nähe gekommen war, öffnete ſich
ihr lieblicher Mund und ich hörte ſie ſagen: Fromme
Ritter haben mich einſt zu ihrer Schutzpatronin gewählt
und mir dieſes hohe Haus aufgerichtet. Es iſt in der
Feinde Gewalt und auch meine treue Stadt iſt bedroht.
Sie ſind verraten und verkauft. Willſt Du Dich ihrer
nicht endlich erbarmen, da Du mir doch ſchon weh genug
getan? Geh' zurück zu deinem Vaterlande, umgürte
Dich mit dem Schwert, ſammle Kämpfer für des deutſchen
Ordens gutes Recht und tritt in meinen Dienſt. So
wirſt Du in deinem Herzen Frieden finden! Ich hatte
mich aufgerichtet und war auf die Kniee geſunken vor der
himmliſchen Erſcheinung, ſenkte die Augen und antwortete:
es geſchehe nach deinem Willen! Da fühlte ich's wie
das Streicheln einer weichen Hand über meinem Haar.
Ich blickte dankbar auf und — ich berichte nach der Wahr=
heit: da ſtand Magdalene vor mir in all' ihrer Lieblich=
keit, beugte ſich über mich und flüſterte mit einer Stimme
wie Harfenlaut: komm —! Dir ſoll vergeben ſein. Ich
ſtreckte die Arme aus, ſie zu umfaſſen, aber in demſelben
Augenblick entſchwebte ſchon das holde Traumbild, ſich
auflöſend in wogenden Dunſt, und mit einem tiefen Seufzer
aus beklommener Bruſt erwacht' ich. Da war mir's ge=
wiß, daß ich nicht länger zögern dürfte. Noch denſelben
Tag begab ich mich auf den Heimweg und ward auf allen
Straßen, die ich ging, Streiter für Maria. Und ſo tret'
ich nun reuig vor Euch, Magdalene, und frag' Euch: ſoll

mir wirklich vergeben sein um der Mutter Gottes willen, die mich berief? Darf der Traum Wahrheit werden?"

Er war neben Blume hingetreten und streckte ihr die Hand entgegen. Magdalene hatte wie ohnmächtig den Kopf an die Wand gelehnt und die Augen halb geschlossen. Aber sie hörte alles und es tat ihr unendlich wohl. Sie ergriff seine Hand nicht, aber nach einer kleinen Weile stand sie auf, nahm ihm den Helm ab und legte ihn auf die Fensterbank. Dann ging sie zu ihrer Mutter, schlang die Arme um ihren Hals und sagte: „Das ist gewiß von Gott! Heißt ihn willkommen, Mutter."

„Er ist willkommen," sagte Frau Christine. „Setzet Euch zu uns, Junker, wenn Euch unser Mahl nicht zu gering ist. Wir haben traurige Zeit."

„Aber es soll besser werden!" rief er. „Marien=burg wird sich halten und dem Orden das Schloß zurück=bringen. Wie ich, irrten viele, von dem Wahn betört, wir könnten unter der Krone Polen die wahre Freiheit gewinnen. Lug und Trug! Schon bricht sich die bessere Erkenntnis überall Bahn. Brüder stehen gegen einander, Söhne sagen ihren Vätern den Gehorsam auf, Christi Kreuz zu folgen. Furchtbar sind die Opfer, die dieser Krieg fordert. Aber ich hoffe, sie werden nicht vergeblich gebracht sein." Er wendete sich zu Blume. „Nehmt mich zu eurem Mitstreiter an!"

„Wie dürft' ich Euch zurückweisen?" antwortete der Bürgermeister. „Verstärkt doch jeder tapfere Arm unsere Hoffnung des Sieges. Und Ihr bringt auch ein tapferes Herz mit, begangenes Unrecht zu sühnen. Macht Euch auf einen harten Kampf gefaßt. Unsere Gegner werden uns nicht schonen, wenn wir unterliegen. Mag es ver=einter Kraft gelingen, ihr Rachewerk zu vereiteln. So lang' ich atme, will ich Euch für euren Beistand dank=bar sein."

Er führte Jost zu Tisch, sprach das Gebet und teilte

ein Brot unter Viere. Marcus hatte die Wache am Schuhtor und war nicht abkömmlich. Während der Mahl=zeit fragte Frau Christine: „Wißt Ihr, daß eure Mutter noch hier in der Stadt ist?“

„Und Ursula —“ setzte Magdalene hinzu.

„Ich wußt' es nicht,“ antwortete er ruhig. „Aber es ist mir lieb, sie in der Nähe zu wissen, obschon ich ihnen bessere Sicherheit wünschte, als ihnen eine belagerte Stadt gewähren kann. Meiner Schwester freilich wird's am wohlsten sein in eures Marcus Schutz. Sind sie noch nicht ein glückliches Paar?“

„Wir konnten in diesen Kriegsnöten an Hochzeit nicht denken,“ sagte Blume lächelnd. „Marcus selbst hat solchen Wunsch unterdrückt.“

„Das nenn' ich Unrecht,“ bemerkte Jost lebhaft. „Worauf will er warten? Wer unter Waffen steht, weiß nicht, ob er morgen noch tun kann, was er heute ver=säumt. Gerade in der Gefahr müssen die sich fest an einander binden, die eines Herzens sind. Ursula ist ein tapferes Mädchen, sie wird auch eine tapfere Frau sein.“

Magdalene hörte ihn gern so sprechen und dankte ihm mit einem innigen Blick. Die Erinnerung an Ursula hatte ihn nicht aufgeregt, es schien ihm keine Überwindung mehr zu kosten, sie sich als Marcus' Braut und Frau zu denken. Dies am treffendsten bewies ihr, daß eine Um=wandlung mit ihm vorgegangen war, die ihr selbst ein glückliches Ereignis bedeuten durfte. Das freilich gestand sie sich jetzt nicht.

Nach dem Essen ging er ins Spittel, seine Mutter zu besuchen. Er fand sie unter den Kranken, selbst eine Kranke nach ihrem Aussehen, aber unablässig bemüht, Wunden zu heilen und Schmerzen zu lindern. Sie war voll Freude, ihn wiederzusehen. Als er ihr sagte, daß er in der Stadt Dienst trete, für den Orden zu kämpfen, stutzte sie doch. „Und dein Vater —?" fragte sie beklommen.

„Er weiß nicht," antwortete er, „wozu ich mich entschlossen habe, und erfährt's vielleicht auch nie. Er soll sehr schwach und mitunter wie geistesverwirrt sein, auch sein Zimmer nicht mehr verlassen und niemand sehen wollen, als die alte Haushälterin. Um der Stadt Geschäfte kümmert er sich gar nicht mehr, und den König soll er einen falschen Freund genannt haben, weil er die Danziger vor den Thornern begünstigt und nicht in Allem Wort gehalten. So ist mir's mitgeteilt worden. Mich hat er längst verloren. Auch wenn ich nicht hierher gekommen wäre, für seine Sache hätt' ich nie gekämpft. So erleichtert es mich nun, daß er nicht mehr der Bündischen Führer ist, da ich gegen sie die Waffen trage."

Sie hieß ihn warten, bis sie ihren Rundgang beendet habe, und nahm ihn dann mit in ihr Stübchen. Dort sah er Ursula. Er küßte ihr brüderlich Stirn und Mund, hielt sie mit beiden Händen an den Schultern von sich ab, betrachtete sie mit ruhigem Wohlbehagen und sagte: „Wie anders siehst Du mir jetzt aus, Ursula — Schwester! Ja, jetzt bist Du meine Schwester. Ich fühl's hier innen auch nichts anderes. Es ist wundersam — und doch nicht. Ich war schon bei Magdalene. Und ich schwöre Dir's, ich konnte ihr offen ins Auge sehen und keine Wimper zuckte dabei. Und auch sie . . . Still davon! Sie hat mir verziehen. Nun mag über mich kommen, was da will, ich werde frohen Mutes sein bis zum Letzten."

Der Star, der verschüchtert auf den Ofen geflogen war, schrie: „Marcus — Marcus!" als ob er ihn zu Hilfe rufen wollte.

„Es hat keine Not," beruhigte ihn Ursula, „er ist ein guter Freund." Sie nahm Jost's Hand. „Horch!

Joft — Joft — Joft vom Wege." Der Vogel plapperte
unverständlich. Ursula wendete sich lachend zum Gast.
„Es wird nicht lange dauern, so wird er Dich mit deinem
Namen begrüßen," sagte sie. „Der Vogel da . . . Das
ist nun Alles, was mich an den Wald erinnert. Wann
wird Friede im Lande, daß wir wieder in unser stilles
Haus einziehen können?"

Mit Marcus wurde das Freundschaftsband bald
fester geknüpft, als je. Joft fand ihn männlicher, selbst=
bewußter, sicherer geworden. Wie er seine Mannschaft
zusammenhielt, in Waffen übte, zum Kampf führte, be=
wies er, daß er auch befehlen und für hohe Ziele rück=
sichtslos seinen Willen durchsetzen könne. Die Eisenhaube,
die Brünne und das Schwert an der Seite kleideten ihn
gut. In die Feldbinde hatte Ursula ein Vergißmeinnicht
eingestickt; er trug sie mit gerechtem Stolz. Schon in
den nächsten Tagen hatten beide Gelegenheit, im Kampfe
neben einander ihre Tapferkeit zu beweisen. Ulrich Czer=
wonka hatte von der Vorburg aus gegen die Stadtmauer
ein Erdwerk aufgerichtet und mit Geschütz armiert. Das
hatte Oberst Trotzler nicht hindern können. Jetzt, nach=
dem unerwartet Verstärkung eingetroffen, hielt er die Zeit
gekommen, selbst angriffsweise vorzugehen. Er machte
Nachts einen Ausfall, nahm die Schanze trotz hartnäckiger
Verteidigung ein, eroberte das Geschütz und zerstörte die
feindlichen Werke. Es floß viel Blut auf beiden Seiten.
Joft war zu eifrig den Seinen voraus eingedrungen,
vom Wall hinabgesprungen und nahe daran gewesen, ge=
fangen genommen zu werden. Marcus hatte ihn aus
einem Haufen Polen herausgeschlagen und eine Wunde
davongetragen, die zum Glück nicht gefährlich war. Joft
hatte ihm diese Guttat später vergelten können, als der
Feind nach der Vorburg zu verfolgt wurde, sich vor der
Zugbrücke plötzlich wendete und die Marienburger be=
rannte, die in Unordnung gekommen waren, da ihr Haupt=

mann wegen seiner Verletzung zurückbleiben mußte. Jost stellte sich an die Spitze, brachte die Wankenden schnell zum Stehen, führte sie wieder vor und warf einen Teil der Polen in den Graben, da der Brückenübergang verstopft war.

Seitdem waren beide unzertrennlich, wenn nicht der Dienst sie da und dort forderte. Sie fanden sich in des Bürgermeisters Hanse, oder bei Frau Regina im Spittel. Ursula und Magdalene besuchten einander, wenn nicht gerade von der Burg geschossen wurde, was die Straßen allzu unsicher machte. Viele Häuser freilich waren durch Wandöffnungen innen mit einander in Verbindung gesetzt; aber an den Straßenkreuzungen boten die Lauben keinen Schutz. Öfters trafen die Freunde mit den beiden Mädchen zusammen und verplauderten mit ihnen eine frohe Abendstunde. Bei Tage allerdings gab's auch für sie zu tun. Die Söldner mußten gespeist werden. Die Bürgermeisterin hatte mit Frau Engelbrecht und Fran Reinke Küchen eingerichtet, in denen von den Bürgerfrauen und ihren Töchtern für sie gekocht wurde. Die Lebensmittel, soweit sie nicht den einzelnen Haushaltungen durchaus unentbehrlich scheinen durften, waren in städtische Speicher zusammengebracht worden und standen unter des Rats Verschluß. Es mußte gespart werden, denn sie waren trotz der Zufuhr, die Mutscheidler in die Stadt gebracht hatte, sehr knapp.

Wenn Jost mit Marcus allein war, brachte er gern das Gespräch auf Ursula. „Ich verstehe Dich nicht," sagte er ihm. „Du liebst meine Schwester seit langer Zeit, und Ursula ist Dir ebenso lange gewogen. Ich stehe nicht mehr zwischen euch. Meine zärtliche Neigung für sie ist nicht gemindert, aber sie ist jetzt anderer Art. Ich möchte sie glücklich wissen und zweifele nicht mehr, daß dies nur durch eine Verbindung fürs Leben mit Dir geschehen kann, Lieber. Warum zögerst Du, sie zum

Altar zu führen? Die Gründe, die dagegen vorgebracht sind, genügen mir nicht. Gibt es andere, zwingendere? Nenne sie. Ich will alle Mühe aufwenden, sie fortzuräumen."

„Du kannst da nicht helfen," versicherte Marcus ausweichend.

Jost ließ sich so nicht zum Schweigen bringen. „Wer weiß?" antwortete er. „Ein gutes Wort findet manchmal eine gute Statt. Ist dein Vater dagegen, weil Ursulas Geburt —"

„Das war früher," fiel Marcus ein. „Ich glaube nicht, daß er sich auch jetzt noch daran stoßen würde."

„Deine Mutter also?"

„Auch sie nicht. Sie ist herzensgut und liebt Ursula wie ihr eigen Kind."

„So widerspricht m e i n e Mutter?"

„Nicht mit solcher Entschiedenheit, daß vereinte Bitten nicht durchbringen könnten."

„Aber was ist's denn?"

Marcus wies ihn durch ein Kopfschütteln ab. Da er aber sah, daß der Freund sich verletzt abwandte und ärgerlich die Lippe biß, legte er den Arm auf seine Schulter, näherte den Mund seinem Ohr und flüsterte: „Ursula selbst will's nicht."

„Ursula —?"

„So sonderbar es scheint. Sie hat einen Grund, den ich achten muß — einen Grund, der für ihr Gefühl zwingend ist."

„Und welchen? Sage mir alles, Freund."

„Du sollst wissen, daß Frau Regina, als damals mein Vater für mich um Ursulas Hand anhielt, mich an den Herrn Hochmeister wies —: er habe das letzte Wort in dieser Sache."

„Ah! ich verstehe. Und der Hochmeister —?"

„Schlug meine Bitte rund ab. Ich begreife jetzt, weshalb."

„Weil Ursula . . . Ja, das begreift sich. Er durfte nicht eingestehen —"

„Und mein Vater forderte Aufschluß über des Mäd= chens Abkunft."

„Nun aber ist der Schleier gehoben, das Geheimnis kein Geheimnis mehr. Und wenn deine Eltern jetzt nicht Anstoß nehmen —"

„Das ist Ursula selbst nicht genug. Sie weiß, daß der Hochmeister ihr Vater ist. Ihr Vater hat mich ab= gewiesen. Sie will nicht gegen sein Gebot handeln, nicht ohne seine ausdrückliche Genehmigung —"

„Das also steht im Wege! Dann freilich bist Du zu beklagen, armer Freund. Aber Ursula geht da in ihrem Gehorsam zu weit. Sie soll erfahren, daß der Hochmeister kein Recht hat, Einspruch zu tun."

„Sie weiß es; aber das ändert ihre Entscheidung nicht. Des Vaters Wille ist ihr heilig. Und ich darf nicht einmal mit Bitten in sie bringen, meinem heißesten Wunsch nachzugeben. Sie würde glauben, daß wir in unsern Empfindungen nicht mehr so innig übereinstimmen, als bisher. Nein! ich will Geduld haben und es der Zeit überlassen, Wandel zu schaffen."

Jost beruhigte sich dabei doch nicht. Er sprach mit seiner Mutter und erhielt von ihr die Bestätigung. Er versuchte auf Ursula einzuwirken, aber sie blieb fest. „Schickt Marcus Dich zu mir?" fragte sie.

Das verneinte er nachdrücklich.

„So laß uns tun, was wir für das Rechte halten," bat sie. „Hoffentlich kommt die Zeit, den Herrn Hoch= meister noch einmal mit Bitte anzugehen. Vielleicht ist er dann gütiger und sieht ein, daß wir zu einander ge= hören."

Jost durfte nicht wieder darauf zurückkommen.

Indessen hatte der Orden auch noch von einer anderen Seite unvermutet eine namhafte Unterstützung erhalten. Der Landmeister von Livland konnte sich nicht die Augen verschließen, daß der Orden der Schwertbrüder an der Ostsee gefährdet sei, wenn der deutsche Orden in Preußen seinen Halt verliere. Auch ihn hinderte nur leider ewige Geldnot, die oft erbetene Hilfe zu bringen. Nun hatte aber der Fall der Marienburg doch tiefen Eindruck auf die Ritterschaft gemacht, die Wahnung des Papstes auf die Prälaten gewirkt, die auch dort der Kirche Anteil am eroberten Lande als vollmächtige Herren regierten. Es war ein Heer gerüstet worden und nach Preußen geschickt. Nun raffte sich Ludwig von Erlichshausen, dem es auf dem Schloß zu Königsberg mitunter an dem nötigsten Unterhalt gebrach, so daß die Städte mit den demütigsten Bitten angegangen werden mußten, noch einmal aus seiner Verzweiflung auf. Er reiste von Stadt zu Stadt und von Burg zu Burg, überall die Soldhauptleute anflehend, jetzt ihrer Forderungen nicht zu gedenken, ihre Mannschaften zu vereinigen, dem Spittler zuzuziehen, der sich noch immer mit einer kleinen Kreuzschar im Felde behauptete, und die Marienburg für den Orden zurückzuerobern. Er bewies ihnen und den treuen Bürgern aus Briefen, daß die äußerste Eile geboten sei, da König Kasimir, erst durch den Abfall der Marienburger, dann durch die zähe Verteidigung der Stadt gereizt, seinen ganzen Einfluß beim polnischen Reichstage aufbiete, ein gewaltiges Heer auf die Beine zu bringen, um endlich den Orden aus dem Lande zu treiben. Des Reiches Beistand war ihm zugesagt worden und die Rüstung im Gange. Gelang es nicht, sich der Marienburg zu bemächtigen, bevor die Polen einrückten, so war jede Hoffnung verloren. Auch der treuen Stadt konnte dann nicht mehr Entsatz geboten werden.

Viele von den Hauptleuten hatten wirklich durch solche Bitten und Vorstellungen sich bewegen lassen, Versprechungen zu geben und sich mit ihren Heerhaufen in Bewegung zu setzen. Der Hochmeister selbst war, mit geringem Gefolge freilich, bis Marienwerder, nur vier Meilen von Marienburg entfernt, gelangt und hatte dort in dem festen Schloß Wohnung genommen. Das alles war in Marienburg bekannt geworden und hatte den Mut der Bürger neu belebt. Aber auch in der Burg war man gut unterrichtet. Ulrich Czerwonka erkannte die Gefahr und bot alle Mittel auf, ihr rechtzeitig zu begegnen. Durch täglich erneuerte Angriffe auf die erschöpfte Stadt hielt er die Bürgerschaft in Atem; seine Reiter umstreiften die Mauern und suchten jeden Zuzug abzuschneiden. Doch vermochte er nicht zu hindern, daß unter Deckung der Livländer einige Transportschiffe auf der Weichsel und Nogat ausgerüstet und der Stadt zugeführt wurden. So war der bringendsten Not abgeholfen.

Ursula erfuhr von des Herrn Hochmeisters Reise so viel, als davon in Blumes Hause bekannt wurde. Seit sie wußte, daß er in Marienwerder Hof halte, stieg ihre Unruhe von Tage zu Tage. Endlich eröffnete sie sich Frau Christine und ihrer Mutter, sie wolle zu ihm und einen Fußfall tun, damit er ihre Verbindung mit Marcus genehmige. „Ich weiß wohl," sagte sie, „daß unser Glück oder Unglück diesem großen Schicksal gegenüber, das den hohen Herrn, seinen Orden und sein Land betroffen hat, gar wenig bedeutet. Aber er ist gütigen Sinnes und müßigt sich vielleicht eine Viertelstunde von der Zeit ab, deren er zur Erholung bedarf, um mich anzuhören. Wer weiß, wie lange es dauert, bis wir beide einander wieder so nahe sind. Die Reise erfordert, wenn ich früh aufbreche, nur einen halben Tag, und in der nächsten Nacht kann ich wieder zurück sein. Sprecht also zu meinen Gunsten."

Die Frauen brachten's an die Männer. Der Bürger=
meister wollte anfangs gar nichts davon wissen. Aller=
hand Kriegsvolk mache die Straßen unsicher; da müsse
ein Fräulein, das auf guten Ruf achte, sich hüten, über
Land zu reiten oder zu fahren. Auch habe der gnädige
Herr genug hohe Dinge zu bedenken und dürfe mit solchen
privaten Geschäften nicht geplagt werden, die vielleicht
sein Gemüt beschwerten. Aber Ursula ließ dieser Gedanke,
nachdem sie ihn einmal gefaßt hatte, keine ruhige Stunde
mehr. „Nun sieh zu,“ sagte sie zu Marcus, „daß Du
deinen Vater bewegst, mich aus der Stadt zu lassen.
Wie gern wär' ich dein! Und ich weiß, der Herr Hoch=
meister wird mir's nicht abschlagen, wie Dir. Er kann
mir's gar nicht abschlagen.“

„Aber bedenke die Gefahr,“ wendete Marcus ein.
„Wenn Du den Landsknechten, oder gar den Polen in
die Hände fielest —“

„Ich will in Bettelkleidern gehen,“ unterbrach sie
ihn, „und mir das Gesicht schwärzen. Es treibt sich jetzt
so viel Elend um, und man läßt's unangefochten, weil
von ihm nichts zu nehmen ist.“

„Aber in solchem Aufzuge wird man Dich in die
Burg nicht einlassen.“

„Dazu hilft mir doch nur des Herrn Hochmeisters
Ring, den ich treu bewahre.“

„Ach, liebste Ursula, wenn Dir etwas zustieße —
lieber wollt' ich auf Erfüllung meiner süßesten Wünsche
noch viele Jahre bis nach des Herrn Hochmeisters Tode
warten.“

Sie schalt ihn kleinmütig. Da er nun merkte, daß
sie sich's nicht werde ausreden lassen, erbot er sich sie zu
begleiten. Könne er auch wenig zu ihrem Schutz tun,
wenn sie von einem Trupp überfallen würden, so kenne
er doch die geheimsten Wege und könne sie gegen Strolche
und wegelagerndes Gesindel wohl schützen. Das wollte

Ursula aber nicht hören. Da sei Gott vor, erwiederte sie, daß sie ihn so gefährde. Marcus Blume sei den Bündischen ein guter Fang; über den möchten sie jubeln. Ob er denn seinem Vater den Schmerz bereiten wollte, seinen einzigen Sohn in der Feinde Gewalt zu wissen und nicht auslösen zu können? Denn dazu werde kein Lösegeld reichen, wenn er auch all sein Hab und Gut anböte. „Und es kann auch aus anderem Grunde nicht sein," setzte sie lächelnd hinzu. „Wir sind noch nicht Mann und Weib — dem Herrn Hochmeister aber könnt's so scheinen, und er würde gewiß sehr erzürnt sein, wenn ich Dich zu ihm brächte, und mich gar nicht anhören wollen. Und dann . . . Wer weiß, ob sich's nicht in Marienwerder verzögert? Wie schickte sich das, wenn wir die Herberge teilten? Nein, steh' ab davon! Was ich für Dich tue, muß ich ohne Dich tun."

Marcus sprach sehr besorgt mit Jost darüber. „Ei!" rief dieser in heller Freude, „da kommt mir ein guter Einfall. Allein dürfen wir Ursula nicht ziehen lassen — Du darfst sie nicht begleiten. Aber ich bin der Bruder; den darf sie nicht abweisen."

Marcus fiel ihm um den Hals. „Du wolltest —?"

„Aber nicht mehr wie gern! Und ich kann diesmal vielleicht wirklich bessere Dienste leisten, als irgend ein Anderer. Bin ich nicht Jost vom Wege, Tilemans vom Wege Sohn? Die Bündischen kennen mich, wissen aber schwerlich, daß ich jetzt für den Orden kämpfe. Greifen sie uns auf, so werd' ich geringe Mühe haben, uns die Freiheit wieder zu verschaffen, jedenfalls ein sicheres Geleite nach Thorn erhalten. Dort wär' Ursula geborgen. Nehmen uns aber die Ordensleute gefangen, so müssen sie uns wohl nach Stuhm oder Marienwerder bringen, und dann wird Ursulas Ring uns weiter helfen."

Dies schien Marcus ein annehmbarer Plan. Jost selbst teilte ihn dem Bürgermeister mit, der zwar man=

cherlei Bedenken erhob, endlich aber doch zugeben mußte, daß Ursula unter diesem Schutz am sichersten reise. „Wenn's denn so sein soll," sagte er, „will ich Euch ein Schreiben an den Herrn Hochmeister mitgeben, in dem ich den Boten als treu und zuverlässig empfehle und Seine Gnaden bitte, der armen Stadt bald Hilfe zu bringen. Ihr mögt es auf bloßem Leibe bewahren, wo es schlimmstenfalls den Bündischen verborgen bleibt, und zu eurer Legitimation benutzen, wenn Ihr unangefochten nach Marienwerder gelangt."

Damit war Jost wohl zufrieden. Nun war nur noch Ursula zu bewegen, seine Begleitung anzunehmen. Sie war rascher gewonnen, als er glaubte. „Das hat Dir ein guter Geist eingegeben," rühmte sie.

Zwölftes Kapitel.

Ein Bubenstück.

Die Ordensburg Marienwerder liegt hoch auf dem rechten Weichselufer, eine Strecke unterhalb der Stelle, wo der mächtige Strom sich in Weichsel und Nogat scheidet. Das Flußtal ist hier breit. Der Damm zieht sich nahe dem Wasser hin. Zwischen ihm und der Uferhöhe liegt ein fruchtbares Tiefland von vielen Gräben kreuz und quer durchschnitten, bei Hochfluten der Überschwemmung ausgesetzt. Hart an der Uferkante erhebt sich das Schloß, ein Viereck von Gebäuden und Mauern. Von dem vorderen Querhause läuft gegen den Fluß hin, ein gewaltiges Verteidigungswerk aus, wie für die Ewigkeit gebaut. Eine Reihe von massigen Ziegelpfeilern steht hier auf der Ebene auf. Sie tragen zwischen sich je ein Rundbogengewölbe. Darüber erhebt sich, lang vorgestreckt, ein Mauerwerk mit Schießscharten zu beiden Seiten und einer turmartigen Erhöhung auf der Spitze. Der Dansk, wie er in so riesigen und doch gefälligen Formen von keiner zweiten Ordensburg ausgebildet ist, gleicht dem Ansatz einer altrömischen Wasserleitung. Man meint, der kühne Baumeister habe das weite Tal überspannen wollen, aber sich mit einer Andeutung seines Planes begnügen müssen.

Mit seinem rückseitigen Abschluß lehnt das Schloß sich, Mauer an Mauer, gegen den Dom, der es mit seinem Spitzdach und Turm überragt. Weiter zurück, ein wenig tiefer liegt das Städtchen. Zu der Zeit, als Jost und Ursula sich demselben näherten, war es gleichfalls ummauert. Dem Schloß fehlten zierliche Türmchen nicht, und starke Werke umgaben dasselbe, auch gegen die Landseite hin den Feind abwehrend.

Jost hatte einen Karren ausgerüstet und mit einigen leeren Fäßchens bepackt. Es sollte so aussehen, als ob sie über Land zögen, irgendwo Bier und Lebensmittel einzuhandeln, um diese Ware unterwegs wieder an hungrige und durstige Landsknechte zu verkaufen. Der Gotländer war vorgespannt. Er hatte in Marienburg wenig Pflege erhalten können und sah nun abgemagert und ruppig aus wie ein rechtes Schottenpferd. Jost hatte einen Fuhrmannskittel übergeworfen und einen alten Filzhut auf die Stirn gedrückt. Ursula trug die Kleider einer Bäuerin und suchte ihr Goldhaar unter einem alten Kopftuch zu verstecken. Sie waren unangefochten bis Marienwerder gelangt, hatten ihr Fuhrwerk in einer Herberge eingestellt und klopften nun Einlaß begehrend an das Schloßtor.

Die Trabanten öffneten und ließen sie unter den Torbogen. Hier wurden sie ausgefragt, was ihr Begehr sei. Sie antworteten, sie hätten dem Herrn Hochmeister eine wichtige Nachricht zu bringen und verlangten, vor ihn geführt zu werden. Das könne nicht so ohne Weiteres geschehen, hieß es; sie müßten erst dem Herrn Hauskomthur gemeldet werden, oder vielmehr dem Ritter, der seine Stelle vertrete, denn das Amt sei zur Zeit unbesetzt. Damit waren sie zufrieden und folgten dem einen auf den Hof. Dort setzten sie sich auf den Brunnenrand, um näheren Bescheid abzuwarten.

Ursula war durstig. Jost ließ den Eimer an der Kette hinab, zog ihn wieder auf und füllte eine Kanne, die auf der Einfassung stand. Während sie trank, fiel das Tuch zurück und ließ eine Weile ihr Gesicht ganz frei. Jost hatte den Hut abgenommen. Sie bemerkten nicht,

daß auf der Galerie seitwärts ein Mann in Ordens=
kleidung erschien, sich überlehnte und nach ihnen aus=
schaute. Sein rechtes Auge war mit einem dunklen Lappen
verhängt, der mit einem Bande um die Stirn festgehalten
wurde. Das Gesicht drückte Überraschung aus, der Mund
zog sich zu einem grinsenden Lachen in die Breite. Der
Mann verschwand bald wieder. Es dauerte aber noch einige
Zeit, bis der Trabant zurückkam und meldete, der Herr
Hauskomthur wolle sie in seinem Gemach sprechen.

Arglos traten sie ein. Wie erschrak aber Ursula, als
der Mann, der abgekehrt in der Fensternische stand, sich
umwendete und sie spöttisch willkommen hieß. „Herr
Ritter von Ostra . . .‚“ sagte sie erbleichend. Sie griff
zurück nach der Klinke, aber die schwere Eichentür wollte
sich nicht öffnen lassen.

„Das nenn’ ich ein unverhofftes Wiedersehen, mein
wertes Fräulein,“ rief der Ritter. „Auch wenn Ihr nicht
meinen Namen genannt hättet, wär’ mir’s nicht entgangen,
daß ich Euch unvergessen bin. Aber zittert nicht. Die
kleine Verdrießlichkeit von damals trag’ ich Euch nicht
nach. Und mein Auge . . . Nun, es ist geheilt, und
ich sehe mit dem andern noch scharf genug, daß eure
Schönheit in diesen Jahren nichts verloren hat. Hoffent=
lich habt Ihr nicht wieder so ein garstiges Tier mit
Euch, das keinen Spaß versteht. Wer ist denn diesmal
euer Begleiter auf der Reise über Land?“

Er faßte Jost scharf ins Auge und knurrte etwas
in den Bart. „Herr Ritter,“ antwortete dieser für Ursula,
„ich will nicht wissen, welche Begegnung Ihr schon einmal
mit dem Fräulein gehabt und was Euch berechtigt, in
solchem Ton daran zu erinnern. Es ist auch gleichgiltig.
Des Fräuleins Auftrag geht an den Herrn Hochmeister.
Seid Ihr sein Hauskomthur, so tut eure Pflicht und
bringt die Meldung unverzüglich an Seine Gnade.“

„Lehrt mich, was meine Pflicht ist,“ rief der Ritter

übermütig. „Und unverzüglich, sagt Ihr? Es scheint, daß Ihr in diesem Schloß zu befehlen habt."

„Das scheint nicht, so wenig es auch ist. Aber in diesem Schloß, denk' ich, hat der Herr Hochmeister zu befehlen, und unsere Bitte will nichts anderes erreichen, als ihm zugeführt zu werden, damit er über uns verfüge."

Der Ritter musterte ihn wieder mit einem über seine Gestalt rasch hingleitenden Blick. „Ihr versteht eure Worte für einen wandernden Schottenkrämer oder Fuhrmann sonderbar zierlich zu setzen," sagte er. „Wenn Ihr's überall so geschickt anfangt, wird man Euch nirgends glauben, daß Ihr seid, wofür Ihr Euch ausgebt. Nennt mir euren Namen."

„Das ist meine Absicht nicht. Ich bin aber bereit, ihn dem Herrn Hochmeister zu nennen, und er ist wahrlich ein ehrlicher und guter Name. Sagt das dem gnädigen Herrn."

„Ehrlich — hm, hm!" lärmte Ostra. „Und gut? Kann sein. Es gibt im Lande verschiedene Meinungen, über das, was ein guter Name ist. Verschlingt mich nicht mit euren Augen — ich kann's nicht ändern. Ich sage, es gibt verschiedene Meinungen, und das ist richtig so. Von woher kommt Ihr?"

„Von Marienburg."

„Schloß oder Stadt?"

„Stadt."

„Pah! Erlaubt, daß ich daran zweifle."

„Weshalb wollt Ihr daran zweifeln, Herr Ritter?"

„Weil . . . Aber Ihr sagt es. Ihr sagt, daß Ihr von Stadt Marienburg kommt, die dem Orden treu ist, gegen den Bund die Waffen erhoben hat! Ihr sagt es."

„Und ich sage die Wahrheit, das Fräulein wird mir's bezeugen, daß ich gestern Abend erst von Bartholomäus Blume, dem Bürgermeister, Abschied genommen habe."

„Und von Marcus, seinem Sohn, nicht wahr? Das

Fräulein kennt Marcus Blume sehr gut. Aber ob gestern Abend . . . Ich hätte darauf wetten mögen, das Fräulein komme von — Thorn."

Jost sah verwundert auf. „Weshalb von Thorn?"

„Ah —! Es ist ein lustigeres Leben da, als in dem Nest Marienburg. Reichtum in Fülle. Und die Söhne der Ratsherren von Thorn —"

„Wollt Ihr nun beim Herrn Hochmeister anfragen, Herr Ritter?" unterbrach Ursula ungeduldig.

„Hm —! Das will ich," entgegnete Ostra, listig mit dem linken Auge zwinkernd, „wenn ich erst weiß, wie ich Euch melden soll."

„Sagt nur, die Ursula vom Walde . . . Und bringt ihm diesen Ring, den er selbst einmal getragen hat."

Sie löste den Ring von einem Halskettchen, das sie aus dem Mieder vorzog, und reichte ihn dem Ritter. Ostra betrachtete ihn mit begehrlichen Blicken. „Wahr=haftig!" rief er, „das ist derselbe Ring . . . Nun frei=lich! wenn der Herr Hochmeister Euch den gelassen hat, wird er ja wohl auch für Euch nicht allzusehr beschäftigt sein. Ich will hören, was seine Gnade zu befehlen hat. Geduldet Euch hier so lange."

Er verließ das Gemach und blieb wohl eine Viertel=stunde fort. Indessen klärte Ursula Jost über des Ritters Person auf. „Das ist ein böses Zusammentreffen," meinte er. „Auch jetzt will der gewalttätige Mensch Dir schwerlich wohl. Seine hämischen Reden erwecken wenig Vertrauen. Was wollte er denn mit Thorn? Ein Ein=äugiger . . . Ganz recht! von so einem ist viel in Thorn gesprochen zu der Zeit, als der Aufstand war. Wenn er . . .? Bedenke, liebe Schwester, ob es nicht geraten ist, das Haus zu verlassen und auf eine bessere Gelegen=heit zu warten, den Herrn Hochmeister zu sprechen. Du hättest den Ring nicht aus der Hand geben sollen."

„Er muß ihn doch vorzeigen," entgegnete Ursula.

„Weiß Herr Ludwig von Erlichshausen erst, wer ihn schickt, so fürcht' ich diesen Buben nicht weiter. Er kann uns nichts Böses tun."

Als Boppo von Ostra wieder eintrat, begleiteten ihn zwei Trabanten mit langen Spießen. „Der Herr Hoch= meister war sehr erfreut, das Fräulein hier zu wissen," sagte er, sich mit gesuchter Höflichkeit verneigend. „Seine Gnade läßt das Fräulein bitten, mir sogleich zu folgen."

„Das tu' ich gern," antwortete Ursula. „Aber gebt mir vorerst den Ring zurück."

„Der Herr Hochmeister hat ihn an sich behalten," versicherte Ostra. „Ich hoffe, Ihr sollt ihn aus seiner Hand wieder empfangen."

„So kommt, Lieber," wendete sie sich zu Jost.

Ostra trat zwischen beide. „Verzeiht," sagte er. „Seine Gnade will erst von Euch erfahren, wer euer Begleiter ist, der sich mir nicht nennt. Er bleibt vor= läufig hier."

„Geh' nicht ohne mich, Ursula," bat Jost.

Der Ritter zuckte die Achseln. „Also überhaupt nicht."

Ursula überlegte. „Was kann mir geschehen?" meinte sie. „Der Herr Hochmeister will mich zu sich lassen." Sie kehrte sich nach der Tür. „Führt mich zu ihm!"

Ostra ließ sie aus. Er folgte. Auch die Trabanten traten hinaus. Aber sie blieben draußen vor der Tür auf der Galerie stehen, sich auf ihre Spieße stützend.

Der Ritter bat das Fräulein voranzugehen — die Treppe hinab und über den Hof nach dem anderen Flügel. Sie gelangten durch den niedrigen Torbogen in einen Flur, zur Treppe, oben in einen Kreuzgang, wieder einige Stufen abwärts in einen schmalen halb= dunkeln gewölbten Raum. Ursula stutzte. „Wir sind gleich zur Stelle," beruhigte Ostra. „Dort rechts wird's wieder hell." Wirklich öffnete sich hier die Wand und

Urſula blickte in einen langen Gang hinein, der von beiden Seiten durch ſchmale Fenſteröffnungen Licht erhielt. Gegen das Ende hin verengte er ſich. Dort ſchritten ſie an mehreren Türen vorbei, das Fräulein immer eiliger. Die letzte geradeaus öffnete der Ritter und nötigte Urſula zum Eintreten.

Das Gemach war nicht groß; ein Kreuzgewölbe über= ſpannte es. In der ſehr dicken Wand gegenüber der Tür befand ſich eine tief eingeſchnittene Niſche und darin ein ſchmales Fenſter, zu dem man über zwei ſtufenartige Einſenkungen der Mauer gelangen konnte. Urſula glaubte, daß dies endlich das Vorzimmer des Herrn Hochmeiſters ſei und trat ein. Kaum aber hatte ſie ſich in dem Raum umgeſchaut, der einer Gefängniszelle ähnlich ſah und auch wie eine ſolche eine niedrige Bettlade und ein paar Holz= ſchemel als einzige Ausſtattung enthielt, als ſie Kehrt machte und entrüſtet rief: „Wohin führt Ihr mich? Ich folge Euch nicht weiter.“

Sie wollte hinaus, aber der Ritter verſtellte ihr die Tür. „Es iſt auch nicht erforderlich,“ antwortete er, „wir ſind am Ziel. Mag es Euch gefallen, mein ſchönes Fräulein, hier einige Zeit zu verweilen, bis der Herr Hochmeiſter die Gnade haben wird Euch zu berufen. Das kann nicht ſogleich geſchehen. Es iſt zunächſt ein Umſtand aufzuklären, der Euch verdächtigt, nicht in guter Abſicht in dieſes Schloß eingedrungen zu ſein.“

„Mich verdächtigt —?“ wiederholte Urſula ganz ver= wirrt. „Wie kann das ſein? Habt Ihr dem Herrn Hochmeiſter nicht den Ring gebracht —?“

„Ich bin für des gnädigſten Herrn Sicherheit in dieſem Hanſe verantwortlich,“ entgegnete Oſtra, der Ant= wort auf die Frage ausweichend. „Ich tue, was meine Pflicht iſt.“

„Laßt mich hinaus! Laßt mich zu meinem Begleiter!“

„Dieſer Begleiter gerade iſt's, der Euch verdächtigt.“

„Mein Bruder —?"

„Euer Bruder! Ihr scherzt, schönes Kind. Solcher Brüder habt Ihr wohl noch mehrere — je nach Gelegenheit. Wollt Ihr mir seinen Namen nennen?"

Ursula stand ratlos und schwieg. Sie hatte vielleicht schon zu viel verraten, indem sie Jost ihren Bruder nannte.

„Ihr kennt ihn vielleicht selbst nicht," fuhr Ostra spöttisch fort. „So will ich Euch sagen, daß man gedacht hat Euch zu einem frevelhaften Anschlag auf des Herrn Hochmeisters Leben mißbrauchen zu können. Euer Ring sollte dem Sohn seines Todfeindes den Weg zu ihm öffnen —"

„Um Himmelswillen!" fiel Ursula entsetzt ein. „Welcher unwürdige Verdacht —"

„Beruhigt Euch nur — ich will darauf schwören, daß Ihr unschuldig seid. Ihr habt keinen willigeren Beschützer, als mich — vertraut mir ganz." Er ergriff ihre Hand und versuchte sie an seine Lippen zu ziehen.

Sie riß sich in furchtbarster Angst los. „Zu Hilfe — zu Hilfe!"

„Euer Geschrei kann Euch nichts nützen," sagte er, immer die Tür sperrend. „Man hört Euch im Hanse nicht. Wenn Ihr Euch aber meinen Wünschen gefügig bezeigen wollt —"

„Zu Hilfe — zu Hilfe!"

Ostra trat rasch zurück und schlug die Tür zu. Es steckte ein Schlüssel im Schloß.

Er drehte ihn um und zog ihn ab.

Indem er auf dem Rückwege wieder den Dansk seiner ganzen Länge nach durchschritt, hatte er Zeit, zu überlegen, was für Folgen seine rasche Tat haben könnte. „Der Hochmeister darf nichts erfahren . . ." murmelte er. „Weshalb auch? Er herbergt wohl hier nicht lange. Kommt's doch heraus, so ist's zu seinem Besten geschehen

— vielleicht übereilt, irrtümlich, allzu eigenmächtig, aber zu seinem Besten. Und bis dahin ... Wer rechnet denn noch mit dem nächsten Tage? Ich hoffe, die scheue Taube wird in der Gefangenschaft bald kürre geworden sein. Pah! man will sein Auge nicht umsonst verloren haben."

Als er zu Jost zurückkehrte, hatte dieser schon ungeduldig auf die Galerie hinaustreten wollen, war aber durch die Trabanten, die ihre Spieße vor der Tür kreuzten, gehindert worden. Er beschwerte sich nun mit heftigen Worten über diese Unverschämtheit. Ostra lachte. „Sie haben getan, was ihnen geheißen war," sagte er herausfordernd.

„Wie? Bin ich hier ein Gefangener?" rief der Junker unwillig.

„Ihr seid's, Herr Jost vom Wege!" antwortete Ostra.

„Hah —!"

„Hab' ich Euch beim richtigen Namen genannt? Ihr mögt wissen, daß ich einmal heimlich in Thorn gewesen bin und mir die Buben angesehen habe, die den Orden verrieten. Da hat man mir auch den Sohn des Erzschelms Tileman vom Wege gezeigt, und ich hab' sein Gesicht nicht vergessen, wie Ihr merkt."

„Und wenn ich nun Jost vom Wege bin?"

„So seid Ihr auch der Friedensbrecher, Landverderber und Kirchenschänder, der an der Spitze der bündischen Söldner das Ermland mit Krieg überzogen und seinem rechtmäßigen Herrn, dem Bischof Franziskus, entwendet hat."

„Herr Ritter —!"

„Seid Ihr's nicht? Leugnet doch, wenn Ihr könnt."

„Was ich damals getan habe ... Euch schuld' ich keine Rechenschaft dafür.

„Meinem Orden."

„So führt mich vor den Herrn Hochmeister —"

„Ihr seid solcher Gnade nicht würdig. Eure Schuld ist offenkundig — erwartet die gerechte Strafe."

„Aber Ihr wißt nicht . . . Ich bin seitdem in der Stadt Marienburg Dienst getreten, für den Herrn Hoch= meister, für den Orden zu kämpfen."

„Wen gedenkt Ihr so frech zu belügen? Ich sag's Euch auf den Kopf: Ihr seid hierhergekommen, den Herrn Hochmeister zu ermorden."

„Unerhörte Beschuldigung! Wie wagt Ihr —?"

Ostra gab den Trabanten einen Wink. „Greift zu — schafft ihn in den Turm. Sobald er sich widersetzt, legt ihn in Ketten und weist ihm das unterste Verließ an."

Die Trabanten packten ihn bei den Armen. „Das ist die schnödeste Gewalttat," schrie Jost. „Ihr werdet sie zu verantworten haben. Ich bring' ein Schreiben an den Herrn Hochmeister —"

„Es ist gefälscht. Durchsucht ihn, nehmt es ihm ab und legt's in meine Hand."

Jost wehrte sich wie ein Verzweifelter. „Und wo ist Ursula — meine Schwester?"

„Eure Schwester! Ha, ha, ha! da merkt man das abgekartete Spiel. Seid ohne Sorge! Dem artigen Fräulein soll kein Leid geschehen."

„Fluch über Euch und eure räuberischen Taten —!"

„Setzt ihm einen Kuebel ins Lästermaul! Fort!" Er öffnete die Tür und ließ die Trabanten aus. Sie nahmen Jost mit sich und warfen ihn in den nur wenige Schritte entfernten Turm.

Nun begab Ritter Ostra sich nach dem Remter. Dort saßen einige von den Brüdern mit den gerade im Schloß anwesenden Söldnerhauptleuten an dem langen Tisch und becherten. An einem der Fenster arbeitete ein Schreiber. Die Tür zum anstoßenden Gemach stand auf. Es war für den Hochmeister eingerichtet worden. Herr Ludwig von Erlichshausen spielte dort mit dem Hauptmann von Tettau Schach. Er hatte in einem Polsterstuhl Platz ge= nommen und die Füße mit den langspitzigen Schuhen auf ein Kissen gestellt. Sein Bart war ganz weiß geworden; die knochigen Finger zitterten, wenn sie eine Figur erhoben. Er sah schwermütig auf, als er Schritte vernahm. Sobald er Ostra erkannte, zuckte der Mundwinkel verdrießlich. „Was bringst Du?" fragte er mürrisch. „Kam endlich Botschaft vom Spittler?"

Der Ritter verneigte sich tief. „Nein, gnädigster Herr."

„Oder von Zinnenberg?"

„Ebenso wenig."

„Was stört Ihr uns also im Spiel," fragte Tettau ärgerlich. Er zog einen Läufer. „Schach dem König!"

Der Hochmeister blickte mit müden Augen flüchtig über das Brett. „Ihr habt die Partie gewonnen."

„Noch nicht, gnädiger Herr. Opfert den Turm."

„Es ist eine Galgenfrist. Nein, nein! ich habe meine Gedanken nicht beisammen gehabt. Oh —! ich bin ein kranker Mann." Er wendete sich wieder zu Ostra. „Sprich also."

„Gnädigster Herr, ich hoffe mir euren Dank verdient zu haben. Mir ist soeben ein guter Fang gelungen."

„Den will ich Dir nach seinem Wert lohnen, wie ich kann. Wer ist gefangen?"

„Jost vom Wege, Tilemans einziger Sohn."

Der Hauptmann von Tettau sprang auf. „Jost vom Wege?"

Auch der Hochmeister sah ihn verwundert an.

„Wie ich sage, gnädigster Herr. Er hatte sich als Schottenkrämer verkleidet mit einer Bauerndirne hier eingeschlichen —"

„Um zu kundschaften," unterbrach Tettau.

„Vielleicht in noch sträflicherer Absicht. Meines gnädigsten Herrn teures Leben —"

„O, das nicht, das nicht," wehrte Erlichshausen ab.

„So verrucht ist auch unser verbittertster Gegner nicht. Und er . . .“

„Diesen meineidigen Schurken ist nicht zu trauen,“ meinte Ostra. „Sie wissen Ew. Guaden wieder an der Weichsel und fürchten, daß ihnen das Ränkespiel gründlich verdorben werden könnte. Da scheuen sie vor solchem Mittel nicht zurück, durch einen Dolchstoß Euch in eurem Siegeslauf niederzuwerfen.“

„Nein, nein! Tilemans Sohn . . .! Es wäre zu furchtbar.“

„Wie dem nun sei, ich hoffe durch meine Wachsam= keit großes Unheil abgewendet zu haben.“

„Laßt den Buben auf der Stelle hängen!“ rief Tettau.

„Laßt ihn hängen!“ wiederholten die andern Haupt= leute, die auf das laute Gespräch eingetreten waren.

„Keine übereilte Tat!“ wendete der Hochmeister er= schreckt ein. „Tilemans Sohn! Das hieße, Rache nehmen um einen teuren Preis. Nie mehr könnten wir unsere Gegner versöhnen. Bedenkt, ihr Herren, daß wir den Frieden erstreben. Die Gefahr ist abgewendet, der Spion unschädlich gemacht . . .“

Es wurden erregte Worte hin und her gewechselt. „Gestattet mir einen Vorschlag, gnädigster Herr,“ sagte Ostra endlich, als er merkte, daß der Hochmeister zu einem Befehl nach dem Rat der Hauptleute nicht zu vermögen sein würde. „Der Bube mag den schnellsten Tod ver= dient haben. Was kann es uns nützen, daß wir dem tausendköpfigen Drachen einen Kopf abhacken, und nicht einmal den gefährlichsten? Der Gefangene ist uns mehr wert. Nicht er — sein Vater ist der mächtige Manu, der den Bund nach seinem Willen lenkt, dessen Rat selbst der König von Polen nicht unbeachtet lassen darf. Er möge erfahren, daß sein Sohn als Kundschafter gefangen ist und am Galgen steht. Wir bestimmen das Lösegeld.“

„Aber nicht unerschwinglich hoch.“

„Gewiß nicht, das wär' Torheit. Fordern wir für seinen Sohn — die Stadt Marienburg. Das liegt uns jetzt am nächsten."

Der Hochmeister zog mit starken Ruck die Finger der rechten Hand zusammen, die auf dem Schachtisch lag. Die Augenbrauen hoben sich. Aber die Spannung ging rasch vorüber. Ein ungläubiges Lächeln flog über das bleiche Gesicht und blieb im Mundwinkel hängen. „Den Preis kann er nicht zahlen," sagte er.

„Weshalb nicht?" fragte Ostra. „Wir fordern nicht das Schloß, das erobert sein will. Die Stadt gehört dem Orden; sie wehrt sich gegen den Bund. Tileman hat sie nicht herauszugeben — nur freizulassen, nur nicht weiter zu bedrängen. Das zu bewirken steht vielleicht doch in seiner Macht. Die Belagerung darf nur lässig betrieben, nach einiger Zeit als aussichtslos eingestellt werden."

„Man könnt's so an ihn bringen," meinte Erlichshausen wenig zuversichtlich, aber doch nicht mehr abweisend. „Und wenn's dort zum Schlimmsten kommen sollte, was Gott verhüte . . . ich muß für meine treuen Anhänger sorgen — Blume und seine Kumpane. Wenn ihnen ein Haar gekrümmt werden sollte . . ."

„So büßt dafür Jost vom Wege mit dem Leben," vollendete Ostra die Drohung, die dem Hochmeister schwer schien über die Lippen gehen zu wollen.

Der hohe Herr nickte schwermütig.

„So gebt Ew. Gnaden mir Vollmacht zu handeln?"

„Ja . . . Doch daß ich mir die letzte Entscheidung über den Gefangenen vorbehalte. Vergiß das nicht, Bruder Ostra. Mein Schreiber soll Dir helfen. Und wenn Du's klug durchführst — sollst Du unseres Ordens Komthur werden. Schon jetzt ernenn' ich Dich zu meinem Hauskomthur in Marienwerder — vorbehaltlich des Kapitels Zustimmung. Ich will's mit dem Spittler bereden."

Oſtra verneigte ſich befriedigt und küßte des Meiſters
Hand. Dann trat er zum Schreiber und gab ihm An=
weiſung. Der Brief ſollte ſofort aufgeſetzt, mit dem hoch=
meiſterlichen Handſiegel beglaubigt und durch einen Eil=
boten abgeſendet werden.

Darauf begab er ſich durch die Mauerpforte nach
dem Friedhof am Dom. Dort wohnte in einem kleinen
Häuschen der Totengräber. Sein Weib verrichtete
mancherlei Dienſte im Schloß und war Oſtra als eine
ſchweigſame Perſon bekanut. Es hing von ihm ab, wie
er die Alte beſchäftigen und lohnen wollte. Das wußte
ſie, und ſie zeigte ſich ihm deshalb ganz ergeben. Ihr ver=
traute er ſich an. Er habe ein junges Fräulein im Schloß,
ſagte er ihr, wovon niemand wiſſen dürfe. Es ſei vor=
läufig im Wachtzimmer auf dem Dansk einquartiert, bis
der Hochmeiſter abziehen werde. Sie ſollte für das Fräulein
ſorgen, daß es ihm an Aufwartung und guter Pflege nicht
fehle. „Haltet aber das Gemach verſchloſſen,“ fügte er hinzu,
indem er ihr den Schüſſel aushändigte, „und laßt Euch durch
Geſchrei und Bitten nicht bewegen, das dumme Ding auszu=
laſſen, das etwas verdreht im Kopf und widerhaarig iſt.
Sprecht nur das Nötigſte und laßt Euch auf keinerlei Ver=
handlung ein. Gibt's aber doch Lärm und fragt einer,
dem Ihr nicht ausweichen könnt, wen Ihr da hütet, ſo
antwortet, das ſei die verdächtige Dirne, die mit Joſt vom
Wege gefangen genommen iſt. So mag's dann auch der
Herr Hochmeiſter erfahren, es liegt nichts daran.“ Er
ſteckte ihr einen Goldgulden in die Hand und klopfte ihr
vertraulich die Schulter. —

Der Bote hatte große Mühe, in Thorn bei Tileman
vom Wege vorgelaſſen zu werden. Der Ratsherr ſei
krank, hieß es in ſeinem Hanſe, und ſehe niemand. Erſt
auf die Andeutung, daß es ſich um ſeinen Sohn handle,
wurde er von der Haushälterin in das Zimmer geführt,
deſſen Fenſter verhängt waren und in dem der Kranke

zusammengekrümmt auf seinem Schmerzenslager die ewig langen Tage und Nächte zubrachte. „Was ist's mit meinem Sohn?" fragte er mit ächzendem Laut. „Ich sah ihn lange nicht — er hat sich von mir abgewandt — ist in die Fremde gegangen — ich weiß nicht wohin. Erinnert er sich endlich — seines alten Vaters? Will er vor seinem Tode . . . Ach, ach! er schafft mir bitteres Leid."

„Euer Sohn ist in Marienwerder gefangen, edler Herr," sagte der Bote.

„Gefangen —?" schrie Tileman auf und riß sich vom Kissen in die Höhe.

„Dieser Brief wird Euch nähere Auskunft geben."

„Der Brief —! Er schreibt ihn?"

„Nein, der Herr Hochmeister, dessen Gefangener er in der Burg Marienwerder ist."

„Ludwig von Erlichshausen? Mein Todfeind?"

„Mein gnädigster Herr."

„O dann . . ." Der Kopf sank ihm zurück.

„Lest den Brief und gebt mir Antwort."

„Kennt Ihr seinen Inhalt?"

„Nein. Nur daß es sich um euren Sohn handelt, weiß ich. Er hat sich in die Burg eingeschlichen und ist gefangen. Ich soll's Euch sagen, damit Ihr des Briefes wegen Vorsicht beobachtet. Er geht nur Euch an."

„Des Hochmeisters Brief . . ." Der Kranke stöhnte leise und warf sich dann unruhig auf dem Lager hin und her, oft mit der knochigen Hand nach der Stirn greifend, auf der die Schweißtropfen perlten.

„Wollt Ihr mir den Brief abnehmen, edler Herr?" fragte der Bote nach einer Weile.

„Nein!" rief Tileman. „Ich empfange nicht heimliche Briefe vom Feinde."

„Aber bedenkt —"

„Es ist nichts zu bedenken. Mein Sohn . . . Und wenn der Gefangene mein Sohn ist — ich will keine

Heimlichkeiten haben. Schickt nach Rutger von Birken, dem Bürgermeister. Er soll herkommen mit zwei Rats= herren und den Brief lesen."

„Ihr solltet doch erst sehen —"

„Gehorcht! Das ist ein Bubenstück, ich weiß es. Was von da her kommt . . . Ich will sicher gehen. Hab' ich so lange in Ehren . . . Gehorcht! Weil's mein Sohn ist, glaubt er . . . Aber gerade weil's mein Sohn ist —! Nein! beruft den Bürgermeister. Des Herru Hochmeisters Brief kann nur den Rat angehen."

Man mußte ihm den Willen tun. Während der Bote nach dem Rathaus ging, ließ Tileman sich anziehen, einen Pelzrock überwerfen und auf einen Lehnstuhl leiten. Er ächzte vor Schmerzen, aber er überwand sie. Er ließ den Vorhang vom Fenster ein wenig heben. Nun das Licht auf sein Gesicht fiel, zeigte sich erst die Verwüstung in ihrer ganzen Schreckbarkeit. Wie vergilbtes Pergament lag die Haut über der eckigen Stirn. Weit die Schläfen hinauf war das Haar ausgefallen, nur zwischen ihnen ein struppiger Büschel stehen geblieben. Unter den Backen= knochen höhlte sich die Wange. Der Mund war schief gezogen, der lange nicht geschorene Bart umgab in un= gleichen Zotteln das Kinn, das fortwährend schmerzlich zuckte. Die gekrümmten Hände zitterten. Er lehnte den Kopf zurück und atmete kurz und hastig.

Die Herren hatten einen kurzen Gang über den Markt= platz. Rutger von Birken begrüßte den alten Freund mit Herz= lichkeit. „Macht's kurz, liebe Gevattern," bat Tileman keuchend. „Ich kann euch nicht lange zu Diensten sein. Was schreibt der Herr Hochmeister meines Sohnes wegen?"

„Lest zunächst selbst den Brief," antwortete der Bürger= meister. „Wir wissen es Euch Dank genug, daß Ihr uns zugezogen habt. Wollt Ihr hinterher unsere Meinung erfahren, so soll sie Euch nicht vorenthalten werden, und gedenken wir Euch freundschaftlich zu raten."

15*

Während Tileman das Siegel löste und das Band entfernte, fuhr er fort: „Es nimmt uns Wunder, daß Jost vom Herrn Hochmeister gefangen sein soll, da uns doch vor Kurzem vom Schloß Marienburg Nachricht kam, er sei in der Stadt gesehen worden und hätte mit den Bürgern oder mit Troklers Söldnern gekämpft. Wäre das die Wahrheit, so müßte man eher glauben, der Herr Hochmeister sei ihm zu Dank verpflichtet. Daß er sein Gefangener sein soll —"

„Er ist's," rief Tileman. Die Hand, die das Blatt hielt, sank ihm auf den Schoß.

„Und man will ihn henken, wenn ich nicht . . . O! das ist eine Verruchtheit schlimmster Art. Mein Sohn — mein Sohn! Lest, was man mir zumutet — lest! Ich bin ein unglücklicher Mann und Vater. Aber lest! Was da steht, ist mir keine Schande. Ihnen aber . . . Ich bitt' euch, lest!"

„So ist's ein Irrtum gewesen, wie ich gleich vermutete," sagte Birken. „Wie hätt' euer Jost sich so weit verirren können, mit unsern Feinden . . ." Er überflog das Schreiben und gab seine Entrüstung in Lauten und Zeichen des Unwillens zu erkennen. „Das hattet Ihr nicht verdient," rief er.

„Sie wissen, daß ich nur den einen Sohn habe," jammerte Tileman, „meine ganze Hoffnung einst, meines Herzens einzige Freude. Aber daß ich seinetwegen ein Verräter an meinem Lande werden könnte . . . .! Es ist gut, ihr Herren, es ist gut. Ihr seid unterrichtet. Seht euch nun vor, daß ich nicht die Stadt schädige, mein Fleisch und Blut loszukaufen. Seht euch vor!"

„Wir kennen Euch auch ohnedies gut genug," antwortete der Bürgermeister, und seine Kumpane stimmten laut zu. „Dieser neuen Probe eurer redlichen Gesinnung gegen die Stadt hätt' es wahrlich nicht bedurft. Aber wir danken Euch und hoffen, der Herr Hochmeister werde so grimmig nicht verfahren, als er sich hier den Anschein gibt. Das wär' gemeine Rache, nicht Gerechtigkeit. So liederlich kann er seinen Namen nicht für ewige Zeit verunglimpfen wollen."

Tileman seufzte aus tiefster Brust. „Und wenn es ihn nun nach Rache gelüstete? Rache um Rache! Ah —! was wißt ihr . . .? All' unser Tun — was ist das? Wie es sich vor der Welt darstellt, ist es groß oder klein, lächerlich oder erhaben, und so wird's eingezeichnet in die Chroniken. Wer die geheimen Triebfedern kennte . . . Lassen wir das! Ich bin gefaßt auf alles."

„Wollt Ihr gestatten, daß der Rat dem Herrn Hoch= meister für Euch antwortet?" fragte Rutger von Birken mitleidig.

„Was wollt ihr antworten?" rief Tileman. „Daß ihr Marienburg preisgeben wollt für meines Sohnes Leben?"

„Nein. Aber die Stadt Thorn kann ein Lösegeld bieten —"

„Ein Lösegeld! Ja, wenn's damit getan wäre! Bietet mein ganzes Vermögen — nichts ausgenommen. Ich will die Stadt um eine Stelle im Hospital bitten, meine letzten Tage da zu verbringen, und hinterher um ein Armenbegräbnis. Aber es ist nicht einmal genug die Habgier zu reizen. Viele sind reich geworden durch diesen Wandel der Dinge, zu dem ich geholfen habe — ich aber arm. Auch die über mich den Stab brechen, müssen mir nachsagen, daß ich mir keinen Lohn genommen!"

Der Bürgermeister legte ihm die Hand auf die Schulter. „Wie sprecht Ihr so?" sagte er vorwurfsvoll. „Habt Ihr's nötig, uns zu erinnern, daß Ihr allezeit reichlich von dem eurigen gegeben und nichts zu eurer Entschädigung genommen habt? Die Stadt Thorn ist hoch in eurer Schuld. Jetzt hat sie vielleicht Gelegenheit, einen Teil davon abzutragen. Deshalb eben biet' ich

Euch ihre Vermittlung an. Was in unsern Kräften steht,
euren Sohn zu lösen —"

„Was in euren Kräften steht —" fiel Tileman ein,
„ja, ja! Darüber kann niemand. Ich darf euch nicht
bitten, liebe Herren: laßt's sein! Wenn ich selbst ge=
fangen wär', lieber die Zunge wollt' ich mir abbeißen,
als euch anrufen: kauft mich los. Aber mein Sohn . . .
Wir leben nicht mehr in der Römer Zeiten. Unmensch=
liches soll niemand sich zumuten. Tut deshalb, was
euch gut dünkt. Ich fürchte, die Stadt legt umsonst
meiner Habe ein Gebot zu. Rache — Rache . . . und
Vergeltung . . ."

Seine Sprache wurde unverständlich, der Kopf fiel
auf die Brust, der ganze Körper sank im Stuhl zusammen.
Sie richteten ihn aus seiner Ohnmacht auf und trugen
ihn anfs Bett. Dann übergaben sie ihn der Hauswirtin.

Sofort wurde eine Ratssitzung gehalten. Jost war
unbeliebt. Mancher äußerte sich, es sei unerklärlich, wie
er nach Marienwerder gekommen sei und was er dort
gewollt habe, wenn es ihm doch an Mannschaft fehlte,
sich der Burg und des Hochmeisters zu bemächtigen. Auch
die Gerüchte wurden wieder erwähnt, daß er in Marien=
burg mitgefochten habe. Doch beschloß man, sich zu Ehren
Tilemans der Sache nachdrücklich anzunehmen.

So erhielt denn der Bote das Ratsschreiben auf
den Rückweg mit.

Zugleich ging ein Schreiben an Ulrich Czerwonka
ab. Er solle, wenn es irgend in seiner Macht stehe, die
Stadt Marienburg zum Gehorsam zurückbringen, bevor
der König ins Land käme. Thorns Dank könnte ihm
dafür gewiß sein. Auch ließ der Rat einfließen, daß
Jost vom Wege gefangen genommen sei. Käm's ihm von
anderer Seite zu Ohren, so solle er sich nicht beirren
lassen. „Wegen des Lösegeldes unterhandeln wir selbst."

Dreizehntes Kapitel.

Der Helfer in der Not.

Marcus Blume wartete von Tage zu Tage auf Jost's und Ursulas Rückkehr vergeblich. Immer größer wurde seine Sorge und Unruhe. Es mußte sie irgend ein Unfall getroffen haben, sonst wären sie längst wieder heim. Er machte sich Vorwürfe, daß er Ursula fortgelassen habe. Nur mit Mühe wehrte er den Gedanken ab, daß Jost am Ende doch falsches Spiel spiele. Er verriet sich nicht durch Worte, aber deren bedurfte es auch für seine Mutter nicht. Selbst tief bekümmert, streichelte sie ihm oft die Wange, als ob sie ihn begütigen wollte: nimm Dir's nicht so schwer zu Herzen. Nur Magdalene gab bei jeder Gelegenheit zu verstehen, daß ihr gutes Vertrauen zu Jost unerschüttert sei. „Glaubt nur, es ist etwas geschehen," sagte sie, „wogegen er nicht kann. Die Zeit wird ihn herrlich rechtfertigen."

„Du liebst ihn noch immer," flüsterte Marcus ihr ins Ohr.

„Hab' ich doch nie aufgehört ihn zu lieben," entgegnete sie ernst, ohne zu erröten. „Hast Du Dir's anders vorgestellt?"

Er küßte sie statt der Antwort.

Im Spittel, das von Verwundeten überfüllt werden mußte, war eine böse Krankheit ausgebrochen, die pestartig oft in wenigen Stunden die Menschen hinraffte. Sie griff weiter in die Stadt hinein um sich und verbreitete überall Angst und Schrecken. Auch viele von den Söldnern wurden befallen. Oberst Trotzler drohte, daß er gezwungen sein werde, mit seinem Volk die Stadt zu verlassen und draußen ein Lager zu beziehen. Vergeblich wartete man auf des Hochmeisters Hilfe. Frau Regina hatte übermenschliche Anstrengungen gemacht, den vielen Kranken Dienste zu leisten; selbst vom Fieber ergriffen und ganz kraftlos konnte sie zuletzt ihr Stübchen nicht mehr verlassen. Magdalene war Tag und Nacht bei ihr, sie zu pflegen. Stündlich erkundigte sich die kranke Frau, ob noch immer von ihren Kindern keine Nachricht eingelaufen sei, und immer wieder mußte Magdalene traurig den Kopf schütteln.

Dabei bedrängte Ulrich Czerwonka wieder heftiger die Stadt. Es war ihm gelungen, seinen Schießbedarf zu ergänzen, und er ließ nun wieder von Zeit zu Zeit ein Geschütz lösen, um die Bürger von den Straßen in die Häuser zu treiben. Fast allnächtlich hatten sie einen Ausfall vom Schloß her zu bestehen. Er verbreitete das Gerücht, der König sei schon unterwegs und werde sie furchtbar strafen, wenn sie sich nicht schleunigst unterwürfen. Bartholomäus Blume blieb fest. Es hieß, der Hauptmann habe schon von Danzig Scharfrichter kommen lassen, damit sie für die Blutarbeit gleich zur Hand seien. Auch das schreckte ihn nicht. Er bot seine ganze Beredsamkeit auf, Trotzler zum Ausharren zu vermögen. An den Spittler, von dem er am meisten hoffte, schrieb er flehende Briefe, er möchte sich der unglücklichen Stadt erbarmen. Er erhielt keine Antwort.

Und nun ging plötzlich die Rede: Jost vom Wege sei in Marienwerder gefangen und mit dem Tode bedroht; vergeblich hätten die Thorner ein großes Lösegeld geboten. — Bei den Ausfällen der Polen wurden öfters

Gefangene gemacht; durch sie mußte die Nachricht ver=
breitet sein. Sie kounte ihren Weg über Danzig genommen
haben, das immer mit dem Schloß in Verbindung stand.
War sie glaubhaft? Wie sollte der Hochmeister Blumes
Schreiben so mißachtet haben? Und hätte nicht Ursula
mit einem Wort jeden Argwohn beseitigen müssen? Marcus
zermarterte seinen Kopf, sich ein solches Ereignis erklärlich
zu machen. Sollte Jost von Ursula getrennt worden sein,
ehe sie Marienwerder erreichten? Hatte er den Begleits=
brief verloren und sich so nicht ausweisen können? Aber
wo war denn Ursula? Er hielt's nicht länger aus in
den Mauern der Stadt. „Gebt mir Urlaub, Vater,“ bat
er den Bürgermeister, „nur auf vierundzwanzig Stunden.
Ich fühle, daß die Sorge mich niederwirft und zu allem
Denken und Tun unfähig macht. Ich habe keinen Schlaf,
mir verlangt nicht nach Nahrung. Bleib' ich länger, so
wird die tückische Krankheit mich erfassen — ich kann ihr
keinen Widerstand leisten. Fall' ich dem Feinde in die
Hände, so entzieh' ich der Stadt doch keinen Verteidiger.
Laßt mich gehen und auskundschaften, wie es in Marien=
werder steht. Kann ich mit frohem Herzen zurückkehren —
oder auch nur eine traurige Gewißheit mitbringen, so soll
der Feind wieder meinen Arm fühlen.“

„Soll ich auch Dich noch verlieren?“ klagte Blume.
„O, diese Prüfung ist schwer.“ Sogleich aber faßte er
sich wieder, umarmte Marcus und sagte: „Geh mit Gott!
Ich muß Dir Recht geben. Aber laß es die Mutter
nicht wissen. Kommst Du wieder, so soll sie sich nicht
ohne Grund gehärmt haben, und kommst Du nicht . . .
so hat sie den Trennungsschmerz doch nur einmal. Ich
will Dich mit dem Dienst auf den Mauern entschuldigen,
wenn sie nach Dir fragt.“

Als Marcus sich dann Abends von ihm verabschiedete,
wurde der starke Mann merklich weich. Er drückte den
lieben Sohn wiederholt an seine Brust und sagte: „Ich

weiß nicht, wie mir ist . . . Es ahnt mir, wir sehen
einander nicht wieder." Er öffnete ihm selbst die Mauer=
pforte und schob ihn abgewendet mit einem letzten Hände=
druck hinaus. —

Marcus Blume ging die ganze Nacht durch, die Land=
straße möglichst vermeidend und wenig betretene Stege
durch Wald und Haide aufsuchend. In einigen Dörfern
lag Kriegsvolk; er konnte nicht erkennen, ob des Ordens
oder Bündische. Auch sah er von Weitem einen großen
Trupp Reiter, der sich gegen Marienburg hin bewegte.
Es schienen ihm Polen zu sein. An einer anderen Stelle
stieß er auf ein eben verlassenes Lager; die Wachtfeuer
brannten noch. Die einzeln stehenden Gehöfte waren
überall von den Bewohnern verlassen, zum Teil von ihnen
oder den Feinden abgebrochen, die Brunnen verschüttet.
In der Ferne leuchtete der Himmel an zwei Stellen
glutrot von Feuerschein.

Als er gegen Morgen, schon nicht mehr weit vom
Ziel ein Gebüsch umschritt, wurde er plötzlich angerufen.
Es war eine ausgestellte Wache, die von ihm Auskunft
verlangte, wer er sei, von wo er komme und wohin er
gehe. „Beantwortet mir zunächst eine Frage," entgegnete
Marcus, „die Euch ungefährlich ist. Seid Ihr Kriegs=
leute des Ordens oder der Bündischen?"

„Des Ordens," sagte der Mann.

„Und wer ist euer Führer?"

„Der Oberst=Spittler Herr Heinrich Reuß von Plauen."

„So führt mich zu ihm," rief Marcus froh, „keinem
lieberen kount' ich begegnen. Ich bin Marcus Blume,
des Bürgermeisters von Marienburg Sohn, und will zum
Herrn Hochmeister nach Marienwerder."

„Dahin ziehen auch wir," sagte der Landsknecht.
„Wartet noch kurze Zeit. Dort bricht der Trupp schon
auf; wir werden sogleich abgelöst werden."

„Wirklich wurde etwas weiter am Waldrande hin

im Nebelgrauen eine Bewegung von Menschenmassen be=
merkbar. Es näherte sich ein Heereszug von Reitern
und Fußvolk; mehrere Fähnlein flatterten im Morgen=
winde. Voran ritt der Spittler in voller Rüstung, den
weißen Mantel über dem Panzerhemde, zwischen einigen
Rittern und Hauptleuten. Er erkannte Marcus, reichte
ihm vom Pferde die Hand im Blechhandschuh und sagte:
„Greift an den Steigbügel, damit Ihr besser Schritt
haltet, und berichtet mir, wie es in Marienburg steht.“

Das tat Marcus. Er gab umständlich ein Bild
von der traurigen Lage der Stadt und sprach die Hoff=
nung aus, daß ihr jetzt die zugesagte Hilfe durch den
Orden kommen werde.

„Gott segne den treuen Mann, euren Vater,“ sagte
der Spittler bewegt. „Ich wollte, wir könnten seiner
guten Stadt auf der Stelle zureiten und die Marienburg
im Sturm nehmen. Aber wir sind nur ein klein Häuflein
und müssen auf mehr Zuzug warten, der uns freilich
versprochen ist. Wir sind zum Schutz des Herrn Hoch=
meisters herbeigeeilt, konnten aber gestern nach einem
langen und beschwerlichen Tagesmarsch Marienwerder nicht
mehr erreichen, da Mannschaft und Pferde vor Müdigkeit
nicht weiter konnten. Wisset, daß nach zuverlässigen Nach=
richten ein großes Polenheer die Grenze vor Tagen schon
überschritten hat und im Anmarsch auf eure Stadt ist.
Man spricht von zwanzigtausend Mann, was hoffentlich
übertrieben ist. Der Vortrab ist eine Tagesreise voraus.
Zinnenberg sucht ihn aufzuhalten. Es muß zu einem
Treffen gekommen sein, wobei einige Dörfer in Flammen
aufgegangen sind. Ihr werdet den Feuerschein am Himmel
so gut wie wir bemerkt haben.“

„So nahe schon sind die Polen!“ rief Marcus sehr
erschreckt. „Wehe der armen Stadt, wenn es Euch nicht
gelingt, den Feind im Felde zu schlagen, gnädigster Herr.
Wie sollen wir uns gegen solche Übermacht halten?“

„Verzagt gleichwohl nicht," redete der Spittler freund=
lich zu. „Es dünkt uns schon ein Wunder, daß die Stadt
so tapfer widerstanden hat, und Gott kann wohl auch
noch ein größeres geschehen lassen und durch ihre Be=
harrlichkeit die Burg wieder in des Ordens Besitz bringen.
Ewiger Ruhm ist ihr dann gewiß."

Nachdem dieses Allgemeine abgesprochen war, erkun=
digte sich der Spittler nach den näheren Umständen in
seinem Hause, und da die Reiter doch dem Fußvolk nicht
voraneilen durften und gut noch eine Stunde bis zur
Ankunft im Schloß vergehen mußte, fing Marcus ver=
traulich zu erzählen an, was sich in der Familie ereignet
hatte. Er sprach von der Waldfrau und von Ursula und
zuletzt auch von Jost vom Wege, wie der sich zur Sache
des Ordens bekehrt hätte und der Stadt zugezogen sei
und bereits tapfer für sie gekämpft habe. Nur was zu=
gleich des Hochmeisters und Tilemans Geheimnis war,
verschwieg er. Endlich erfuhr der Spittler auch, daß Jost
Ursula nach Marienwerder begleitet habe und daß sie nicht
zurückgekehrt seien und daß er selbst nun ausgegangen
wäre, sie zu suchen.

„Das sind gar merkwürdige Dinge," sagte Plauen,
„und in ihrem wahren Zusammenhange nicht leicht zu er=
fassen. Über mancherlei Zäune, Hecken und Gräben seid
Ihr so im Sprunge hinweggesetzt, daß ich Euch nicht
habe folgen können, und aufs Erraten mag ich mich bei
meines Kopfes Schwerfälligkeit nicht legen. Ich verstehe
wohl, daß Jost vom Wege, wenn er früher eurer Schwester
Ursulas wegen abgesagt hat, die Euch doch angehört,
Reue empfinden, und andern Sinnes geworden sein kann;
doch das behauptet Ihr nicht einmal bestimmt und laßt
es nur als Beweggrund seiner Umwandelung ahnen. Es
erklärt auch kaum genugsam, wie unseres Todfeindes Sohn
sich plötzlich dem Vater abgewandt und das Schwert
gegen die Bündischen gezogen hat. So wenig kann ich's

auch verstehen, warum gerade er Ursula zum Herru Hoch=
meister begleitet hat, wenn ich schon an des Fräuleins
Reise keinen Anstoß nehme und nicht frage, warum
der gnädige Herr euren Bund mit Ursula segnen muß.
Also nimmt's mich doch Wunder, daß Jost vom Wege,
was ich auch vorher schon erfahren, im Schloß Marien=
werder gefangen gesetzt ist und festgehalten wird. Sicher
hat er sich über seine guten Absichten nicht ausweisen
können."

„Aber er hat ein Schreiben meines Vaters bei sich
gehabt," wendete Marcus ein. „Und warum ist Ursula
nicht zurückgekehrt? Wenn sie den Herrn Hochmeister ge=
sprochen hätte, säße Jost jetzt gewiß nicht mehr im Turm.
Wie sollte sie aber abgewiesen sein, da sie des Herru
Hochmeisters Ring vorzeigen konnte? O, gnädiger Herr,
manches hab' ich Euch verschweigen müssen, was Euch
gewisse Rätsel leicht lösen helfen könnte; darin schenkt
mir doch Glauben, daß Jost es wohl ehrlich meint. Ich
bitt' Euch flehentlich, nehmt Euch seiner beim Herrn Hoch=
meister gütig an."

Das versprach der Spittler, und noch mehr, daß er
sich auch nach Ursula erkundigen wolle. „So segne ich
diese Stunde, die mich so unverhofft mit Euch zusammen=
führte," rief Marcus voll Freude. „Nun kann ich hoffen,
daß mein Weg nicht vergeblich gewesen."

Vor dem Tor ließ Plauen eine Fanfare blasen.
Nach einigen Reden mit denen auf der Mauer hin und
her wurde es geöffnet, nachdem die Zugbrücke nieder=
gelassen. Der Hauskomthur Boppo von Ostra erschien
mit den Brüdern und Söldnerhauptleuten, den Groß=
gebietiger nach Würdigkeit zu empfangen. Als Plauen
seiner ansichtig wurde, hielt er einen Augenblick sein Pferd
an und sah ihm verwundert ins Gesicht. „Ei, Ritter —"
fragte er, „wie kommt Ihr hierher und in des Haus=
komthurs Amt?"

„Gottes Wege sind wunderbar," antwortete Ostra, die Arme über der Brust kreuzend und sich demütig verneigend. „Seine Gnade hat mich aus der Finsternis zum Licht geführt."

„Dessen will ich mich mit Euch freuen," sagte Plauen, „— wenn es so ist." Er warf ihm noch einen musternden Blick zu und setzte sein Pferd wieder in Bewegung. „Hm — Ostra, Ostra . . ." murmelte er. Unwillkürlich mußte er zurückdenken an den Tag, an dem er ihn wegen Jungfrauenraubes vor der Burg Preußisch=Holland aufhob. Und die geraubte Jungfrau . . . Ja, das war Ursula, dieselbe Ursula, die jetzt . . . Er glaubte plötzlich ein Licht aufblitzen zu sehen.

Marcus Blume hatte sich schon bei der Annäherung an die Burg zurückgehalten und den Trabanten zugesellt. Er stand noch auf der Zugbrücke, als der Spittler mit dem Hauskomthur sprach. Bei einer Wendung des Kopfes erkannte er Ostra. Es war ihm, als ob er einen Keulenschlag gegen die Stirn erhielt. Im ersten Augenblick meinte er niedersinken zu müssen. Dieser Mann hier! Und Ursula . . . Armes, armes Mädchen! Der Trupp schritt weiter. Er mußte sich eiligst schlüssig machen, was zu tun. Jedenfalls ins Schloß, von Ostra unbemerkt! Er drängte sich zwischen die Trabanten und suchte hinter ihrem Rücken Deckung. So gelang es ihm, an dem Ritter vorüber auf den Schloßhof zu kommen. Er eilte auf Plauen zu, der eben vom Pferde stieg. Während die Rüstung rasselte, rief er ihm zu: „Gnädigster Herr, habt Ihr ihn erkannt? Das ist —"

Plauen winkte ihm ein Einverständnis zu.

„Um Gotteswillen, erbarmt Euch —"

„Still! verratet Euch nicht. Bleibt bei meiner Bagage und haltet Euch versteckt. Ich will Eurer zur rechten Zeit gedenken."

Der Hof füllte sich mit Kriegsvolk. Marcus hatte

keine Mühe Ostra zu vermeiden, der mit den Hauptleuten wegen der Quartierfrage sprach). Die Schloßmannschaft mischte sich unter die Zugereisten; man tauschte Nachrichten aus. Auch hierher hatten schon Gerüchte wegen des schnellen Anmarsches der Polen den Weg gefunden. Marcus schloß sich dem Troßknecht an, der des Spittlers Pferd nach dem Komthurstall führte. Dort war er geborgen. Tausendmal pries er im Stillen den glücklichen Zufall, der ihn mit dem Spittler zusammengebracht. Nie wär' er ohne ihn ins Haus gelangt, wenn Ostra das Tor hütete, oder schon von ihm hinter Schloß und Riegel gesetzt.

Der Spittler war sogleich beim Hochmeister eingetreten. „Gnädigster Herr," sagte er ihm, „Ihr seid hier nicht genug sicher. Ich komm' Euch zu warnen und zu schleuniger Abreise zu mahnen. Lest diese Briefe. Sie stellen es außer Zweifel, daß die Polen mit großer Macht anrücken. Dieses Schloß mag einem ersten Anlauf stehen; aber man wird es regelrecht belagern, wenn man des Ordens Haupt darin weiß. Wird es mit Sturm genommen, so geratet Ihr in Gefangenschaft. Auch dürfen wir unser kleines Heer nicht in die Mauern einschließen; es ist im Felde nötiger und nützlicher. Ich will Euch zurückgeleiten bis zu unsern getreuen Söldnern. Leider sind sie stehen geblieben, als sie des polnischen Heeres Einmarsch erfuhren."

„Zurück — immer zurück," klagte Erlichshausen, finster zur Erde blickend und die Hände in seinen weißen Bart vergrabend.

„Und wie helfen wir der Stadt Marienburg?" rief er nach einer Weile starren Brütens. „Ich hab' ihr mein Wort verpfändet."

„Sie muß sich jetzt zunächst selbst helfen," antwortete der Spittler. „Wenn sie nach tapferer Gegenwehr fällt — es ist ein grausames Schicksal! — wird sich doch die Woge des feindlichen Heeres an ihren Mauern und Türmen gebrochen haben und mit milderem Prall ins

Land abfließen. Wir dürfen die Stadt auch in dieser
äußersten Not ihres Treueides nicht entbinden. Es ist
aber einer von dort mit mir ins Schloß gekommen, der
Ew. Gnaden zu sprechen wünscht."

„Wer ist's?"

„Marcus Blume."

„Marcus —!" Er bewegte nickend den Kopf, in
Gedanken versunken „Gut! Laßt ihn später zu mir.
Marcus Blume . . ."

Die Ordensbrüder und die Hauptleute wurden her=
beigerufen. Es begann eine Beratung wegen der weiter
zu treffenden Maßregeln. Sie dauerte lange. Der
Schreiber bekam neue Arbeit. Dann wurde das Mittags=
mahl gerüstet. Als Plauen wieder mit dem Hochmeister
allein war, kam er auf Jost vom Wege zu sprechen. Zu
seiner Verwunderung wußte Erlichshausen nichts davon,
daß er von Marienburg gekommen. „Ostra hat ihn ge=
fangen," sagte er, „da er im Hanse für die Bündischen
kundschaftete. Daß er mir ans Leben gewollt, will ich
nicht glauben, obgleich sein Vater —"

„Marcus Blume weiß es besser," fiel der Spittler
ein. Er teilte mit, was er von ihm erfahren.

„So war Ostra im Irrtum," rief der Meister sehr
aufgeregt. „Wie gut war's, daß ich einen übereilten
Entschluß hinderte. Sein Schicksal hing am seidenen
Faden. Tileman hat der Versuchung widerstanden, sich des
Sohnes wegen mit uns in eine Verhandlung einzulassen.
Ich habe von diesem starren, aber in seiner Art ehrlichen
Manne nichts anderes erwartet. Nun bieten die Thorner
ein Lösegeld. Wir meinten aber klüger den Gefangenen
zur Auswechselung zurückbehalten zu sollen. Man kann
nicht wissen, was in Marienburg geschieht."

„Ostra war vielleicht nicht ganz im Irrtum," ant=
wortete Plauen. „Ich höre von Marcus Blume, daß
Jost ein Fräulein hierher begleitet hat, das Ew. Gnaden

um Gehör bitten wollte — dasselbe Fräulein, dem er einmal räuberisch nachstellte."

„Ursula —?"

„Das ist der Name."

„Mein Gott! Ich erfuhr nichts davon. Ursula —! Man muß sofort den Buben —"

„Sprecht erst Marcus, gnädigster Herr."

„Das will ich, das will ich! Laßt ihn zu mir rufen. O, welche Verruchtheit!"

Er war aufgestanden und in großer Unruhe durchs Zimmer gegangen. Der Spittler beurlaubte sich sogleich, um selbst Marcus aufzusuchen.

Indessen hatte dieser die Zeit nicht ungenützt verstreichen lassen.

Im Komthurstall standen Ostras Pferde. Mit seinem Stallknecht, einem munteren und pfiffigen Burschen, knüpfte Marcus, ohne sich zu erkennen zu geben, eine Unterhaltung an. Bald kam dieselbe auf den Herrn. Ein Geldstück, das in des Dieners Hand glitt, löste vollends dessen Zunge. Er plauderte aus, daß sein Ritter von des Ordens Geboten wenig halte und weltlich lebe, wie nur einer. Er habe immer irgendwo sein Schätzchen, mitunter auch mehr als eins. Nun gab sich Marcus den Anschein, das nicht zu glauben, und machte den Burschen desto redseliger. „O, Ihr seid die liebe Unschuld selbst. Glaubt's oder glaubt's nicht, der Ritter treibt die Dreistigkeit so weit, selbst hier im Schloß so ein hübsches und gefälliges Ding einzuquartieren."

„Hier im Schloß?"

„Wie ich Euch sage."

Marcus schlug wild das Herz. Aber er bezwang sich, schnippte mit den Fingern und sagte: „Unmöglich! Ihr werdet mir nichts weis machen."

„Aber unsereins hat doch auch Augen. Und wo nichts weiter zu sehen ist, denkt man sich das andere hinzu."

„Was habt Ihr gesehen?"

„Daß die alte Hexe, des Totengräbers Frau, rührig ist und alle Tage seit einer gewissen Zeit mehrmals ins Schloß gelaufen kommt und etwas Geheimes betreibt, das sicher damit Zusammenhang hat. Sie hat auch sonst meinem Ritter schon gute Dienste getan und zischelt jetzt wieder viel mit ihm."

„Und wo — sollte das Fräulein hier im Schloß untergebracht sein?"

„Das weiß ich freilich so genau nicht. Was geht mich's an, außer daß ich meinen Spaß davon habe? Ich bin der Alten auf ihren Schleichwegen nicht nachgegangen. Aber das wär' ein Leichtes. Seht! Dort kommt sie eben wieder vom Dom her und trägt unter dem Tuch ein Körbchen. Darin ist das Essen für die da. Ich kenne schon ihre Zeit. Wenn Ihr nichts Besseres zu tun habt, schaut einmal nach, wo sie bleibt. Und sagt mir's hinterher, wenn Ihr etwas entdeckt habt. Des Spaßes wegen — versteht Ihr?"

Marcus war gleich bereit. Er ging hinter dem alten Weibe her, immer in einiger Entfernung, aber doch nicht so weit ab, daß er's hätte aus den Augen verlieren können. Er wurde nicht bemerkt. Es war jetzt im Hof und in den Kreuzgängen des Schlosses viel Bewegung. Da standen überall die Rottenführer, Landsknechte und Reiter, putzten ihre Waffen, reinigten ihre Kleider oder plauderten miteinander von den Kriegsereignissen, die zu erwarten standen. Marcus hatte wenig Mühe, sich von einer Gruppe zur andern durchzubringen. Er merkte sich genau den Weg, den die Alte nahm. Im hinteren Flur trat aus einer Seitentür Boppo von Ostra, rief sie zu sich und sprach mit ihr eine Weile im Flüsterton. Seine Ge= bärden zeigten an, daß er sehr dringlich etwas verlangte, während die Alte wiederholt die Achseln zuckte. Marcus stand hinter dem Eckpfeiler im Halbdunkel und konnte wohl sehen, aber nicht verstehen, was da geheim verhandelt wurde. Endlich trat Ostra wieder in die Tür zurück. Die Alte bog in den langen Gang ein. Marcus folgte ihr auch dahin, überzeugte sich aber sehr bald, daß er hier gar keine Deckung finden könnte und notwendig bemerkt werden müßte, wenn sie sich umschaute. Er drückte sich an die Mauer und blickte durch die nächste Scharte. Nun war es ihm gewiß, daß er sich auf dem Dansk befand. Er wußte, daß es von demselben keinen Ausgang nach der andern Seite geben konnte. Er wartete deshalb hier das Weitere ab.

Die Alte öffnete mit einem Schlüssel, den sie aus der Tasche zog, die letzte Tür und verschwand hinter derselben. Er hörte, daß innen wieder abgeschlossen wurde. Es wäre ganz nutzlos gewesen, dort Einlaß zu begehren. Nach längerer Zeit kam die Alte wieder zurück. Sie schob sich durch die Tür, die sogleich zufiel und nun auch von außen verschlossen wurde. Während sie ihm den Rücken zukehrte, schlich Marcus über den Flur nach dem deckenden Eckpfeiler. Die Frau schlorrte heran, klopfte an die Seitentür und reichte den Schlüssel hinein. Unzweifelhaft war's Ostra, der ihn ihr abnahm.

Marcus ließ sie an sich vorüber. Er wußte alles. Aber was nun beginnen? Sollte er dem Ritter hier auf= lauern, wenn er nach dem Dansk ging? Das würde wahrscheinlich nicht vor Abend geschehen. Und wie be= denklich war's, sich in einen Kampf mit dem starken und vermutlich gut bewaffneten Mann einzulassen. Wurde er getötet oder auch nur gefangen genommen, so war Ursulas Schicksal besiegelt. Bestand jetzt für Ursula größere Gefahr als bisher? Vielleicht durch den Einzug des Spittlers konnte der Einäugige zu verzweifelten Ent= schlüssen gedrängt werden. Aber wenn einer helfen konnte, war's doch der Hochmeister. Es konnte sein, daß der

16*

Spittler ihn bald zu dem gnädigen Herrn rief. Das durfte er nicht versäumen.

Er begab sich deshalb zurück nach dem Komthurstall. Erst Nachmittag aber kam Plauen, ihn abzuholen; die Zeit verging ihm in großer Beängstigung. „Der Herr Hochmeister ist so weit unterrichtet," sagte der Gebietiger, „sprecht jetzt ganz offen. Das Geschick des Fräuleins geht ihm sehr nahe. — Vielleicht näher als Marienburgs Bedrängnis," setzte er murmelnd hinzu.

Erlichshausen empfing Marcus Blume sehr gnädig, indem er ihm die Hand zum Kuß reichte. Er erkundigte sich nach seinem Vater, nach der Lage der Stadt, der Stärke ihrer Besatzung, den Vorrichtungen des Feindes. Er bedauerte mit herzlichen Worten, wegen der Hilfe noch länger vertrösten zu müssen. „Aber wir denken in Sorgen Tag und Nacht darauf, wie wir der treuen Stadt beispringen mögen und bestürmen die heilige Jungfrau unaufhörlich mit Gebeten, daß sie ihre gnädige Fürsprache beim Höchsten nicht versage."

Dann lenkte er auf Jost vom Wege ein und ließ sich umständlich berichten, wie er nach Marienburg gekommen und mit den Bürgern tapfer gekämpft habe. „Wir wissen ihm großen Dank," sagte der Hochmeister, „und wollen ihm auf eure Bürgschaft dieser letzten Dienste wegen gern vergessen, was er vorher unserm Orden zu Leibe getan, auch seines Vaters Schmachtat nicht gedenken. Er soll sogleich seiner Baude entledigt und aus dem Turm freigelassen werden. Gebt deshalb Befehl, Herr Spittler."

„Es soll geschehen," versicherte Plauen. „Doch ist's vielleicht noch dringender, vorerst einen anderen Mann festzunehmen und in sichern Gewahrsam zu bringen."

„Ostra —! Aber es liegt zur Zeit gegen ihn nichts vor, als eine unerwiesene Beschuldigung. Er konnte nicht wissen, daß Jost vom Wege zu uns übergetreten war, und tat seine Pflicht, wenn er ihn fesselte."

„Es scheint doch, daß er ein Schreiben des Marien=
burger Bürgermeisters unterschlagen hat."

„Wenn der Gefangene es nicht noch bei sich trägt."

„O, gnädigster Herr, hört mich an," rief Marcus.
„Was ich zu melden habe, gibt meiner Anklage fast schon
vollen Beweis." Er erzählte von Ursula, nicht den Grund
verschweigend, der sie zu dieser Reise bewogen, und fügte
bei, was er so eben im Schloß in Erfahrung gebracht,
immer mit raschen Worten, als müßte die Minute ge=
spart werden.

Erlichshausen hörte ihm mit wachsender Spannung
zu. „Man soll den Frevler ergreifen," rief er rot vor
Zorn, „und dingfest machen! Was wagt dieser verwegene
Mann! Unter unsern Augen —! Bruder Plauen, nehmt
eine Schar Trabanten, umstellt sein Gemach, entsetzt ihn
seines Amtes, das er erschlichen hat, nehmt ihm die
Schlüssel ab. Diesmal braucht Ihr wahrlich nicht zu
fürchten, daß ich ihn begnadige."

Dann, als der Spittler sich entfernt hatte, wandte
er sich an Marcus. „Komm," sagte er, die Hand auf
seine Schulter legend, „zeige mir den Weg nach dem
Dansk. Ich selbst will Dich dorthin begleiten — Ursula
befreien. O, daß sie dem Unhold getrotzt hätte!"

„Sonst lebte sie nicht mehr," sagte Marcus leise,
aber mit festem Ton. —

Der Spittler konnte Ostra in seinem Gemach nicht
antreffen.

Er war, die Zeit benutzend, in der nach dem Essen
die meisten Kriegsleute in ihren Quartieren der Ruhe
pflegten, nach dem Dansk gegangen, hatte die Tür auf=
geschlossen und Ursula durch seinen Besuch in Schrecken
gesetzt. Sie war bei seinem Eintreten aufgesprungen und
hinter den Sessel geflüchtet, dessen Lehne sie wie ein
Schild deckte. Sie sah bleich und krank aus, die Augen
lagen tief in den Höhlen und strahlten einen fiebrischen

Glanz aus, durch die Haut zuckten die blauen Äderchen an den Schläfen, der ganze Körper zitterte. „Will Gott mich denn nicht erhören," rief sie, „und meines armseligen Lebens Tage kürzen? Ich verbot Euch zu mir zu kommen, aber Ihr achtet keiner Bitte und keiner Drohung. Wißt Ihr's noch nicht, daß all' euer sündhaftes Werden vergeblich ist? Geht endlich in Euch und tut Buße! Wollt Ihr immer wieder hören, daß ich Euch verachte? Was begehrt Ihr noch?"

„Daß euer Herz sich meiner erbarme," antwortete der Ritter. „Eure Schönheit hat mich verlockt, daß ich sündigte, und eure Liebe nur kann mich entsühnen."

Ursula biß die Zähne aufeinander und zog die Lippen zurück. „Ich haß' Euch wie die Sünde," zischte sie. „Fort, fort! Erwartet nie eine andere Antwort."

„Ich muß," sagte er. „So weit ich gegangen bin, kann ich nicht mehr umkehren. Und ich will auch nicht. Was wär' mir noch das Leben ohne den Sonnenschein eurer Huld? Habt Erbarmen! Ich bin ein Unglücklicher, der unter der Last des Kreuzes zusammenbricht. Bin ich der Sohn Gottes, daß ich mich wieder aufrichte und es mutig zum Tode trage? Ich werf' es ab! Ich will sein, als was der Herr mich schuf: ein schwacher sündiger Mensch. Und so wehret meiner Leidenschaft nicht, schönste aller Frauen!"

„Lästert nicht!" rief Ursula. „Der Herr schuf auch Euch zu seinem Ebenbilde; Ihr aber habt eine Teufelsfratze daraus gemacht."

Er lachte lüstern. „Gewöhnt Euch nur an sie, und Ihr werdet sie gar nicht so abschreckend finden. Das schwarze Pflaster über dem einen Auge kommt ja doch auf eure Rechnung. Drückt dafür ein Auge zu. Und wär' ich häßlich wie die Nacht — ich lieb' Euch doch, ich bet' Euch an, ich will für Euch zur Hölle fahren. Das muß Euch rühren. Kommt mit mir! Ich will ver=

geſſen, wer ich bin — meinen Namen, meinen Staub, meinen Ehrgeiz der Liebe opfern. Wir gehen in die weite Welt —"

„Schweigt!" herrſchte Urſula ihn an. „Jedes eurer Worte iſt mir eine Schmach."

Er trat ihr näher. „O, ſeid nicht ſo ſtolz, Jung= fräulein! Meint Ihr, ich ahnte nicht längſt, von welchem Stamm die ſüße Frucht gefallen iſt, nach der mein Sinn begehrt? Derſelben Sünde dankt Ihr das Daſein, zu der euer Reiz mich unwiderſtehlich jetzt verlockt. Sträubt Euch nicht länger, mir anzugehören. Wiſſet: hier dürft Ihr nicht über dieſe Nacht hinaus bleiben. Aber ich laß Euch nicht fort, bis Ihr mir durch ein unzerreißliches Band verbunden ſeid. Und müßt' ich Gewalt . . ."

Er ſprang vor und ſuchte ſie zu faſſen. Aber Urſula ſchleuderte ihm den ſchweren Stuhl gegen die Füße, ſo daß er vor Schmerz aufſchrie. Dann eilte ſie zur Fenſter= niſche und kletterte mit der Behendigkeit einer Katze die Mauerabſätze hinauf bis zur ſchmalen Fenſteröffnung. Sie zwängte ihren Leib in dieſelbe und rief: „Wagt es, mir noch einen Schritt näher zu treten, und ich ſtürze mich in die Tiefe hinab!"

Er knirſchte mit den Zähnen. „Was tut Ihr? Seid Ihr wahnſinnig? Es wär' euer Tod!"

Urſula antwortete nicht. Sie hielt den Blick geſpannt auf ihn gerichtet, bei der geringſten Bewegung ſeinerſeits bereit ſich hinten über zu werfen. Da wurde die Tür gegenüber aufgeriſſen. Oſtra wendete ſich zornig zurück, taumelte und brach zuſammen. Der Hochmeiſter ſtand vor ihm. Urſula aber jubelte: „Marcus — Marcus! Ach —! Marcus."

Oſtra wußte, daß nichts mehr zu retten war. Es wäre lächerlich geweſen, Verzeihung zu erbitten, die ihm nimmer werden konnte. Er überſchaute raſch ſeine Lage. Nur zwei Männer ſperrten ihm den Weg ins Freie, der eine alt und gebrechlich. Warf er den andern über den Haufen, so konnte er den Ausgang gewinnen, bevor die Schloßleute herbeigerufen waren. Wie ein Tigertier sprang er auf und stürzte sich auf Marcus, den Hoch= meister zur Seite schiebend. Marcus griff ihm an die Kehle, rang mit ihm, wirbelte ihn im Kreise herum und suchte ihn zu Boden zu drücken. Ostra, der fürchten mußte überwältigt zu werden, ließ ihn mit der rechten Hand plötzlich los und zog rasch den breiten Dolch aus der Scheide am Gürtel. Schon blitzte das Eisen gegen des Gegners Brust; Ursula kreischte entsetzt auf. Da erschollen Schritte vom Schloß her, männlich feste, das Nahen heranmarschierender Trabanten meldend. Ostra merkte die größere Gefahr von dort her. Er riß sich mit Riesenkraft los und eilte den Gang hinab; mit rascher Geistesgegenwart rief er den Trabanten zu: „Hilfe — Hilfe! Der Herr Hochmeister ist in Gefahr. Ein Wahn= sinniger —"

Da traf sein Blick den Spittler. Er verstummte plötzlich und wich zurück. „Er ist euer Gefangener," sagte Plauen. „Ergreift ihn — entwindet ihm die Waffe!"

Die Trabanten sperrten in doppelter Reihe den Gang. Ein Entrinnen war nicht möglich. „Steht's so?" schrie Ostra. „Dann seht einen, dem die Freiheit mehr gilt als das Leben. Fluch dem Orden!" Höhnisch auf= lachend, schwang er den Dolch zweimal über seinem hoch= aufgerecktem Kopf und schnitt sich beim dritten Zuge die Kehle durch.

Das war geschehen, ehe Plauen ihm in den Arm fallen konnte. Ostra lag röchelnd am Boden; das Blut ergoß sich in rotem Strom über den Ziegelboden. „Tragt ihn in die Firmarie," befahl der Spittler. „Ich will einen der Priesterbrüder berufen, daß er ihm die letzte Ölung gebe. Es geht rasch mit ihm zu Ende."

Die Trabanten hoben ihn auf, legten ihn auf ihre Spieße und trugen ihn fort.

Indessen hatte längst Ursula ihren gefahrvollen Sitz auf dem obersten Bankett der Fensteröffnung verlassen und sich Marcus an die Brust geworfen. Sie schluchzte laut und konnte kein Wort hervorbringen. Er drückte sie an sich, streichelte ihr Haar, und wiederholte immer: „Gott sei gelobt — Du bist gerettet!"

Erlichshausen stand einige Schritte weiter zurück und betrachtete das Paar mit feuchten Augen. Ursula schien ihn ganz vergessen zu haben. Marcus aber, nachdem er sich eine Weile ihrer Liebkosungen erfreut, flüsterte ihr zu: „Der Herr Hochmeister . . . ." Nun richtete sie sich wie überrascht auf, ordnete mit beiden Händen ihr Haar, indem sie es aus der Stirn strich, und sank ihm zu Füßen. Den Saum seines Mantels küssend, sagte sie: „O, mein gnädigster Herr, so hat es Gott doch gewollt, daß ich noch einmal euer erhabenes Antlitz sehe. Zu Euch kam ich. Hört mich nun gnädig an und erfüllt meine Bitte."

Der Meister beugte sich, legte die Hände auf ihre Schultern und wollte sie erheben. „Steh' auf, mein liebes Kind, steh' auf," befahl er. „Nicht zu meinen Füßen ist dein Platz."

Ursula aber umfaßte seine Kniee und rief: „Laßt mich hier liegen, bis ich eurer Gnade gewiß worden bin. O, mein gnädigster und gütigster Herr! Da steht Marcus Blume, den Ihr abgewiesen habt, da er Euch um meine Hand bat. Es ist lange Zeit darüber vergangen, aber wisset, daß ich ihn noch immer liebe, wie damals, und keinen auf der Welt wie ihn. Da nun die Stadt Marienburg in Not kam und jeder Tag neuen Kampf brachte, hat er mir wieder angetragen, sein Weib zu werden, damit wir vereint das letzte Stündlein erwarteten, wenn es Gott so verhängt. Ich aber wollt' nicht handeln gegen euer Verbot. Denn ich weiß jetzt —" sie senkte den Kopf und die Stimme flüsterte ganz leise — „ich weiß jetzt, wer ihr mir seid und daß ich Euch gehorsamen muß, sollt' mir auch das Herz brechen. Aber das wollt Ihr gewiß nicht! Ihr seid gütig und gerecht und werdet mich nicht unerhört und ungetröstet hier im Staube vor Euch liegen lassen. Meiner Mutter wegen gebt uns euren Segen."

Der Hochmeister küßte ihre Stirn. „Mein liebes, liebes Kind —" sagte er, „steh' nur auf und sei guten Mutes. Ist nun alles enthüllt, wie ich glauben muß, und zögert Marcus gleichwohl nicht, Dir die Hand zu reichen, so verstummt mein Widerspruch. Seid glücklich in eurer Vereinigung! Dem Sohne des treuesten Mannes will ich Dich nicht weigern."

Er zog Marcus an sich, nahm seine Hand und Ursulas Hand, legte sie in einander und hob die nicht mehr Widerstrebende vom Boden auf. „O, Dank — Dank!" schluchzte sie, „Dank, mein gnädigster Herr! Marcus — jetzt bin ich dein für Zeit und Ewigkeit."

Erlichshausen führte sie zurück nach dem Schlosse. „Gern wollt' ich Euch selbst die Hochzeit ausrichten," sagte er, „aber ich bin ärmer als der ärmste meiner Untertanen, und die Not der Zeit führt mich weit ab von Festen. Aber gedenket meiner, wenn der Priester Euch segnet. Und wenn wieder hellere Tage kommen, die uns allen der Himmel schenken möge, will auch ich mich eures Glückes freuen, daß Ihr es wohl merken sollt."

Der Spittler kam ihnen entgegen. Er brachte Jost vom Wege mit sich, den er aus dem Kerker abgeholt hatte. Seine Leiden waren furchtbar gewesen; kaum konnte er sich auf den Füßen erhalten. „Ihr seid frei," redete der Hochmeister ihn an. „Zieht, wohin Ihr wollt. Ich mag Euch durch keinen Eid binden."

Jost küßte seine Hand. „So bedarf es auch eines Eides nicht," antwortete er. „Es sind viel Eide gebrochen

in dieser strengen Zeit, und auch mancher der Besten hat
sein Gewissen nicht rein bewahrt. Laßt mich Euch dienen,
gnädigster Herr, aus reuigem Gehorsam und in frommer
Hoffnung des Sieges der guten Sache. Sie ist gewißlich
auf Seiten derer, die für des deutschen Namens Ehre
kämpfen."

„Auch wenn wir unterliegen," sagte Erlichshausen.
„Daran wollen wir uns aufrichten!"

Er trat in die Tür seines Gemaches. „Heut' seid
ihr meine Gäste; morgen in der Frühe wollen wir uns
verabschieden."

Vom Türmchen der Schloßkapelle läutete das Sterbe=
glöcklein. Ein Bruder deutschen Ordens war verschieden.

Vierzehntes Kapitel.

Letzter Kampf.

Am andern Tage war viel Unruhe im Schloß. In der Nacht hatten Boten schlimme Nachrichten gebracht. Der Spittler mußte seine Mannschaft teilen. Nur eine notdürftige Besatzung sollte zurückbleiben, die Reiterei dem Hochmeister das Geleite bis zu einem sichern Ort geben und dann wieder zu ihm stoßen. Er selbst mit dem Fußvolk wollte versuchen, die Verbindung mit Bernhard von Zinnenberg herzustellen. Vielleicht daß der Feind dann aufzuhalten wäre.

Jost, Marcus und Ursula waren zeitig aufgebrochen. Sie mußten eilen, die Straße nach Marienburg noch offen zu finden. Hinter Stuhm zeigte sich's aber bereits, daß sie zu spät gekommen waren. Das Landvolk floh mit seiner geringen Habe nach der Burg. Dorthin wurde das Vieh getrieben, das man auch in den Wäldern nicht mehr für gesichert hielt. Auf Fragen hieß es, ein großer Schwarm Polen und Tattern sei vor Marienburg gerückt und habe dort ein Lager aufgeschlagen. Niemand könne hinaus und hinein. In der Burg Stuhm sei allein noch Rettung zu hoffen.

Gleichwohl setzten die Wanderer ihren Weg fort. Marcus kannte Schleichpfade, auf denen sie nicht fürchten durften dem Feinde zu begegnen. Aber in geringer Ent=

fernung sahen sie hier und dort Reitertrupps vorüber-
ziehen. Als sie eine halbe Stunde vor der Stadt auf
eine Anhöhe am Fluß gelangten, konnte ihnen kein Zweifel
bleiben, daß Marienburg von den Polen eingeschlossen sei.
So schwand jede Hoffnung, sich unbemerkt durchzubringen
und eines der Tore zu gewinnen. Vor diesen gerade
lagerten die Haufen der Feinde am dichtesten. Gelang
es wirklich, bei der Annäherung die Aufmerksamkeit der
Wachen zu täuschen, so würden sie sicher dicht unter den
Mauern von den Pfeilen der Bogenschützen erreicht, bevor
sich die Zugbrücke gesenkt hatte.

Aber auch hier außen konnte ihres Bleibens nicht
lange sein. Die schwarzhaarigen Tattern schwärmten auf
ihren kleinen flinken Pferden nach allen Richtungen über
Feld. „Wir dürfen dem gräulichen Volk nicht in die
Hände fallen,“ sagte Jost. „Für Ursula wäre das
Schlimmste zu fürchten.“

Marcus stimmte zu. Sie legten sich ins Gras und
berieten, was weiter zu tun. Man konnte zurück nach
Stuhm; aber die Burg war sicher überfüllt. Ging man
die Weichsel aufwärts, so mußte man den nachrückenden
Polen begegnen; sollte doch ein großes Heer unterwegs
sein. Erreichte man wirklich Thorn, so hatte Marcus
Blume sofortige Gefangennahme zu gewärtigen, und auch
für Jost war's bedenklich, sich jetzt in seiner Vaterstadt
blicken zu lassen. „Wir müssen nach der andern Seite
über Elbing hinauszukommen suchen,“ meinte Ursula.
„Ich wüßte wohl ein Obdach, das uns Sicherheit bieten
könnte. Aber ich wag' es kaum zu nennen, da ihr euch
so weit nicht werdet zurückziehen wollen.“

„Laß hören,“ sagte Jost.

„Unsere Waldhütte . . .“

„Hinter Heilsberg. Das ist freilich ein weiter Weg.“

„Und die Unsern bleiben in Sorge um uns,“ setzte

Marcus hinzu. „Könnt' ich nur meinem Vater eine Nachricht zugehen lassen."

„Das ist jetzt doch unmöglich," entgegnete Jost. „Jedenfalls hat Ursula Recht, daß wir nur in jener Richtung den Weg offen haben. Versäumen wir nicht die Zeit. Vor Nacht noch müssen wir aus dem Bereich der Tattern sein."

Sie brachen auf und gingen einige Stunden lang bis zur Dunkelheit. In einem Bauernhause fanden sie zur Nacht ein Unterkommen. Am andern Morgen sagte Jost: „Ich hab' mir's überlegt. Das beste ist, wenn wir uns trennen." Da er Marcus und Ursula bestürzt sah, fuhr er fort: „Fürchtet nichts, ihr beide sollt zusammen bleiben und die Reise ins Ermland fortsetzen. Ich betracht' euch als ein Paar, dem nur noch der Kirche Segen fehlt. Nachdem der Herr Hochmeister gesprochen hat, ist jedes Hindernis eurer Verbindung fortgeräumt. Deine Eltern sind einverstanden, Marcus, und unsere Mutter auch. Leicht werdet ihr einen Priester finden, der euch zusammen gibt. Dann seid ihr Mann und Weib und möget euch in der Waldstätte einrichten, bis die Rückkehr nach Marienburg möglich ist. Wollt Ihr?"

Marcus hielt Ursulas Hand. Sie wurde plötzlich heiß und feucht. Ihm schoß das Blut ins Gesicht. Mit fragenden Blicken sah er den Freund an, ob er den Vorschlag ernst nehmen dürfe, und dann wieder schien er zaghaft zu werden, wie ihn Ursula aufgenommen habe. Sie blickte überrascht zur Erde und setzte die kleinen Zähne auf die Lippen. „Nun, ihr närrisches Volk," rief Jost lachend, „habt ihr Bedenken? Ich meint', euch gut zu raten. Freilich geht's nicht nach der Schnur. Aber die Umstände sind auch absonderlich. Wollt ihr euch lieber als ledige Leute im Lande umtreiben? Das dürft' ich als des Mädchens Bruder gar nicht zulassen. Daß ich aber Ursula begleite und Marcus zurückbleibt — ich denke, das wär' euch beiden nicht genehm."

Ursula fiel Marcus um den Hals und legte den Kopf an seine Brust. „Nein, nein!" rief sie, „wir trennen uns nicht mehr." Überglücklich preßte er sie an sich, ihr Mund und Hände mit Küssen bedeckend. „Mein Weib, mein geliebtes Weib!"

Dann ließ er sie plötzlich los. Sich zu Jost wendend, fragte er: „Und Du?"

„Um mich sorgt nicht," erwiderte der Junker. „Ich bleibe hier in der Nähe von Marienburg und passe eine günstige Zeit ab, hineinzuschlüpfen. Dem Einzelnen ist's leicht, sich eine Weile versteckt zu halten und solche Gelegenheit zu benutzen. Auch hat's meinetwegen keine große Gefahr. Ich bin ja doch Tilemans vom Wege Sohn und werde so von den Polen behandelt werden, mögen sie nun wissen, daß ich für Marienburg gekämpft habe, oder nicht. Vielleicht kann ich mich gar mit ihrem Beistand in die Stadt einführen. Es ist nötig, daß man im Bürgermeisterhause und bei Frau Regina erfährt, wo ihr geblieben seid."

Sie wollten es nicht zulassen, daß er ihretwegen sich in Not bringe. Aber er entgegnete lächelnd: „Um euch ist mir's auch am wenigsten zu tun. Seid ihr denn aber in eurem Glücke ganz blind, daß ihr nicht merkt, einem andern könnt's auch ans Herz gehen? Mich zieht's nach Marienburg noch aus einem beweglicheren Grunde, als weil ich dem Herrn Hochmeister gegen seine Feinde nach meinen schwachen Kräften helfen will. So gern ich für die deutsche Sache eintrete, seinetwegen hätt' ich doch nicht die Waffen ergriffen gegen meines Vaters Partei. Und auch die Stadt hat mir's nicht angetan, so heldenmütig sie sich auch verteidigt. Ich mag mich nicht besser machen, als ich bin, und nicht hochherziger. Es steht ein Stern über Marienburg, der leuchtet mir durch alle Finsternis, daß ich ihm folgen muß. Und auch zwei andere Augen, hoff' ich, schauen zu ihm auf sehnsüchtig und hoffnungsfreudig, daß er mir die rechte Leuchte sei. Er soll sie nicht täuschen. Nach Magdalene ist all' mein Sinnen und Trachten. Für sie möcht' ich tausend Tode sterben, könnt' ich in ihren Armen zum ewigen Leben erwachen. Sollt' mir aber Gott das Zeitliche schenken, so will ich nicht verzweifeln, ihre Liebe wiederzugewinnen. Haltet mich deshalb nicht zurück!"

Marcus schüttelte ihm gerührt die Hand. „Du warst und bist geliebt," sagte er ihm. „Du darfst mutig anfragen."

„Das ist gewißlich wahr," rief Ursula. „So viel Tränen Magdalene um Dich geweint hat, Bruder, keine Betrübnis hat dein Bild aus ihrem treuen Herzen gelöscht. Gott gebe, daß Du nicht lange zu zögern brauchtest, dein Wort zu lösen."

Dann nahmen sie bewegten Abschied von einander und zogen die Straße rechts und links. „Grüße mir Vater und Mutter," rief Marcus — „Mutter und Vater," rief Ursula, „und die zweite Mutter und Magdalene..." Er hatte den Arm um ihre Schulter gelegt und so gingen sie, oft zurückschauend und winkend, bis Jost sie aus den Augen verlor.

Er wendete sich wieder Marienburg zu. Zwei Tage lang umkreiste er die Lager der Polen, die Nächte brachte er in der Nähe unter freiem Himmel zu, eine Gelegenheit abzupassen, durch die Wachen zu schlüpfen. Aber bis zum Graben konnte er nicht vordringen. Er sah auf den Tortürmen die Landsknechte Trotzlers und die Bürger und konnte ihnen doch kein Zeichen geben. Es wär' auch nutzlos gewesen. Seinetwegen durften sie keinen Ausfall gegen den überlegenen Feind wagen. Er erfuhr, daß die Hauptmasse des polnischen Heeres im Anrücken sei. Bernhard von Zinnenberg halte sie noch auf, und auch der Ordensspittler suche ihr den Weg zu sperren. Der König

bleibe vorläufig in Thorn, bis die Stadt erobert sei.
Das könne nun nicht mehr lange dauern.

Am dritten Tage war eine ungewöhnliche Bewegung
im polnischen Lager zu merken. Die Wachen wurden
verstärkt, größere und kleinere Reiterhaufen nach allen
Richtungen ausgeschickt. Eilboten kamen zurück; ihre
Meldungen mußten sehr beunruhigend wirken. Czerwonka
sendete einige Fähnlein Fußvolk vom Schloß zur Verstärkung der aufgeworfenen Schanzen. Endlich bald nach
Mittag wurde der Grund aller dieser Vorkehrungen klar.
Zinnenberg hatte den Polen wenige Stunden entfernt
eine Schlacht geliefert, den übermächtigen Feind nicht
zurückwerfen können, selbst den Rückzug antreten müssen.
Er nahm ihn gegen Marienburg hin. Es war nun gewiß, daß die Stadt eine Belagerung durch das ganze
polnische Heer werde auszuhalten haben. Im freien
Felde vermochte er ihr fortan wenig zu nützen; aber die
Zahl ihrer Verteidiger konnte er mehren und durch seine
frischen Streiter die Eingeschlossenen ermutigen. So
schickte er nun tausend Mann den siegreichen Polen voraus
und hieß sie sich auf das Lager vor der Stadt werfen,
den Durchmarsch zu erzwingen.

Es wurde auf beiden Seiten tapfer gekämpft. Die
Polen setzten alles daran, die Zinnenbergischen bis zum
Abend aufzuhalten, in der sicheren Erwartung, daß das
Hauptheer dann nachgerückt sein würde. Um so eifriger
wiederholten diese immer wieder ihre Angriffe. In der
Stadt war man aufmerksam geworden; die befreundeten
Fahnen wurden erkannt. Die Bürger, von Bartholomäus Blume selbst geführt, brachen aus dem Tor aus,
den Polen in den Rücken zu fallen. Sobald Czerwonka
dies vom Schloß bemerkte, ließ er gegen die Stadt feuern
und ging gegen den Wall am Burggraben vor. Aber
Trotzler verteidigte ihn wirksam und warf die Angreifer
zurück. Auch die Bürger hielten Stand und öffneten den

Zinnenbergischen eine Gasse durch die Verschanzungen.
Nun stürmten sie mit aller Gewalt an und vereinten sich
mit ihnen, die Polen niederwerfend. Jubelnd empfangen
zogen sie in die Stadt ein.

Jost hatte sich unter die Kämpfenden gemischt. Es
war ihm gelungen, einen Trupp Landsknechte zu erreichen
und sich von ihnen in die Mitte nehmen zu lassen. Die
Blechhaube eines gefallenen Polen hatte er unter seinen
Hut auf den Kopf gesetzt, seinen Säbel schwang er in
der Hand. „Ich bin ein Deutscher," rief er ihnen zu,
„stehe zum Orden — nehmt mich mit euch in die Stadt."
Sie ließen ihn gewähren. Er wurde verwundet, hielt
sich aber aufrecht. Er war der ersten einer, der den
Marienburger Bürgern die Hand schüttelte. Als Blume
ihn erblickte, schrie er laut auf und umarmte ihn stürmisch. Nun war er geborgen.

Er fand die Stadt in der traurigsten Verfassung.
Viele Häuser waren eingestürzt, überall Dachziegel auf
den Straßen ausgestreut. Das arme Volk drängte sich
unter die gewölbten Lauben, die doch noch einigen Schutz
gegen die Steinkugeln gewährten. Ganze Familien
hausten da beständig. In den Mauergassen lagen ge-
fallene Pferde, die Luft verpestend, Verwundete schleppten
sich nach den nächsten Häusern oder den Holzbaracken
der Söldner. Weiber und Kinder in schmutzigen Kleidern
und mit verhungerten Gesichtern standen um die Feuer
der Landsknechte und bettelten um ein Stückchen ge-
röstetes Pferdefleisch. Andere liefen hinter Zinnenbergs
Hauptleuten her, laut johlend den Retter in der Not zu
begrüßen. Ihnen schwand alle Hoffnung, als sie hörten,
daß die Not jetzt erst recht beginnen solle, da viele
Tausende von Polen im Anzuge seien. Auch vielen der
Bürger, die sich bisher tapfer gewehrt hatten, sank jetzt
ganz der Mut. Die Zinnenbergischen brachten nicht

Lebensmittel ein; sie sollten von dem geringen Vorrat noch mitzehren. Wehe der armen Stadt!

Im Hause des Bürgermeisters, wohin Jost sich sogleich begab, stürmten die Fragen auf ihn ein, was er von Marcus und Ursula wüßte. Er konnte die Frauen beruhigen. „Sie sind jetzt hoffentlich schon ein glückliches Ehepaar." Blume war mit dieser Nachricht sehr zufrieden, und auch Frau Christine fand sich darein, nachdem sie erfahren, wie alles zugegangen. „Es ist gut," sagte sie, „daß Marcus der Stadt hat fernbleiben müssen; so fügt sich's wohl, daß er dem allgemeinen Verderben entgeht. Hier wär' er doch immer in den vordersten Reihen gewesen. Verzeih' mir Gott, daß ich mich davor ängstigte."

Magdalene verband seine Wunde, die zum Glück nicht gefährlich war. Er scherzte darüber, aber ihr feines Gesichtchen brachte es nur zu einem gezwungenen Lächeln und ihr lieblicher Mund zu kurz ausweichenden Antworten. „Was habt Ihr denn?" fragte er endlich. „Ist's Euch unlieb, daß ich mich zu Euch durchgekämpft habe, und hätt' ich lieber draußen bleiben sollen?"

Sie fuhr rasch mit den Fingern unter dem Auge hin, wie wenn sie etwas fortwischte. „Ach —!" sagte sie, jeden Gedanken an so etwas abweisend. „Ich dachte, die Mutter würde davon sprechen, aber ihr liegt jetzt nur Marcus im Sinn, und das ist gewiß nicht zu verwundern. So kommt's nun auf mich, Euch etwas recht Trauriges mitzuteilen."

„Etwas Trauriges?"

Sie nickte. „Ja. Eure liebe Mutter ist inzwischen —" Sie sah ihn mitleidig an. Da sie merkte, daß er erschreckt stutzte, fuhr sie, die Augen senkend, fort: „recht krank geworden."

Jost ergriff ihre Hand. „Und Ihr seid nicht bei ihr, Magdalene? Nein, sagt mir die ganze schmerzliche Wahrheit: meine Mutter ist . . ."

17*

Sie nickte wieder und drückte seine Hand.

„Tot!" rief er. „O, mein Gott! Wir blieben zu-
lange aus. Ursula . . . sie ahnt nicht —"

„Es ist gut," sagte Magdalene, „sie braucht jetzt mehr
als je ein frohes Herz. Wäre sie hier geblieben, sie
hätte nicht helfen können. Es kam so schnell — in
wenigen Stunden war's zu Ende. Einen Gruß hat sie
mir an ihre Kinder aufgetragen — dann konnte sie nicht
mehr sprechen, und ich glaub' auch, die Gedanken waren
ihr vergangen. Wir haben sie rasch in die Erde bringen
müssen."

„Zeigt mir ihr Grab," bat Jost bewegt. „Mußten
wir so bald wieder scheiden? Mutter — Mutter!"

„Kommt mit mir," sagte Magdalene. „Ich hab' ihr
ein Plätzchen unfern der Kirchhofsmauer ausgesucht,
unter einer alten Linde. Ihre Krone ist jetzt zerschossen,
aber sie wird sich gewiß wieder mit frischem Laub füllen
und herrlich austreiben. Ich war einmal mit Ursula
auf dem Kirchhof — sie sah die Linde und sagte: Da
möcht' ich wohl einmal begraben sein, und wär's nicht
anders, als wenn ich im kühlen Schatten schliefe! dessen
mußt' ich nun gedenken."

Sie führte ihn hin. Er kniete an dem Erdhügel
nieder, auf dem ein erst halb verwelkter Kranz lag, und
betete still. Magdalene war hinter den Stamm der
Linde getreten, um ihn ganz ungestört zu lassen. Als
er aufblickte und sie nicht sah, meinte er, sie sei fortge-
gangen, seufzte laut und nannte mehrmals ihren Namen
mit so innigem Ton, daß sie ihn nie vorher von eines
Menschen Mund so weich und warm glaubte aussprechen
gehört zu haben. Sie blieb stehen und preßte die Hand
aufs Herz und schaute mit den blauen Augen glück-
strahlend zum Himmel auf. So stand sie noch, als er
vorüberkam. Und nun trat er zu ihr, faßte ihre Hände
und rief freudig: „Nein, Ihr habt mich nicht verlassen

— Ihr nicht. O, laßt mich's Euch an dieser geheiligten Stelle sagen und in dieser feierlichen Stunde, die so voll Schmerz und Wonne zugleich ist. Ich kann die teure Frau nicht verloren haben ohne einen Ersatz fürs Leben. Magdalene, liebe Magdalene — sprecht mich um ihret= willen von meiner Schuld frei und hebt mich wieder auf zu eurem Herzen. Jetzt erst weiß ich, wie sehr ich Euch liebe."

Er wollte vor ihr niedersinken, aber sie wehrte ihm und sagte: „Ich wußt' es wohl. O, nun bist Du mein, und alle Irrnis war nur ein böser Traum. Wie bald ist der vergessen!" Sie lehnte den Kopf an seine Schulter. Er umfaßte sie und zog sie sanft zurück zu dem Grab= hügel. Dort standen sie lange in inniger Umarmung. Sie sprachen kein Wort weiter, ihr Händedruck sagte genug.

Eine Kugel, die wenige Schritte von ihnen einschlug, scheuchte sie fort. Sie mahnte an die Schrecken, von denen sie umgeben waren. Sie mehrten sich in den fol= genden Tagen und Wochen. Immer neue Scharen von polnischem Kriegsvolk zogen vor die Stadt, schlugen ihr Lager unter den Mauern auf, besetzten das Schloß. Sie brachten Geschütz und Belagerungswerkzeug aller Art mit, füllten mit Erdsäcken den Graben, setzten die Sturmleitern an. Ihre Wagenburg umschloß dicht die Stadt. Sieben= zehn Basteien, mit Gräben und Pfahlwerk umgeben, wur= den rundum aufgerichtet und mit allem Kriegsbedarf ver= sehen. Sie sorgten, daß sich bald niemand mehr von außen den Mauern nähern konnte.

Der Hochmeister versuchte, auf Flußkähnen Lebens= mittel in die Stadt hereinzubringen, aber sie wurden von den Danzigern weggenommen. Des Königs Hauptmann, Kosczelecz, forderte wiederholt zur Übergabe auf, aber die Besatzung widerstand allen Drohungen und Lockungen. Die Bürger kämpften mit dem Mut der Verzweiflung Tag und Nacht auf den Mauern, von Blume angefeuert, von Jost geführt. Immer wieder wurden die Leitern abgeworfen, die Gräben geräumt. Auf beiden Seiten gab's viele Tote; die Polen merkten doch den Verlust wenig, während die Reihen der Verteidiger sich schon besorglich lichteten. Um den geringen Vorrat an Nahrungsmitteln zu schonen, wurden alte Leute, kranke Weiber und Kinder, Mägde — eine Schar von Jammergestalten — zu den Toren ausgelassen; unbarmherzig trieben die Polen sie wieder zurück. Widerstand die rebellische Stadt der Waffengewalt, so sollte sie durch Hunger gezwungen werden.

Und der Hunger war ein furchtbarer Mitstreiter auf Seiten der Belagerer. Er quälte vom Morgen bis zum Abend, und oft genug auch vom Abend bis Morgen, wenn der Wachtdienst geleistet werden mußte, oder der Schlaf nicht kommen wollte; er erschlaffte die Muskeln und die Sinne; er machte mutlos und verzagt, gleichgiltig gegen Schrecknisse noch schlimmerer Art, die den Besiegten drohten. Wenn diese nagende Pein nur endet! Führt uns hinaus gegen den Feind! Mag er uns überfallen — zehn gegen einen — und niederschlagen, daß keiner am Leben bleibt. So ist's aus. Wollen wir warten, bis Spieß und Schwert dem Arm entfällt und wir nicht einmal mehr rühmlichen Tod sterben können? So murrten die Tapfersten, die noch aufrecht standen. Die aber schon krank und elend am Boden lagen, stöhnten: was nützt weitere Verteidigung? Es ist keine Hoffnung auf Entsatz. Ergeben wir uns, öffnen wir die Tore, retten wir wenigstens das nackte Leben, da uns doch mehr nicht geblieben ist.

Auch die Söldner wurden schwierig. Sollen wir jämmerlich verhungern? riefen sie. Dazu haben wir uns nicht anwerben lassen. Wir wollen versuchen uns durchzuschlagen. Mag die Stadt dann abwarten, bis sie ein Schutthaufen und Leichenfeld geworden!

Bartholomäus Blume vernahm die Stimmen, wenn er die Vertrauensmänner der Gewerke auf dem Rathause versammelte, wenn er die Verteilung der Lebensmittel leitete, wenn er die Krankenhäuser besuchte, wenn er die Wehrgänge abschritt und die Mannschaften in den Tortürmen musterte. Aber er hielt Stand. „Noch sind wir nicht am Ende," sagte er wieder und wieder. „In wenigen Tagen kann viel Unerwartetes geschehen — Gottes Wege sind oft wunderbar. Hat nicht bisher vergeblich der Feind unsere Mauern berannt? Noch wanken sie nicht. Es ist uns eine Unehre, die Fahne zu senken, ehe sie der Hand entfällt. Vertraut mir, ihr Wackern! Retten wir nicht die Stadt, so schafft uns doch jeder Kampftag bessere Bedingungen. Vertraut mir, wie ihr mir vertraut habt, auch in diesem Letzten. Ich will euch ehrlich sagen, wann unsere Zeit gekommen ist."

Eines Morgens, nachdem in der Nacht wieder ein Sturm abgeschlagen, aber der Turm, gegen den er sich richtete, in den Graben gefallen war, trat Jost, der tapferste Verteidiger, den Bürgermeister mit einer Bitte an. „Unser Leben steht in Gottes Hand," sagte er, „allezeit. Wir sollen nicht darum zagen. Aber menschlich ist's wohl, wenn wir in Stunden der Gefahr bedenken, wie nahe vielleicht der Tod ist und was wir dem Leben noch schuldig sind, so kurz oder lang es währen mag. Nun hab' ich noch ein heiliges Versprechen einzulösen, an das mich nicht nur mein Gewissen mahnt, sondern viel mehr noch des Herzens Stimme, und ich weiß nicht, wie viel Zeit mir bleibt. So sehet denn nicht an der Gegenwart Not und der Zukunft Ungewißheit — gebt mir Magdalene zum Weibe. Ihrer Einwilligung bin ich sicher."

Das kam Blume nicht überraschend. Würde Frau Christine ihm's nicht gesteckt haben, wie die jungen Leute mit einander stünden, seine Augen hätten's ihm verraten

müssen, so oft er sie zusammen sah. Deshalb sprach er
nun auch keine Weigerung aus, sondern meinte nur, er
wolle es mit seiner Eheliebsten überlegen, ob sie bei rechter
Sorge für ihr Kind solchen Herzenswunsch erfüllen könnten,
da doch vielleicht alle Vernunft dagegen spräche. Und er
verschwieg auch wirklich in dem stillen Schlaftämmerlein
alle die Gründe nicht, die diese Verbindung jetzt wider=
rieten. Aber Frau Christine antwortete: „Es läßt sich
das mit der Klugheit nicht entscheiden, Lieber. Denn wir
leben nicht unsern gewöhnlichen Tag und können die
Dinge nicht abmessen nach unserer vertrauten Erfahrung.
Sollte Gott es so bestimmt haben, daß unser Kind früh
eine Wittwe würde, so könnte doch die Trauer um den
Geliebten nicht geringer sein. Ich kenne Magdalene: sie
wird dankbar sein auch für kurzes Glück und standhaft
Leid ertragen.“

Er war gern einverstanden. Zu Magdalene sagte
er, ihre gerötete Wange streichelnd: „Es ist mir wie
einem, der auf den Abschied bedacht sein muß und den
Seinen noch recht etwas Liebes erweisen möchte, indem
er sein Haus bestellt. Es mag töricht scheinen, daß ich
euch nachgebe, aber versagen kann ich mir's nicht, euch
auch einmal glücklich zu sehen, ehe vielleicht . . . .“

Sie küßte ihm dieses schmerzliche Vielleicht von den
Lippen fort.

Und so wurde denn der Sonntag, an dem die Waffen
zu ruhen pflegten, zur Hochzeit bestimmt. In der Stadt
war's bekannt geworden, was sich ereignen sollte; und so
schwer auf allen die Trübsal lastete, dessen wurden sie
doch froh. Als daher die Glocken zur Kirche läuteten,
belebten sich die Straßen um dieselbe. Wer nicht den
Dienst auf der Mauer hatte oder krank darniederlag,
suchte ein Festkleid hervor und stellte sich auf den Weg
von des Bürgermeisters Wohnung bis zum Gotteshause.
Und da sie nicht Tannen hatten, pflückten sie Gras von

ihren Höfen und von den Gräbern auf dem Friedhof und plünderten die Linden, dem jungen Paar etwas Grünes auszuſtreuen. Das alles geſchah ganz unvor= bereitet, nur den nächſten Freunden war die Hochzeit angeſagt worden. Als nun Blume und Frau Chriſtine Joſt und Magdalene zur Kirche geleiteten, freuten ſie ſich um ſo mehr ſolcher Teilnahme, grüßten dankbar und blieben öfters ſtehen, den guten Lenten die Hand zu drücken. „Wenn wir uns mit Gottes Hilfe der Feinde erwehren,“ ſagte Blume, „ſo ſoll mir das Hochzeitsfeſt nicht erſpart ſein, liebe Gevattern, und nachträglich die ganze Stadt aufs Rathaus geladen werden.“

Magdalene hatte allen Putz verſchmäht; ſie trug ein einfaches weißes Kleid ohne Ketten und Spangen. Nur ein Kränzlein hatte ſie ſich von ihrem Myrtenbäumchen gewunden, das gerade wunderſam in Blüten ſtand, und ſich’s auf das blonde Haar geſetzt. Sie hatte es auch leiden müſſen, daß die Mutter ihren eigenen wohlbewahrten Brautſchleier aus der Lade vorbrachte und ihr anheftete. Wie ſchön ſie ausſah und wie heiter ſie an der Hand des Junkers ſchritt!

Als nun die Meſſe beendet war, traten ſie vor den Altar, knieten nieder, wechſelten die Ringe und empfingen des Prieſters Segen, der ihren Mut lobte, aller Gefahr zu trotzen und gleichſam im Angeſicht des Todes den Bund fürs Leben zu ſchließen. Da wurden viele Augen feucht und viele Lippen murmelten Gebete für ihr Heil. Sie aber umarmten einander vor der ganzen Gemeine und ſchritten ſo durch die Kirche, nicht mit geſenkten Blicken, ſondern froh ausſchauend, als wüßten ſie von keiner Not.

Das Hochzeitsmahl war dürftig genug — weit kärg= licher, als der Stadt Ordnung es dem geringſten Mann geſtattete. Es fehlte doch nicht ganz an Gäſten. Trotzler war eingeladen, Engelbrecht und Reinke. Der Keller gab

die beiden letzten Flaſchen Wein her. Das Geſpräch
war wenig hochzeitlich. Wie hätten dieſe Männer eine
Stunde beiſammen ſitzen können, ohne der Stadt Schickſal
zu bedenken? Sie wußten, daß es ſich in wenigen Tagen
entſcheiden mußte.

Indeſſen ratſchlagten im keinen Remter des Schloſſes
die Hauptleute Koſczelecz und Czerwonka, wie endlich der
Trotz der Bürger zu bändigen und der Widerſtand der
Stadt zu brechen ſei. „Der Herr König wird ungedulbig,“
ſagte der Pole. „Wie iſt's auch zu begreifen, daß eine
kleine Stadt ſich ſo lange gegen eine ſtarke, wohlbeſetzte
Burg und ein Belagerungsheer von vielen Tauſenden
hält? Man wird uns der Nachläſſigkeit zeihen. Aber
bei der heiligen Mutter, wir Polen tun unſere Pflicht!
Der Teufel muß ihre Mauern geſeit haben.“

„Laſſen wir's im Schloß vielleicht an der nötigen
Unterſtützung fehlen?“ fragte Czerwonka biſſig. „Ich
merke wohl, ihr Polen möchtet es uns in die Schuhe
ſchieben, daß die Sache nicht den gewünſchten Fortgang
hat. Wenn ihr nichts ausrichtet, wird's heißen, wir
hätten die Stadt ſchonen wollen. Aber den Bündiſchen
iſt's ſo gut Ehrenſache, als dem König, endlich hier die
Herren zu ſein. Ob der Teufel den Marienburgern hilft,
weiß ich nicht. Aber das weiß ich, daß ich in meinem
langen Kriegsleben ſolche Hartnäckigkeit in einer Platzes=
verteidigung noch nicht angetroffen habe. Vor dieſem
Blume zieh' ich den Hut ab.“

„Er iſt ein Eidbrüchiger und Verräter,“ rief Koſcze=
lecz, „und kämpft wie ein Verzweifelter um Tod und
Leben.“

„Mag ſein!“ ſagte der Böhme. „Aber daß die
Bürger ihm folgen und die Soldhauptleute ihn nicht ver=
laſſen . . . Ah! laßt gut ſein, er iſt ein Mann!“

„Wir müſſen etwas Gemeinſames unternehmen,“
ziſchelte Koſczelecz näher rückend. „So geht's nicht weiter!“

„Ich will gern hören. Wie ist euer Plan?"

„Die Stadt muß sich unterwerfen. Richten wir gemeinsam ein Schreiben an die Bürgerschaft, in dem sie
mit Mord und Plünderung bedroht wird, wenn wir sie
mit den Waffen bewältigen. Und das muß ein Wort
sein! Wir geben ihr nur vierundzwanzig Stunden Be-
denkzeit."

„Und wenn sie fest bleibt?"

„So rüsten wir indessen den Sturm von zwei Seiten
zugleich. Es ist mir von einem Danziger, dessen Vater
von hier stammt, hinterbracht worden, daß die Stadtmauer an der Nogat auf einem großen Bogen ruht.
Der muß sich leicht durchgraben lassen — dann ziehen
wir wie durch ein Tor in die Stadt ein."

Czerwonka horchte auf. „Wenn das die Wahrheit
ist —"

„Man wird bald genug dahinter kommen. Von dort
ist ein Angriff noch nicht versucht. Er wird auch schwerlich erwartet, da man sich auf den Schutz durch den
Strom verläßt. Ich werfe mich mit ganzer Macht gegen
diese schwache Stelle. Sorgt Ihr dafür, daß die Bürger
an der Verteidigung gehindert werden, indem Ihr ihnen
ebenfalls mit ganzer Macht in den Rücken fallt."

„Einverstanden!" rief Czerwonka. „Gebt mir Nachricht, sobald Ihr angreift. Ich hab' auch ein Plänchen,
das guten Erfolg verspricht, wenn ich mich auf euren
Beistand verlassen kann."

„Was habt Ihr vor?"

„Wartet nur ab. Die Sache muß ganz geheim betrieben werden. Ich bin zur Stelle, wenn Ihr mich
braucht. Es ist Zeit, ein Ende zu machen." —

Bartholomäus Blume gewahrte bald zu seinem
Schrecken, was im Werk sei. Trotzler stürzte aufs Rat-
haus. „Man greift von der Nogatseite an. Das ganze
Lager scheint im Aufbruch dahin. Will man uns täuschen

und an anderer Stelle, vom Schloß her überraschen? Ich muß rundum die Türme besetzt halten, kann wenig Volk entbehren. Schafft eure ganze Mannschaft auf den gefährdeten Punkt."

Das geschah. Der Bürgermeister leitete selbst die Verteidigung. Tausende drängten zugleich an; warfen sich unter Sturmdächern gegen die Mauer. Ein Hagel von Pfeilen und Bolzen empfing die Polen, tat ihnen aber wenig Schaden. Sie setzten keine Leitern an, gruben sich in die Erde ein und warfen einen Wall auf. Was war das? Wollten sie die Mauer so zum Einsturz bringen? Aber ihre Fundamente lagen tief, und sie mußten fürchten, selbst verschüttet zu werden. Vom Wehrgang aus waren die Nächststehenden nicht zu treffen. Es wurden Steine auf die Mauerkrone geschafft und hinabgewälzt, Gefäße mit siedendem Pech und Öl aus= gegossen, Feuerbrände auf die Schirmdächer geworfen. Aber wenn der Feind auch für kurze Zeit zurückwich, immer wieder füllten sich die gelichteten Reihen. Es ge= lang ihm, den Graben mit starken Balken zu überdecken und Erde darauf zu werfen. Nun hatte er unter der Mauer Schutz. „Das Gewölbe wird freigelegt!" rief Blume, der den teuflischen Plan erkannte. „Wir sind verraten. Gnad' uns Gott!"

Nur ein siegreicher Ausfall konnte helfen. Trotzler war bereit. Aber die Basteien sperrten die Tore. Ehe auch nur eins dieser Werke mit Sturm genommen und der Weg zum Fluß freigemacht war, mußte die Minier= arbeit beendet, der Feind in die Stadt gedrungen sein.

Ihm hier beim Durchbruch der Scheidewand den kräftigsten Widerstand entgegenzusetzen, mußte jetzt die Hauptaufgabe der Verteidiger werden. Blume ließ an der gefährdeten Stelle hinter der Mauer einen Steinwall aufführen, weiter zurück die Dächer von den Häusern ab= tragen und sie selbst mit Schutt und Erde füllen, auch

durch Schanzen mit der Mauer verbinden. Drang der
Feind ein, so stürzte der Steinwall auf ihn; war dieses
Hindernis fortgeräumt, so mußte eine zweite Mauer ge=
nommen werden. Das sollte viel Menschenleben kosten.

Da kam eine neue Schreckenskunde von der Schloß=
seite her. Dort war der Parchan mit Kriegsvolk gefüllt,
wie man vom Turm der Stadtkirche deutlich wahrnahm.
Es wurde ein Angriff auf den Wall erwartet. Aber er
unterblieb lange. Irgend etwas Geheimes wurde von
dort aus betrieben. Und nun war kein Zweifel mehr:
Ulrich Czerwonka hatte einen unterirdischen Gang graben
und mit Pfählen und Brettern absteifen lassen. Er war
unter dem Graben weg nach der Stadt geführt. Deutlich
hörte man schon diesseits des Walles unter der Straße
das Rasseln der Schippen und das Klopfen der Hämmer.
In wenigen Stunden mußte sich die Erde öffnen und eine
Schar im Eisenharnisch anslassen, mit der der Kampf
innerhalb der Stadt aufzunehmen war, während die Polen
durch das Mauergewölbe vorstürmten und die Geschütze
vom Schloß her donnerten.

Von Mund zu Mund lief die Nachricht mit Blitzes=
eile durch die Stadt, die Wehrgänge entlang, in die
Türme. Entsetzen erfaßte die Bürger, Verwirrung be=
mächtigte sich der Söldner. Die eben noch geschworen
hatten, den letzten Blutstropfen an die Verteidigung der
Stadt zu wenden, verloren plötzlich allen Mut, rotteten
sich zusammen, versagten den Führern den Gehorsam.
Jammernd und wehklagend zogen die Weiber mit den
Kindern auf dem Arm oder an der Hand durch die Straßen
vor das Rathaus, die Türen belagernd. „Wir sind alle
des Todes,“ schrieen sie, „die Polen lassen nichts Leben=
biges am Leben, sie haben ein Gelübde getan. Unsere
Väter, unsere Männer, unsere Brüder, unsere Söhne sind
verloren. Fluch den Kreuzigern, die uns in dieses Un=
glück gestürzt! Für sie haben wir gehungert und gebürstet,

unsere Habe eingebüßt, das Furchtbarste gelitten. Wo ist nun ihre Hilfe? Die nicht von der Pest hingestreckt worden, frißt des Feindes Schwert. Werft die Waffen fort, laßt uns den Herrn König um Gnade anrufen. Uns hilft nichts als Gnade!"

Frau Magdalene erschien unter ihnen, beschwor sie, in die Häuser zu gehen, von diesem Geschrei abzulassen, das die Männer um alle Besinnung bringen müßte. „Auch ich hab' unter ihnen einen, den ich liebe mehr als mich selbst," sagte sie, „und er steht vornan auf der Mauer und in jedem Kampf. Das Herz wird mir brechen, wenn ich ihn verliere. Aber ich halt' ihn nicht zurück und wehre der Sorge, daß sie mich nicht schwach macht. Fort Unsinnige!" Es nützte doch nur wenig gegen das Toben der Verzweiflung. „Euer Vater trägt die Schuld, daß es so weit mit uns gekommen ist. Nun mag er sich benütigen. Von ihm fordern wir Errettung aus dieser Not."

Hauptmann Trozler kam zu Blume. Seine Stirn war blutig, sein Blick finster. „Wir sind am Ende," rief er, „meine Söldner geben den ungleichen Kampf auf. Dringt der Feind von zwei Seiten in die Stadt ein, so ist jeder weitere Widerstand vergeblich. Das wissen sie, und das wissen die Zinnenbergschen auch. Sie sind in den Ring zusammengetreten und halten Beratung. Es ist ihnen nur noch um ehrenvollen Abzug zu tun. Verlaßt Euch nicht weiter auf unseren Beistand und handelt wie es eure Pflicht ist gegen die Stadt."

Aus des Bürgermeisters Brust drang ein ächzender Ton. Er hob die Hand zum Himmel auf und ließ sie matt niedersinken. „So ist es denn Zeit," sagte er schmerzlich. „Kommt! Es soll geschehen, was muß."

Noch war die Stadt nicht erobert, noch wußten die Feinde nicht, wie nahe sie schon dem Ziel waren. Die Uebergabe konnte unter Bedingungen angeboten werden. Dazu entschloß sich Blume. Er gab dem Rat und der

Bürgerschaft die Verhandlung frei; ihm selbst mochte ge=
schehen, was wolle. So zog denn eine Deputation mit
weißer Fahne hinaus, die Unterwerfung anzubieten. Czer=
wonka kam vom Schloß in des polnischen Hauptmanns
Zelt, mit ihm Stibor von Baisen an des Gubernators
Statt. So stark war der Wunsch, den Kampf zu beenden,
und so groß die Achtung vor den Verteidigern, daß
man nicht lange feilschte und weitgehende Zugeständnisse
machte. Allen, die an der Stadt Übergabe in des Ordens
Gewalt nicht schuldig, wurde Sicherheit des Lebens und
Eigentums zugesagt, den Bürgern die Bestätigung ihrer
Freiheiten durch den König verbürgt. Wer Marienburg
verlassen wollte, möchte sich mit seiner ganzen Habe wen=
den, wohin es ihm gefiele; in anderen Städten des Königs
solle er volles Bürgerrecht genießen.

Dieser Vertrag wurde von beiden Seiten besiegelt.
Dann öffneten sich die Tore Marienburgs, und die Polen
zogen ein.

Die Besatzung war in den Vertrag nicht eingeschlossen
worden. Sie suchte sich den Abmarsch zu erzwingen.
Dabei fielen Augustin von Trozler, drei Ordensritter und
mehrere Kriegsleute den Polen in die Hände; sie wurden
gefangen und in den Kerker geworfen. Darin sind sie
elend umgekommen.

Allen, die an der Stadt Übergabe in des Ordens
Gewalt nicht schuldig, war das Leben zugesichert. Die
Schuldigen sollten den Frevel mit dem Tode büßen, das
stand unausgesprochen dahinter. Und der Schuldigste der
Schuldigen war Bartholomäus Blume.

Er wußte, was ihm bevorstand. Während die Straßen
sich mit den siegreichen Feinden füllten und die Trompeten
schmetterten, nahm er in seinem Hause bewegten Abschied
von Weib und Kind. „Mein Leben ist doch schön ge=
wesen in eurer Liebe,“ sagte er, „und daß es so endet,
ist sein bester Ruhm. Ich hoffe, Gott wird mir gnädig

sein." Frau Christine weinte nicht. Die Tränen strömten rückwärts in ihr tapferes Herz. Auf das legte sie seine Hand, und er nickte ihr freundlich zu: „Ich weiß — ich weiß. Wir beide verstehen einander."

Kosczelecz nahm ihn gefangen und stellte ihn vor ein Gericht seiner Feinde. Der Form sollte ein Genüge geschehen.

Fünfzehntes Kapitel.

Das Ende.

Jost vom Wege hatte sich dem polnischen Hauptmann zu erkennen gegeben. Er bat ihn nach Thorn reiten zu dürfen, dort den König um Gnade für Bartholomäus Blume anzurufen. „Ihr kommt zu spät," antwortete derselbe ihm höhnisch, „ich handele nach meiner Vollmacht. Aber für Euch selbst mögt Ihr eine Bitte nötig haben. Eures edlen Vaters wegen will ich Euch nicht zurückhalten. Reitet denn mit meinen Siegesboten."

Er ließ sie bald hinter sich, ritt Tag und Nacht, bis sein Pferd zusammenbrach. Es geschah glücklicherweise unfern der Stadt. Ein Bauer, der zur Stadt fuhr, nahm ihn auf seinen Wagen. Dort fiel er sogleich in tiefen Schlaf.

Der Bauer hatte Mühe ihn aufzurütteln, als sie durch das Tor einfuhren. „Ich denk', Ihr seid ein vornehmer Herr," sagte er, „und werdet Euch in der königlichen Stadt mit so geringem Mann nicht gerne sehen lassen. Ja, die Thorner Herren sind gar stolz geworden, seit sie an des Komthurs Stelle das Regiment haben. Freilich noch nicht ganz so sehr, als unsere gnädigen Herren auf dem Lande, die sich polnisch kleiden und nennen: Die achten den Bauer für einen Hund und richten sich auch darin nach drüben. Gott soll's erbarmen!"

Jost trat in seines Vaters Hause ein. Die Wirtin

kam ihm im Flur entgegen und brach gleich in ein La=
mento aus, als sie ihn erkannte. „O du mein grund=
gütiger Himmel," rief sie, „seid Ihr's wirklich, gnädiger
Herr Junker? Es ist wahrlich Zeit, daß Ihr kommt,
denn hier wird's bald Matthäi am letzten sein. Euer
Herr Vater —"

„Ich muß zu ihm," unterbrach Jost, „sogleich. Ist
er zu Hause?"

„Ach, du mein Gott," winselte die Alte. „Er kann
ja längst nicht mehr hinaus. Der liegt fest auf seinem
Lager im allerkläglichsten Zustande, nimmt wenig Nahrung
an und spricht oft so lästerlich, daß einem Christenmenschen
das Grauen fassen kann. Macht Euch darauf gefaßt, das
er anfangs garnicht weiß, wer Ihr seid, obgleich er oft
nach Euch verlangt und gerufen hat —"

Jost machte sich von ihr los und öffnete die Tür
nach dem Zimmer, das sie ihm gewiesen hatte. Es dauerte
eine Weile, bis sich sein Auge an das Halbdunkel so weit
gewöhnte, daß er auf das Bett zugehen konnte. Er legte
die Hand auf die Schulter des Kranken, der röchelnd
atmete und sagte: „Vater!"

Tileman schien zu erschrecken; er wendete den Kopf
und sah ihn mit starren Augen. an „Was wollt Ihr,"
fragte er mit lallender Zunge. „Ich bin ein armer
Mann — ich bin der arme Lazarus . . ."

Jost beugte sich über ihn. „Vater —! kennt Ihr
mich nicht? Ich bin euer Sohn."

Der Kranke tupfte mit den Fingern über seine Stirn
hin. „Mein Sohn — mein Sohn — mein Sohn . . .
Er ist gefangen von den Kreuzigern, und die Stadt hat
ihn gelöst mit meinem ganzen Gut. Ich bin ein armer
Mann — kann nicht's mehr für ihn tun. Wenn sie ihn
töten . . ."

„Vater!"

Plötzlich richtete er sich auf und stemmte die Hände
hinter sich in die Kissen. „Sein Geist —"

„Er selbst, Vater, er selbst! Lebend, aber voll schweren Kummers. Ich komme von Marienburg — die Stadt ist in der Polen Gewalt —"

„Marienburg . . ." Es war, als ob Tileman aus dem Schlaf erwachte und jetzt erst sah und hörte. „Marienburg — in der Polen Gewalt. Und Du . . ." Er faßte ihn an. „Ja, Du bist's . . . Und ich erinnere mich, man hat mir gesagt . . . Jost, Jost! warum hast Du mir das getan?"

„Magdalene Blume ist mein Weib, Vater."

„Dein Weib —?"

„Und meine Schwester —"

„Ah! Wovon sprichst Du?"

„Von Ursula — meiner Mutter Kind. Sie ist hoffentlich Marcus Blume verbunden. Es war so verabredet."

Tileman keuchte. Er hatte das Kinn mit den struppigen Bart tief auf die Brust gesenkt und die Zähne verbissen. „Und deine Mutter —?" fragte er, sich überwindend.

„Sie ist — tot," antwortete Jost leise.

„Tot —? Paula — ach, Paula . . ." Der Kranke ließ sich in die Kissen zurückfallen und wimmerte: „Tot —! Und ich sah sie nicht mehr . . ."

Jost erzählte, wie sie den Armen und Kranken eine stets bereite Helferin in der Not gewesen und als eine Heilige verehrt worden sei. „Sie fürchtete den Tod nicht — ich glaub' sie suchte ihn . . ."

Tileman faltete die zitternden Hände, „Friede sei ihrer Asche! Ich — zürne ihr — nicht mehr."

„Bartholomäus Blume, Vater —"

Der Kranke richtete sich wieder auf und ergriff seine Hand. „Bartholomäus Blume — ja! der ist ein Held. In dieser jämmerlichen Zeit, die uns alle zu Fall gebracht und unter uns selbst erniedrigt, steht er da makellos rein, ein Muster der Treue, ein deutscher Mann."

18*

„Wenn Ihr ihm dieses Zeugnis gebt, Vater —“

„Ich? Warum nicht ich? Meinst Du, ich könnt'
solche Hoheit nicht begreifen, weil sie den Gegner ziert,
weil ich selbst . . .? O! wie ich ihn beneide um diesen
Ruhm, ganz eins mit sich gewesen zu sein — der Sache
gedient zu haben nur der Sache wegen — Liebe und
Haß aus reinstem Quell . . . Ein Mann, ein Held! Wie
sink' ich zu Boden gegen ihn, und hab' doch Thorn zur
Königin an der Weichsel gemacht und die Hochmeister aus
der Marienburg vertrieben. Ach! wenn nicht Rachsucht
in meinem Herzen . . . Das Werk bleibt bestehen, aber
der Mann, der es vollbracht, ist klein in seinen eigenen
Augen und wird seine Rache nicht rechtfertigen können
vor Gott.“

Jost legte den Arm um ihn. „Laßt nun wenigstens
dieses Ungerechteste nicht geschehen, Vater, bat er. „Bartholomäus Blume ist von den Polen gefangen genommen.
Ihr Hauptmann hat ein Gericht über ihn eingesetzt, daß
ihn zum Tode verurteilen wird. Seine Feinde wollen
sich an ihm rächen.“

„Ihn zum Tode —?“ rief Tileman. „Das darf der
König nicht zulassen. Das wird er nicht —“

„Er wird's, wenn nicht ein Mächtiger ihn um Gnade
bittet. Und rasch muß es geschehen — noch in dieser
Stunde, Kosczelec wartet nicht die königliche Bestätigung
des Bluturteils ab. Er vollstreckt es, wenn der König
nicht rechtzeitig Einhalt gebietet. Vater —! Der König
schuldet Euch großen Dank — keinem größeren. Ihr
könnt sein Herz zur Gnade bewegen —“

„Ich —?“

„Vielleicht Ihr allein! Erachtet Ihr Euch unwürdig
vor Gott, in seines Statthalters Gunst seid Ihr mit Recht
so hoch gestellt, daß er Euch keine Bitte abschlagen darf.
Bittet ihn für des bravsten Mannes Leben, und sein
Kind — mein Weib wird Euch segnen!“

Tileman versank in Nachdenken. „Ich . . . für

Blume . . . beim König . . ." Seine gekrümmten Finger
spielten unruhig auf der Bettdecke. Plötzlich warf er sie
zurück. „Ja, ich will's! Das ist meine Buße. Kleide
mich an. Zum König!"

Er war so schwach, daß er mehrmals ohnmächtig
umsank. Sobald er aber wieder zu sich gekommen war,
setzte er alle Willenskraft ein, sein Wort zu lösen. Es
wurde ein Tragstuhl gebracht. Man setzte ihn darauf
und hüllte ihn in Decken. Vier kräftige Speicherarbeiter
trugen ihn, immer zwei und zwei sich abwechselnd. Jost
ging an seiner Seite und stützte ihn.

Auf dem Markt blieben die Leute stehen und schauten
ihm verwundert nach. „Herr Tileman vom Wege —
der totkranke Ratsherr —? Will auch der nicht versäumen,
beim Herrn König seinen Glückwunsch anzubringen? Dann
muß es seine Richtigkeit haben mit Marienburg."

Die Boten waren in des Königs Herberge angekommen. Aus den Fenstern des Hauses wurden Stangen
mit vergoldeten Knöpfen und angehängten Baunern gesteckt. Die Zinkenisten waren berufen und bliesen auf
dem Podest. Ein Herold ging nach dem Rathause und
überbrachte die frohe Meldung, daß Marienburg dem
Könige übergeben sei. Nun wehten bald auch hier die
Fahnen auf allen Türmen. Der Rat versammelte sich
und eilte, der Majestät von Polen zu gratulieren. Viele
Bürger schlossen sich an, die Straße stand voll Menschen.
Hochrufe tönten unaufhörlich zu den Fenstern hinauf, bis
der König sich sehen ließ und dankte. Kaum konnten die
Trabanten für die Würdenträger der Stadt und die polnischen Hofbeamten, die aus ihren Herbergen herbeikamen,
den Weg zur Treppe freihalten.

Als Tileman anlangte, hatte der Rat so eben Audienz
erhalten. Er ließ einen der Bürgermeister herausbitten
und brachte durch ihn die Meldung an den König. Seiner
Krankheit wolle der gnädige Herr es zu gute halten,
wenn er sich im Stuhl ins Zimmer tragen lasse und

nicht aufstehe. Sein Gesuch sei sehr bringend und könne
nicht verschoben werden. Es war allgemeines Erstaunen
unter den Ratsherren, als der Bürgermeister diese Rede
an den König richtete; niemand hatte geglaubt, daß Tile=
man vom Wege noch jemals sein Haus verlassen werde.

Der König, der diesen Besuch als eine besondere
Aufmerksamkeit für seine Person betrachtete, gab geschmeichelt
sofort Befehl, daß der Kranke hereingetragen werde. Er
ging ihm sogar einige Schritte entgegen, reichte ihm sehr
gnädig die Hand zum Kusse und sprach seine Freude
darüber aus, ihm, dem unermüdlichen Vorkämpfer der
Krone Polens, den Fall Marienburgs mit eigenem
Munde bestätigen zu können.

Tileman neigte den Kopf. „Großmächtigster, durch=
lauchtigster König, gnädigster Herr,“ begann er, wegen
Luftmangels oft aussetzend, „Ew. Majestät dank’ ich vor=
erst für die Huld — den kranken und durch mancherlei
Leiden geschwächten Mann — anhören zu wollen und
dabei der sonst schuldigen Form zu entledigen. Ich will
mich — der Kürze befleißigen und in der Rede gerade=
aus gehen — damit nicht ein böser Anfall — mir ewig
das Wort vom Munde abschneidet. Wahrlich — ich
fühle mein Ende nahe. Ew. Majestät ist bekanut, daß
ich einer der Ältesten im Bunde bin, der nicht zum Ge=
ringsten auf meinen Rat — das Land Preußen der
Krone Polen angeboten hat — und war es auch meine
Meinung von je, daß sie sich dessen mit großer Kraft
unterwinde, was sie uns zugesagt, damit dieser schreckliche
Krieg — bald beendet sei und das Land sich — unter
Ew. Majestät mächtigem Szepter und gnädigstem Schutz
— wieder des Friedens erfreue. Darum hör’ ich gern,
daß die Stadt Marienburg — endlich zu Fall gebracht
ist, und hoffe mir davon, daß der Feind — seine Ohn=
macht erkennt und sich eurer Gnade unterwirft. Um so
größer schätz’ ich den Sieg, um so ruhmreicher — die
Verteidigung war, und so kommt mein Glückwunsch —

aus aufrichtigem Herzen. Da aber des Kampfes Preis — der Friede sein soll, den doch nur des Siegers weise Mäßigung dauernd herbeiführen kann, so wag' ich Ew. Majestät zugleich ehrfurchtsvoll mit der Bitte anzutreten, zu solchem Ziel Gnade vor Recht ergehen zu lassen und der schwergeprüften Stadt — Verzeihung nicht zu versagen. Bin ich dessen gewiß, gnädigster Herr, so will ich — ruhigen Gemütes hinüberfahren und dort oben auch meiner Missetaten Verzeihung hoffen."

König Kasimir hatte anfangs mit wohlwollendem Lächeln zugehört. Dann war sein Gesicht ernst geworden; die Bitte schien ihn peinlich zu berühren. „Lieber Getreuer," antwortete er, „wir glauben in diesen Jahren unserer Herrschaft bewiesen zu haben, daß eher zu große Milde als Grausamkeit unser Fehler ist, und hätten deshalb wohl auch diesmal gutes Vertrauen erwarten können. Seid unbesorgt. Unser Feldhauptmann hat, wie er mir schreibt, einen Vertrag geschlossen, der ihr gegen volle Unterwerfung unsere Gnade in reichstem Maße und fast überschwenglich verbürgt. Wir wollen die Tapferkeit ehren und den Verführten ein milder Richter sein. Deshalb bestätigen wir gern das Paktum und hoffen, von den Begnadeten nicht mit Undank belohnt zu werden."

„Ew. Majestät spricht von den Verführten," nahm Tileman wieder das Wort. „Daraus erkenn' ich, daß nach Ew. Majestät Willen etliche — ausgeschlossen sein sollen, die man als die Verführer bezeichnet und will bluten lassen. O gnädigster Herr, bedenkt, daß sie — vielleicht die Würdigsten sind der Verzeihung —"

„Was sprecht Ihr da?" unterbrach ihn der König mit sichtlichem Unmut.

„Es sind überall die Hochstehenden," fuhr Tileman unbeirrt fort, „die vermöge ihres Amtes voraustreten müssen mit Rat und Tat. Ihr Schicksal ist's, daß sie sich schuldig machen müssen — nicht ihres Herzens Bosheit. Was ihre Tugend ist, wird ihr Verderben. So

kenn' ich einen Mann, der vor vielen Tausenden sich be=
währt hat in der Treue. Und wahrlich — nicht geringer
mag Ew. Majestät ihn schätzen, weil diese Treue — dem
Feinde galt, der schon halb — am Boden lag, nieder=
geworfen von eurem mächtigen Arm. Ich bitt' Ew.
Majestät Großherzigkeit für dieses Mannes Leben."

Der König kniff die Lippen. „Ihr meint . . ."

„Bartholomäus Blume."

„Ah —!" Der König stieß einen Laut des Un=
willens aus. „Den Namen hätt' ich von Euch nicht hören
sollen, Tileman. Euer leidender Zustand scheint Euch den
Geist zu verwirren. Wie könntet Ihr sonst eintreten für
den Meineidigen und Friedensbrecher? Ihr rühmt ihn
wegen seiner Treue. Die hätten wir ihm nicht minder
hoch gerechnet, wenn er darin gegen uns gestanden wäre
bis zum Letzten. Ihr scheint aber zu vergessen, daß er
schwach geworden ist und uns den Eid geleistet hat.
Schuldete er uns weniger Treue? Er hat den Eid ge=
brochen und viele Schwachmütige zum Eidbruch verführt!
Dafür büßt er nach der Gerechtigkeit."

Die Umstehenden gaben ihre Zustimmung zu erkennen.
Rutger von Birken und Johann von Loe traten zu Tile=
man und suchten ihn zu hindern, noch weiter zu sprechen.
Er aber wies sie mit der Hand fort, unterdrückte gewalt=
sam den Krampfhusten, der ihn befiel, und sagte sich
neigend: „Büßt Bartholomäus Blume dafür nach der
Gerechtigkeit, so sind hier wenige im Gemach, die sich
nicht gleich schuldig gemacht. Wir alle haben dem Herrn
Hochmeister den Eid bei der Huldigung geleistet und sind
von ihm abgefallen zu Ew. Majestät. Ist das um großer
Ursachen willen geschehen, die uns rechtfertigen, so hat
Bartholomäus Blume dem Zwang nachgegeben, der mäch=
tiger ist, als die Überzeugung. Er ist schuldig, aber
keiner verdient's mehr, daß die Gnade ihn löse."

„Meint Ihr?" fragte der König, im Kreise um=
blickend. Er glaubte von den Gesichtern der Ratsherren

zu lesen, daß sie von Nachgiebigkeit abrieten. Deshalb glättete sich die Falte auf seiner Stirn und verzog sich der Mund zu einem fast spöttischen Lächeln. „Verzeiht, daß ich Euch nicht beitrete," fuhr er fort. „Man soll wissen, daß ich der Herr bin im Lande und Abfall nicht ungestraft lasse. Das Land wird mir danken, wenn ich niemand ermutige, solchem Beispiel von Pflichtvergessen= heit zu folgen. Es geschehe nach dem Rechten!"

Tileman streckte flehend die Hände aus. „Gnade — Gnade! Wenn dankenswert war, was ich je für Ew. Majestät getan —"

„Ihr erinnert zur Unzeit daran."

„Bei Gott! ich könnte bereuen . . ."

Ein zorniger Blick des Königs legte ihm Schweigen auf. „Ich merke, Ihr seid schwach geworden und ver= leugnet eure Grundsätze. Wie war's doch, als die Ge= meine der Stadt Thorn vom Rat abfiel und sich zum Orden wandte? Da waren Euch siebzig Köpfe nicht zu viel, die Schuld zu sühnen, und Ihr beeiltet Euch sehr, sie fallen zu lassen, eh' ich Einspruch zu erheben vermochte, wie ich gern gewollt. Seid Ihr nun so blut= scheu, daß ein einziger Euch schreckt?"

Er sprach mit hochaufgerichtetem Kinn über ihn hin= weg und sah nicht, daß Tileman im Stuhl zusammen= sank, wie von einem Faustschlage getroffen. Erst der röchelnde Ton machte ihn aufmerksam. Die Ratsherren sprangen hinzu, suchten ihn aufzurichten. Es war ver= geblich. „Bringt den kranken Mann zu Bett," sagte der König anscheinend mitleidig, „er hat sich zu viel zuge= mutet."

Rutger von Birken zog ihm die Decke über den Kopf. „Greift an!" Zwei von den jüngeren Ratsherren trugen ihn hinaus und übergaben ihn Jost vom Wege. „O, mein Vater!" schrie dieser auf, am Stuhl nieder= sinkend und die herabhängende, bläulich gefärbte Hand fassend. Er glaubte einen schwachen Druck zu fühlen. „Nach Hause — eiligst nach Hause!"

Als die Träger dort anlangten, war Tileman vom Wege bereits verschieden.

———————

Jost beeilte das Begräbnis. Die Stadt richtete es ihrem großen Bürger pomphaft aus. Der König selbst erschien als Leidtragender am Sarge. Dem Sohne versicherte er aufs Gnädigste, daß er ihm des Vaters wegen die Streitgenossenschaft mit den Marienburgern verzeihe und ein huldvoller König sein wolle. Zu seinem Kanzler sagte er: „Ich wollt', er hätte noch andere mitgenommen, die allzu zuversichtlich auf unsern Dank meinen Anspruch zu haben. Er drückt die königlichen Schultern. Eigensinnige Köpfe! Es ist noch viel zu tun, bis in diesem Lande die Krone Polen in Wahrheit Herrscherin ist. Das kommende Geschlecht aber wird sich beugen."

Der Kanzler verneigte sich tief. „Ew. Majestät bring' ich dann eine gute Nachricht," erwiderte er. „Der Gubernator Hans von Baisen ist kürzlich auf seinem Gute der Krankheit erlegen."

Kasimir senkte die Augen. „Wir wollen ihn nach Gebühr betrauern und die Wahl seines Nachfolgers nicht übereilen." —

Als Jost nach Marienburg zurückkehrte, kamen ihm Frau Christine und Magdalene in schwarzen Kleidern entgegen. Bartholomäus Blume war auf des Gerichtes eiligen Spruch durch das Schwert vom Leben zum Tode gebracht worden. Das geschah auf dem runden Turme an der südlichen Ecke der äußeren Stadtbefriedigung, und er hieß fortan Blumsturm. Sein Körper war in vier Teile zerrissen worden. Die hingen noch jetzt als schaudervolle Warnungszeichen an den Toren der Stadt und des Schlosses. Sein Vermögen hatte das Gericht dem König zugesprochen. Mit Blume waren seine zwei

Kumpane hingerichtet. Die Stadt schien wie ausge=
storben.

„Er hat mutig und gottergeben seinen letzten Gang
angetreten," sagte die Bürgermeisterin, ihren Tränen
den Lauf lassend. „Kein treuerer Mann hat je gelebt.
Er hat die Schuld der Stadt auf sich allein genommen
und gebüßt."

„Es wird eine Zeit kommen, die seines vergossenen
Blutes gedenkt," rief Jost. „Sein Heldenkampf ist nicht
umsonst gewesen. Schon ziehen die Polen ab. Die Hälfte
seines Besitzes ist dem deutschen Orden gerettet und auch
hier im Weichsellande wird man nicht ganz vergessen,
wofür ein deutscher Mann in den Tod gegangen ist!"

Magdalene schmiegte sich an ihn. „Er hat in der
letzten Minute seine Kinder gesegnet," sagte sie.

———————————————————

Marcus und Ursula hatten den Wald unangefochten
erreicht. In der Kapelle schlossen sie ihren Bund vor
dem Kaplan und zwei Zeugen. Dann suchten sie die
Hütte auf. Sie war nicht völlig zerstört. Marcus zog
Arbeiter von den Waldleuten heran und besserte not=
dürftig das Dach und die Umzäunung aus. Von den
Beutnern, die sich Ursula für die Wohltaten ihrer
Mutter gern dankbar bewiesen, erhielten sie Lebensmittel,
die Jäger brachten Wild, an Waldbeeren fehlte es nicht.
So verbrachten sie in der Abgeschiedenheit einige glück=
selige Wochen.

Hätte sie nur nicht immer wieder aus ihrem holden
Liebestraum der Gedanke aufschrecken müssen, welche Leiden
zu derselben Zeit Marienburg zu bestehen hatte! Oft
sprachen sie davon und vergaßen dann alles Küssen und
Herzen. Sie gingen nach Heilsberg in der Hoffnung,
von dem Schicksal ihrer Stadt etwas zu erfahren. Aber
es hieß nur immer, es komme keine Botschaft von dort,
das Polenheer rücke aber nicht weiter vor und müsse
daher wohl von den tapferen Marienburgern aufgehalten

werben. Wehe dem Lande, wenn dieser starke Wall brechen sollte!

Immer quälender wurde Marcus seine Untätigkeit. „Ich halt's so nicht länger aus," gestand er eines Tages Ursula. „Ich will zusehen, ob ich dem Herrn Hochmeister eine Mannschaft anwerben und auch zubringen kann. Und wär's ein Häuflein von zwanzig oder dreißig Köpfen, es soll ihm wohl nützen. Bereitet er, wie ich hoffe, den Entsatz von Marienburg vor, so wird es mir wohl vergönnt sein, für meine Vaterstadt auch außerhalb ihrer Mauern zu kämpfen

Diesen Plan billigte Ursula ohne Bedenken. Nun sprach Marcus mit den Söhnen der Holzschläger und Kohlenbrenner, der Bentner und Bauern im Walde und in der Umgegend von Heilsberg, stellte ihnen beweglich Marienburgs Not vor Augen und beschwor sie, dem Meister zu Hilfe zu ziehen. Viele erkärten sich bereit. Es kam eine ansehnliche Schar zusammen. Marcus ließ eiserne Spitzen schmieden und auf Stangen nageln, damit jeder einen Spieß habe, bis er aus der Rüstkammer eines Ordensschlosses besser bewaffnet werden könne. Ursula stickte mit groben Fäden in ein Leinentuch das Bild der Jungfrau Maria. Es wurde als Fahne vorangetragen.

Marcus traf unterwegs den Spittler von Plauen und schloß sich ihm an. Von ihm mußte er jedoch mit Betrübnis erfahren, daß Marienburg schon übergeben und sein edler Vater als ein Opfer der Rache des Feindes gefallen sei. Das polnische Heer hatte trotz des Sieges nicht gewagt, weiter ins Land vorzudringen, sondern war eilig abgezogen, nur eine starke Besatzung im Schloß zurücklassend. Marcus begab sich in die Stadt und suchte seine Mutter auf. Er faud sie im Hospital, da das Haus und Landgut ihr genommen war. Daß er lebte und Ursula sein Weib nannte, war nun ihr ganzer Trost.

Jost vom Wege war mit Magdalene nach Thorn gegangen. Dort versilberte er seines Vaters Nachlaß, um

dann nach der Heimat seiner Familie, Westfalen, zurückzukehren. Er erwarb in Dortmund das Bürgerrecht, wo
sein Geschlecht noch lange blühte.

Marcus Blume trat in des Hochmeisters Dienst und
wurde, nachdem er sich längere Zeit für ihn im Felde
herumgeschlagen, dessen Schäffer in Königsberg. Hier
gewann er bald bei den Kaufleuten der drei Städte Vertrauen und wußte durch die treue Verwaltung seines
Amtes manche Not seines gnädigen Herrn zu mildern.
Seiner Mutter wegen durfte er außer Sorge sein. Der
König hatte das ganze Besitztum Blumes dem Wojwoden
von Pommerellen, Herrn Otto von Machwitz, als Lohn
für große Verdienste geschenkt. Dieser war edel genug,
einen Teil der Witwe zurückzugeben. Von Marienburg
wollte sie sich nicht trennen. Hochgeachtet von den
Bürgern, die in ihr das Andenken Blumes ehrten, ist sie
dort auch gestorben. Von dem Erbe, so gering es war,
konnte Marcus eine Anzahl wüste Huben in der Nähe
des frischen Haffes ankaufen. Er baute darauf ein
Häuschen und zog mit Weib und Kind aufs Land.
Seinem Fleiße und eisernen Willen gelang es, den Acker
wieder fruchttragend zu machen und den Wald in ein
nutzenbringendes Forstrevier umzuwandeln. Seine Ehe
blieb die glücklichste. Mit seiner Schwester wechselte er
von Zeit zu Zeit, wenn sich eine günstige Gelegenheit
über Lübeck ergab, einen Brief, der dann von hier und
dort einen Bericht über die häuslichen Erlebnisse ab-
stattete. Sie nahmen in Aussicht, daß die Kinder einmal
einander aufsuchen und die Familienverbindung neu be-
festigen sollten.

Dreizehn Jahre dauerte der furchtbare Krieg, der
das Land verwüstete und von mehr als zwanzigtausend
blühenden Dörfern wenig mehr als dreitausend übrig ließ,
die Städte verarmte, die Kirchen in Ruinen verwandelte,
fruchtbare Gefilde in Wildnis veröbete, in der noch nach
Jahrhunderten die ehemaligen Ackerfurchen erkennbar waren.

Er endete erst mit der gänzlichen Erschöpfung beider Teile. Ihr Besitzstand war nach der Eroberung Marienburgs wenig verändert worden. Der deutsche Orden behielt, was er zähe behauptet hatte, mußte aber im Frieden zu Thorn die Lehnsoberheit der Krone Polen anerkennen. Der Hochmeister wurde polnischer Reichsfürst und sollte auf dem Reichstage zur Linken des Königs sitzen.

Ludwig von Erlichshausen achtete diese Ehre gering gegen den Verlust der selbständigen Herrschermacht. In tiefster Armut, oft in Sorge um die nächste Mahlzeit starb er bald nach dem Friedensschluß im Schloß zu Königsberg, das nun Hochmeistersitz geworden war, an gebrochenem Herzen. Sein Nachfolger wurde der tapfere Heinrich Reuß von Plauen, dem der Orden es verdankte, daß er nicht ganz des Landes vertrieben war.

Ehre seinem Andenken! Er bewahrte die deutsche Nordostmark vor dem Schicksal des Weichsellandes, unter polnischer Mißwirtschaft langsam dem Deutschtum abzusterben, das ihm seine Blüte gegeben hatte. Ein König von Preußen war's, der nach dreihundert Jahren dem Verderb Einhalt tat und das alte Ordensland wieder unter seinem Szepter vereinte.

Die Marienburg aber, einst der Hochmeister stolze Residenz und wegen ihrer Herrlichkeit in allen Ländern gepriesen, dann in traurigem Verfall, der Amtssitz eines polnischen Starosten, zuletzt nur noch eine Ruine, spiegelt sich wieder im Nogatstrom mit ihren Türmen und Zinnen in alter Pracht. Die Stadt hat noch ihre Lauben erhalten, und wer zwischen ihnen hin über den Marktplatz nach dem Rathause wandert, vergißt sicher nicht ehrfurchtsvoll aufzublicken zu der Gestalt von Erz, in deren Sockel der Name Bartholomäus Blume eingemeißelt ist.

Buchdruckerei C. Lüthke, Gernrode (Harz).

Früher sind von **Ernst Wichert** folgende Bücher erschienen:

Heinrich von Plauen. Historischer Roman.

Neunte Auflage. 3 Bde. Geh. ℳ 9,—. Geb. ℳ 12,—.

Es ist immer erfreulich, wenn der rechte Mann das rechte Buch schreibt, d. h. der Berufenste einen günstigen, einladenden, dankbaren Stoff ergreift. Das ist hier im besten Sinne des Wortes geschehen.

Professor Felix Dahn
im „Magazin für die Literatur des In- und Auslandes".

Wer an den historischen Romanen von Scheffel, Freytag, Dahn Freude und Erhebung gefunden hat, wird diesen mit voller Befriedigung Wicherts „Heinrich von Plauen" folgen lassen.

Blätter für literar. Unterhaltung.

Wir wünschen, daß das schöne Werk werde, was es verdient, e i n e Z i e r d e j e d e r deutschen Haus- und Familienbibliothek.

Königsberger Hartungsche Zeitung.

Eine Bestätigung dessen, was wir vor Kurzem über die meisterliche Behandlung historischer Stoffe von Seiten Wicherts sagten, können unsere Leser aus der jetzt notwendig gewordenen dritten Auflage des „Heinrich von Plauen" ersehen. Der große Beifall, welchen hiernach dieser umfangreiche, dem Leser anscheinend stofflich ziemlich fernliegende Roman bei dem Volke gefunden hat, spricht doch gewiß dafür, daß es der Autor wohl versteht, den rechten Ton und die rechte Weise, welche zu Herzen dringen, anzuschlagen.

Leipziger Tageblatt.

––––––––––

Der große Kurfürst in Preußen.

Dritte Auflage.

Erste Abteilung: **Konrad Born.** Geh. ℳ 3,—. Geb. ℳ 4,—.

Zweite Abteilung: **Der Schöppenmeister.** 2 Bände. Geh. ℳ 6,—. Geb ℳ 8,—.

Dritte Abteilung: **Christian Ludwig von Kalckstein.** 2 Bände. Geh. ℳ 6,—. Geb. ℳ 8,—.

Wichert hat in diesem neuen Werke einen kulturhistorischen Roman geschaffen, der zum Vergleich mit der Gegenwart mächtig anregt, und welcher reich ist an gemütvollen Zügen und poetischen Schilderungen. Die letzteren fügen dem düsteren Zeitbilde helle Farben bei und verleihen demselben viel heiteren Glanz.

Volks=Zeitung.

Jeder, der sich für die Geschichte unseres Vaterlandes interessiert und den Zuständen, Geschicken und Menschen Ostpreußens Sympathie entgegenbringt, wird den Wichertschen Roman als eine Leistung von bleibendem Wert anerkennen müssen, durch welche der Dichter den Besten seiner Zeit genug getan hat.

Eugen Zabel
in der „Königsberger Allgemeinen Zeitung".

Die Thorner Tragödie. Historischer Roman.
Geh. ℳ 3,—. Geb. ℳ 4,—.

Wieviel Kraft, wieviel Klarheit und gediegene Gestaltung steckt auch wieder in diesem Abschiedsroman Ernst Wicherts! Wahrlich, er ist mit seinen Siebzig immer noch zu früh dahingegangen. Doch mag auch ihm kein neidischer Wunsch seine Ruhe stören. Er hat ein Leben voll von Ehren und Erfolgen hinter sich!

Königsberger Hartungsche Zeitung.

Littauische Geschichten. 2 Bände. Dritte Auf-
lage. Geh. ℳ 6,—. Geb. ℳ 8,—.

Ernst Wichert hat sich in den „Littauische Geschichten" als ebenso feiner Beobachter wie glücklicher Schilderer bewährt, und gezeigt, daß er auch als Novellist Ausgezeichnetes zu leisten vermag. Diese Erzählungen besitzen dauernden Wert, und zwar nicht nur als wertvolle Beiträge zur Kulturgeschichte, sondern auch als novellistische Schöpfungen besonderer Art.

Magazin für die Literatur des In= und Auslandes.

Wichert ist im erfreulichen Gegensatz zu manchen vielgelesenen Autoren immer ein ehrlicher Darsteller; wir haben die Empfindung, auf festem Boden zu stehen und wahres Menschenschicksal kennen zu lernen, nicht erkünsteltes, sensationell aufgebauschtes.

Deutsche Rundschau.

Lightning Source UK Ltd.
Milton Keynes UK
UKHW021835151118
332419UK00006B/154/P